中央财政支持地方高校发展专项资金建设项目
本项目得到上海市法学高原学科(国际法与国际政治方向)资助

上合组织刑事司法合作研究

王志亮　主编

苏州大学出版社

图书在版编目(CIP)数据

上合组织刑事司法合作研究 / 王志亮主编. —苏州：苏州大学出版社,2016.4
中央财政支持地方高校发展专项资金建设项目
ISBN 978-7-5672-1685-3

Ⅰ.①上… Ⅱ.①王… Ⅲ.①上海合作组织-国际刑法-司法协助-研究 Ⅳ.①D997.9

中国版本图书馆 CIP 数据核字(2016)第 068948 号

上合组织刑事司法合作研究
王志亮　主编
责任编辑　李　敏　苏　秦

苏州大学出版社出版发行
(地址：苏州市十梓街1号　邮编：215006)
苏州恒久印务有限公司印装
(地址：苏州市友新路28号东侧　邮编：215128)

开本 700×1000　1/16　印张 14.25　字数 265 千
2016 年 4 月第 1 版　2016 年 4 月第 1 次印刷
ISBN 978-7-5672-1685-3　定价：42.00 元

苏州大学版图书若有印装错误,本社负责调换
苏州大学出版社营销部　电话：0512-65225020
苏州大学出版社网址 http://www.sudapress.com

前 言
Preface

上海合作组织是第一个在中国境内成立、第一个以中国城市命名的国际组织,也是唯一由我国倡议发起并发挥主导作用的区域性国际组织。上海合作组织是我国同俄罗斯和中亚国家开展多双边合作的重要平台,是维护地区安全稳定的有效机制和我国参与国际事务的重要杠杆。上海合作组织成立十余年来,适应在新形势下解决地区安全问题和各种形式合作的迫切需要,在国际上的威望和影响力不断提高,在解决国际和地区热点问题中发挥了十分重要的作用。2013年9月13日,习近平主席在吉尔吉斯斯坦召开的上海合作组织成员国元首理事会第十三次会议上发表《弘扬"上海精神" 促进共同发展》的重要讲话。在讲话中,习近平主席表示,中方在上海政法学院设立"中国—上海合作组织国际司法交流合作培训基地",愿意利用这一平台为其他成员国培养司法人才。

委托上海政法学院建立"中国—上海合作组织国际司法交流合作培训基地"是外交部自2012年10月就开始酝酿的重要外交战略部署。在上海政法学院建设"中国—上海合作组织国际司法交流合作培训基地",是国家外交战略的迫切要求,有利于发扬"互信、互利、平等、协商、尊重多样文明、谋求共同发展"的"上海精神",有利于加强上合组织成员国在司法以及文化、教育、经济等领域的深层次合作,确保地区安全稳定。"中国—上海合作组织国际司法交流合作培训基地"着力在上合组织成员国之间打造以论坛、培训、交流、研讨、咨询为主的国家级国际司法合作平台,其主要功能包括举办高层论坛、警务合作培训、反恐培训、网络安全培训、律师培训、政府官员培训、开展国际学术交流、提供决策咨询等方面。

依托上海政法学院建立的"中国—上海合作组织国际司法交流合作培训基地"这个平台,研究上合组织框架下的刑事司法制度,是一项非常重要且具有现实意义的项目。基于打击犯罪和维护成员国利益的共同目的,针对打击毒品犯罪、恐怖主义犯罪、跨国有组织犯罪、利用信息技术犯罪,上合组织各成员国进行刑事司法合作,是本项目研究的基本内容。出于这一点,我们组织了研究团队,经过两年时间的潜心研究,终于撰写成了本书。具体章节分工如下:第一章,袁标编写第一节,吴何其编写第二节、第三节、第四节、第五节;第二章,黄一迪编写;第三章,钱荣编写;第四章,王金香编写;第五章,黄一笛编写;第六章,王金香编写第一节,郑诗晗编写第二节。全书由主编王志亮统稿,经多次修改后定稿。鉴于作者能力所限,书中难免有不足之处,敬请广大读者批评指正,在此表示由衷感谢。

目 录
Contents

第一章　恐怖主义犯罪的泛滥　/ 1

　第一节　北美洲的恐怖犯罪案件　/ 1

　　一、美国的恐怖犯罪案件　/ 1

　　二、加拿大的恐怖犯罪案件　/ 10

　第二节　南美洲的恐怖犯罪案件　/ 10

　　一、哥伦比亚的恐怖犯罪案件　/ 10

　　二、秘鲁的恐怖犯罪案件　/ 19

　第三节　欧洲的恐怖犯罪案件　/ 23

　　一、英国的恐怖犯罪案件　/ 23

　　二、西班牙的恐怖犯罪案件　/ 27

　　三、意大利的恐怖犯罪案件　/ 34

　　四、德国的恐怖犯罪案件　/ 37

　　五、法国的恐怖犯罪案件　/ 40

　　六、其他国家的恐怖犯罪案件　/ 45

　第四节　非洲、澳洲的恐怖犯罪案件　/ 46

　　一、埃及的恐怖犯罪案件　/ 46

　　二、南非的恐怖犯罪案件　/ 53

　　三、索马里的恐怖犯罪案件　/ 54

　　四、澳大利亚的恐怖犯罪案件　/ 60

　第五节　亚洲的恐怖犯罪案件　/ 61

一、日本的恐怖犯罪案件　/ 61

　　二、伊拉克的恐怖犯罪案件　/ 65

　　三、沙特的恐怖犯罪案件　/ 74

　　四、印度的恐怖犯罪案件　/ 77

　　五、巴基斯坦的恐怖犯罪案件　/ 81

　　六、以色列的恐怖犯罪案件　/ 85

第二章　恐怖主义犯罪的形成　/ 90

　第一节　恐怖主义犯罪的起源　/ 90

　　一、恐怖主义犯罪的界定　/ 90

　　二、恐怖主义犯罪的起源　/ 94

　第二节　恐怖犯罪组织概况　/ 99

　　一、恐怖犯罪组织的界定　/ 99

　　二、恐怖犯罪组织的分类及其特点　/ 102

第三章　国际社会的反恐对策　/ 107

　第一节　国际社会的反恐立法　/ 107

　　一、联合国反恐立法　/ 107

　　二、其他国家的反恐立法　/ 117

　第二节　美国的反恐政策　/ 124

　　一、美国的反恐立法　/ 124

　　二、美国的反恐政策　/ 130

第四章　上海合作组织概况　/ 144

　第一节　上海合作组织的成立　/ 144

　　一、上海合作组织形成的背景　/ 144

　　二、上海合作组织的成立　/ 147

　第二节　上海合作组织的运行　/ 150

　　一、上海合作组织机构　/ 150

二、上海合作组织的活动 / 156

第五章　上海合作组织成员国的反恐形势 / 168

第一节　上海合作组织成员国的恐怖犯罪案件 / 168

一、中国的恐怖犯罪案件 / 168

二、俄罗斯联邦的恐怖犯罪案件 / 177

三、哈萨克斯坦的恐怖犯罪案件 / 181

四、吉尔吉斯斯坦的恐怖犯罪案件 / 181

五、塔吉克斯坦的恐怖犯罪案件 / 182

六、乌兹别克斯坦的恐怖犯罪案件 / 182

第二节　上海合作组织成员国的反恐对策 / 183

一、军事对策 / 183

二、反恐立法 / 186

第六章　上海合作组织的刑事司法合作 / 195

第一节　上海合作组织的反恐合作 / 195

一、联合反恐的背景 / 195

二、反恐合作的内容 / 198

第二节　上海合作组织的刑事司法合作 / 204

一、上海合作组织刑事司法合作的背景 / 204

二、上海合作组织刑事司法合作的内容 / 207

参考文献 / 219

第一章 恐怖主义犯罪的泛滥

恐怖主义犯罪有着悠久的历史,在世界上最早可追溯到古希腊和古罗马时期,中国的恐怖主义犯罪可以追溯到秦朝。18 世纪以前,恐怖主义犯罪活动一般在本国疆域内,然而到了 19 世纪,恐怖主义犯罪活动开始跨越国界,出现了国际恐怖主义犯罪活动。20 世纪 60 年代末形成了规模化的国际恐怖主义犯罪,而 20 世纪 90 年代国际恐怖主义犯罪在世界范围内蔓延。美国 2001 年的"9·11"恐怖犯罪袭击发生之后,全世界发生的恐怖犯罪平均每年 2000 起。恐怖主义犯罪在世界范围内的蔓延,已经成为一个非常突出的全球问题。

第一节 北美洲的恐怖犯罪案件

一、美国的恐怖犯罪案件

(一)"9·11"之前的恐怖犯罪案件

1. 1983 年 4 月 18 日美国驻黎巴嫩大使馆遭恐怖犯罪爆炸案件。1983 年 4 月 18 日,伊斯兰教圣战组织引爆一部装载 300 磅烈性炸药的汽车袭击美国驻黎巴嫩大使馆,最终导致 61 人死亡、100 多人受伤。

2. 1983 年 10 月 23 日美国海军陆战队驻黎巴嫩指挥部遭恐怖犯罪爆炸案件。1983 年 10 月 23 日,贝鲁特美军陆战队营地许多士兵还在睡觉,此时一辆马自达卡车迅速通过机场检查站,直冲美军陆战队营地,钻到了机场停车场。卡车转了两圈后开始加速,疯狂奔向陆战队总部大楼。卡车一路直奔而去,沿路冲垮了好几个隔离障碍物,撞开了一些拦阻装置,直接冲进了美军大楼一层。载有几吨炸药的卡车发生了惊天动地的大爆炸,顷刻间,美军大楼轰然坍塌,在巨大的爆炸声中,美军陆战队 32 小队多达 241 人丧生,100 多人受伤。

这起事件发生的原因是,一年前以色列为了打击驻在黎巴嫩境内的巴勒斯坦解放组织,侵入黎巴嫩,发动了第五次中东战争。在以军取得明显军事优势的情况下,巴解组织与以军达成停火协议,同意撤出黎巴嫩。一支由美国、法国、意大利等国家组成的多国部队很快组建并进驻黎巴嫩,其任务就是监督巴解组织的撤离行动。被袭击的美国海军陆战队就是在这种情况下,作为多国部队的一部分进入黎巴嫩的,并且在监督工作结束后继续留在黎巴嫩维持和平。由于认为美国一直支持以色列,在战争中与巴解组织共同作战的黎巴嫩真主党以及背后支持他们的伊朗一直对美国充满敌意。

3. 1985年6月14日美国环球航空公司班机遭恐怖犯罪劫机案件。1985年6月14日,美国环球航空公司的一架飞机在从雅典飞往罗马途中被两名黎巴嫩"真主党"恐怖主义分子劫持。恐怖分子首先将飞机飞到黎巴嫩贝鲁特,在那里用几个人质换了汽油,然后该班机飞往阿尔及利亚的阿尔及尔,在此地更多的乘客被释放,然后飞机返回贝鲁特。8名机组人员和145名乘客被扣押达17天之久,在人质被扣押期间,1名被劫持的美国海军水兵惨遭杀害。

4. 1988年12月21日泛美航空公司103客机遭恐怖犯罪爆炸案件。1988年12月21日,美国泛美航空公司第103号班机在从伦敦希斯罗机场起飞前往纽约肯尼迪机场途中被凶手迈格拉希隐藏在货舱行李中的一个简易爆炸装置炸毁。这次爆炸造成班机上的全部乘客和机组人员共259人以及苏格兰洛克比的11名居民死亡。这次空难被视为是利比亚针对美国的一次报复性恐怖袭击,是"9·11"事件发生前针对美国的最严重的恐怖袭击事件。2001年1月,法庭判处凶手迈格拉希无期徒刑,后来将刑期改为27年。

5. 1991年1月15日美国驻巴拿马大使馆遭恐怖犯罪爆炸案件。1991年1月15日,美国驻巴拿马大使馆遭到巴解组织成员的袭击,其目的是对美国对伊拉克使用武力表示警告。此次袭击使大使馆财产受到轻微损失,但无人伤亡。

6. 1991年2月3日美国军用班车遭恐怖犯罪袭击案件。1991年2月3日,沙特沿海城市吉达发生一起袭击美国军用班车的恐怖事件,两名美军和一名沙特卫兵受轻伤,这是海湾战争开战以来在沙特发生的首起针对美国人的恐怖活动。

7. 1991年10月29日美国驻贝鲁特使馆遭恐怖犯罪袭击案件。1991年10月29日,美国驻贝鲁特使馆遭到来自附近山上的一枚火箭的袭击,但无人员伤亡。

8. 1991年11月8日贝鲁特美国大学发生遭恐怖犯罪爆炸案件。1991

年11月8日,贝鲁特的美国大学遭到一枚装有200公斤炸药的定时炸弹袭击,致使校园内多座建筑物遭到不同程度的破坏,4名黎巴嫩雇员受伤。

9. 1992年2月11日美国驻秘鲁大使住宅遭恐怖犯罪袭击案件。1992年2月11日,美国驻秘鲁大使住宅遭恐怖分子袭击,造成2名警察死亡和2名行人受伤。

10. 1993年1月25日美国中央情报局遭恐怖犯罪枪击案件。1993年1月25日早晨,在123公路上,袭击者米尔·肯西手持自动步枪向驶入500英尺之外的中央情报局的车辆开枪猛射,先后击中了五辆车内的5个人,致使2人死亡,3人受伤。事件发生后,凶手米尔·肯西躲藏在阿富汗南部的坎大哈附近,4年后肯西回到巴基斯坦时被美国联邦调查局特工人员抓获,并带回美国。

11. 1993年2月26日美国世界贸易中心遭恐怖犯罪爆炸案件。1993年2月26日中午,凶手阿亚德把装有炸弹的汽车停在了世贸大楼地下二层的停车场,12时18分大楼发出一声巨响,然后开始摇晃,炸弹炸出了一个长60米、宽30米的大坑,整个地下层都被炸穿,汽车被炸毁,混凝土碎片飞得遍地都是,巨大的冲击波切断了大楼的动力系统,电话中断,电梯停驶,大楼内多处起火,浓烟一直冒到400多米的顶层,大火持续燃烧两个多小时,造成6人死亡,一千多人受伤。

12. 1994年12月21日纽约世界贸易中心附近地铁站遭恐怖犯罪爆炸案件。1994年12月21日,美国纽约一辆满载圣诞节购物者的地铁列车在行驶到纽约世界贸易中心附近的地铁站时发生爆炸,致使45人受伤,其中4人重伤。

13. 1995年4月19日美国俄克拉荷马遭恐怖犯罪爆炸案件。1995年4月19日上午9时04分,恐怖分子蒂莫西·麦克维将一辆装有1000到1200磅炸药的汽车停在俄城联邦大楼北面楼下引爆。顿时发出一声巨响,只见火光冲天,浓烟滚滚,响声和震动波及数十英里之外,瞬间一座九层高的大楼坍塌。通常约有500名政府官员和职员在这里上班,二楼有一个日托托儿站,不少职员在上班时把孩子托放在那里。

爆炸发生时,工作人员大多数都在办公室里,大楼周围停满了各种汽车,炸弹爆炸后,引起汽车着火、爆炸,有的人还没来得及下车便被炸死或烧死。爆炸波及到周围的楼房和住宅,也造成不同程度的损伤。在被炸大楼里,许多人被压死在办公室。被抢救人员抬出来的不是尸体,就是血肉模糊、残肢断臂的伤残者。爆炸发生后,救援人员立即赶赴现场,许多受伤者被抬到街边临时搭起的急救点,很多开车路经此地的人主动停下来搭载伤员。

14. 1996年7月27日亚特兰大奥运公园遭恐怖犯罪爆炸案件。1996年7月27日,在亚特兰大奥运会期间,恐怖分子埃里克·鲁道夫将一个铁管式土制炸弹放在奥运公园内并引发爆炸,造成公园内2人死亡,100多人受伤。这天是周末,在开放才一个星期的公园内,广场上聚集了上千名从美国和世界各地赶来的游客,正在观赏一支美国摇滚乐队举行的露天音乐会。警方突然接到现场有可疑包裹的报警电话,立即组织观众向四处疏散,就在这时,一枚强烈的管状炸弹突然爆炸。恐怖分子埃里克·鲁道夫于2003年被抓获,于2005年4月8日认罪,被判终身监禁。

15. 1998年8月7日美国驻东非使馆遭恐怖犯罪爆炸案件。1998年8月7日,恐怖分子穆罕默德·拉希德·达乌德·阿尔·奥哈里、穆罕默德·奥德赫、瓦迪赫·埃尔·哈吉和卡尔凡·卡米斯·穆罕默德分别在美国驻东非坦桑尼亚首都达累斯萨拉姆和肯尼亚首都内罗毕的大使馆放置两颗汽车炸弹并引爆。内罗毕的美国大使馆由于位于一个繁忙的市中心区域,因而造成了213人死亡,大约4000人受伤。由于达累斯萨拉姆离市中心较远,此处的爆炸造成较少人数的伤亡,至少12人死亡,85人受伤。恐怖分子的袭击目标是使馆内的美国人,但是除了几名外交官外,几乎所有的遇难者都是当地的非洲平民。在内罗毕,有32名肯尼亚籍使馆工作人员和12名美国人遇难,在达累斯萨拉姆,8名坦桑尼亚使馆工作人员遇难,其余的遇难者都是访客、过路人或者在附近建筑物中的人。

16. 2000年10月12日美国导弹驱逐舰遭恐怖犯罪爆炸案件。2000年10月12日,美国海军"科尔号"驱逐舰在也门亚丁港遭到袭击者贾迈勒·巴达维的自杀式爆炸袭击。上午11时20分左右,"科尔号"驱逐舰正前往海湾地区参加由美国领导的执行联合国制裁伊拉克的海上拦截行动。途中停靠也门亚丁港加油时,被一个满载高能量炸药的小型气垫船炸开一个20至40英尺的大洞。爆炸造成严重人员伤亡,17名美军海员丧生,39人受伤,11人失踪。

17. 2001年1月16日大卡车撞入美国加州议会大厦恐怖犯罪袭击案件。2001年1月16日,美国当地时间晚上9时30分左右,一辆带双冷冻拖车的载重卡车围绕加州议会大楼转了几圈后,撞向州参议院会议厅所在的南门并随即爆炸。由于当晚的会议在背面的会议厅,所以避免了更多伤亡。这辆卡车是运送牛奶的,属于犹他州的迪克·西蒙卡车公司。

(二)"9·11"之后的恐怖犯罪案件

1. 2001年9月11日美国连环恐怖犯罪袭击案件。2001年9月11日,美国4架民航飞机遭恐怖分子劫持,其中两架撞击了纽约世界贸易中心,两座塔楼相继坍塌,一架撞击了华盛顿附近的五角大楼,另一架坠毁在宾夕法尼亚州的匹兹堡附近。在"9·11"事件中共有2998人罹难(不包括19名劫机者):其中2974人被官方证实死亡,另外还有24人下落不明。

  恐怖行动最早是1999年在德国汉堡开始策划的,策划者中的三个人阿塔、舍希和扎拉希后来成为组织者和飞行员。恐怖分子的经费一般都被汇到佛罗里达的桑托拉斯银行和世纪银行。用于"9·11"行动的50万美元的大约一半是由本·拉登组织成员穆斯塔法·阿迈德从阿联酋汇来的,其余的来自德国。2000年7月8日下午4点20分,阿塔乘坐飞机从迈阿密来到了马德里机场,他在机场呆了五个多小时之后,到阿依拉旅行社用英语预订了戴安娜·卡萨多拉旅馆的一个房间。同时,另一个阿拉伯人阿佛萨尔·阿马特也在同一旅馆预订房间,几分钟后两人乘坐同一辆旅行车去了旅馆。阿塔在这家旅馆登记时用的名字是萨耶德,地址是开罗的一条街。第二天上午,阿塔到了西班牙西斯特公司租了一辆银灰色的现代牌旅游汽车。这时他出示的护照是他2000年春天在德国汉堡领取的埃及护照。下午两点,阿塔离开马德里前往塔拉戈纳。与此同时,也门人希布赫在汉堡的马连斯特拉斯54号收拾行李,准备赶到西班牙参加自杀飞行员准备恐怖袭击的会议。参加这次秘密会议的除了舍希、希布赫、阿塔和协调员拉希姆以外,还有巴哈基和他的同伴。2000年1月,阿塔、舍希收到了美国的签证,6月,扎希拉也来到了美国,飞行员汉卓和同谋阿尔哈斯米、阿尔米达之前就在美国生活,他们还接受飞行训练。2001年夏,其他劫机分子陆续从沙特抵美。他们经常用网络进行一般的联系,重要的事情才见面会谈。赌城拉斯维加斯成了他们的联络地点,他们在美国的策划活动大多是在这里进行的。他们为了防止意外的发生,在实施行动前要在与真正的行动现场类似的地方进行演练。所以从5月份开始,这些恐怖分子就乘飞机进行模拟劫机。

  2001年9月11日,行动小组成员搭乘火车前往德州的圣安东尼奥。同时负责杂事的人员为他们伪造文件,设法取得机场出入证,研究飞航班次表与国内航班记录,并为劫机者提供金钱、资讯。第一架遭劫持的飞机是美国航空公司11号航班。劫机者是瓦利德·沙阿、维尔·沙阿、穆罕默德·阿塔、阿卜杜拉阿齐兹·阿西斯、乌玛尔和萨达姆·苏凯米。劫机行动展开后,他们很快控制了飞机头等舱,迫使乘客与乘务人员向飞机后部靠拢。然后飞机急速下降,飞得很低,向世界贸易中心一号楼撞去。劫持联合航空175号航班的劫机者是玛尔旺·谢赫、法吉斯·艾哈迈德、穆哈德·舍阿、哈姆沙·哈姆迪和艾哈迈德·哈姆迪，他们刺杀了2名机长和1名乘务员，控制了飞机驾驶舱，9点3分11秒撞向世界贸易中心二号楼。美国航空77号航班被6名劫机者查理德·米德哈尔、马吉德·穆吉德、瓦纳夫·哈西姆、萨利姆·哈姆希和哈尼·罕吉尔劫持，并将乘客转移到飞机后部。77号航班在五角大楼西南偏西5英里处进行了330度转弯，高度降到了2200英尺，俯冲向五角大楼。9时28分劫机者艾哈迈德·哈斯纳维、艾哈迈德·纳米、齐亚德·吉拉赫和赛义德·哈姆迪对联合航空93号航班展开攻击。9点32分，一名劫机者以机长身份向乘客发表声明，称机上携带有炸弹，示意乘客坐下。10点2分23秒，飞机开始朝下并翻了个身，伴随着乘客持续的反击声，美国联合航空公司第93号航班以580英里时速坠毁在宾夕法尼亚州香克斯维尔的一片空地上，距离华盛顿特区只有约20分钟的飞行时间。

2. 2002年1月22日印度加尔各答美国中心遭恐怖犯罪袭击案件。2002年1月22日早上6时35分左右，4名枪手分乘两辆摩托车驶进位于印度加尔各答的美国信息服务处，向门外的警察哨所扫射。造成至少4名保安人员丧生，17人受伤。在袭击案件发生数小时后，一个叫"阿希夫·雷扎克突击队"的组织打电话称对这一事件负责，并说此次袭击的目的是为了给该组织两个月前在一次遭遇中被警方打死的头目报仇。同日，阿联酋迪拜一个名叫法尔汉的黑手党老大声称对此事负责。印度新德里一名高级官员也说，有一名男子打电话给新德里警察局称巴控克什米尔地区的"伊斯兰圣战者行动"民兵组织制造了袭击事件。但该组织发言人否认其卷入了袭击事件。

3. 2002年3月20日美国驻秘鲁大使馆遭恐怖犯罪爆炸案件。2002年3月20日，当地时间晚上10点45分，反政府武装组织"光辉道路"的成员威尔伯特·梅萨、希奥瓦纳·阿纳亚和皮拉尔·蒙特内格罗在使馆附近一个购物中心内的一家银行门口引爆一辆汽车，造成7人死亡，爆炸使附近的多座建筑遭受严重破坏，另有3辆汽车起火，但使馆并没有受到明显的破坏。

4. 2002年6月14日美国驻巴基斯坦领事馆遭恐怖犯罪汽车炸弹袭击案件。2002年6月14日上午11点20分，在巴基斯坦港口城市卡拉奇，圣战组织成员驾驶一辆载有炸弹的白色汽车突然冲向美国领事馆的警卫哨位，并引爆了炸弹，造成12人死亡，40多人受伤，领事馆大院的部分围墙也在剧烈爆炸中遭到破坏。

5. 2002年10月8日美军驻科威特基地遭恐怖犯罪袭击案件。2002年10月8日，美国海军陆战队和科威特军队在科威特东北部水域的菲莱克岛正在进行联合军事演习，袭击者艾哈迈德·坎大里和哈马德·哈吉里乘坐一辆挖掘机向小岛靠近,然后跳下车向他们开火,致使美军士兵一死一伤。他们是因为反对美国国会通过的关于认定耶路撒冷为以色列首都的《外交授权法》而采取的报复行为。

6. 2003年1月21日两名美国人在科威特遭恐怖犯罪枪击案件。2003年1月21日,两名美国人驾车行驶在85号高速公路上,在距离多哈军营大约5公里的地方,隐藏在公路两旁的灌木中的袭击者萨米·穆罕默德使用卡拉什尼科夫突击步枪向这两名美国人开枪,其中一人死亡,另一人受伤,受伤者立即被送到了科威特的军方医院接受治疗,伤势不是十分严重。这两名受害者都是受雇为美国在科威特军事基地工作的美国平民。

7. 2003年3月23日美军营遭恐怖犯罪袭击案件。2003年3月23日凌晨,美军驻科威特北部沙漠的101空降师第1旅营地遭遇恐怖袭击,造成1人死亡、12人受伤。此次恐怖袭击事件是内奸所为,该袭击者是姓名中包含某些中东姓氏特征并参与工程项目的一名技术人员。

8. 2004年8月19日美国驻伊拉克大使馆遭恐怖犯罪炮击案件。2004年8月19日,一发迫击炮弹命中了坐落在防卫森严的巴格达"绿区"前总统萨达姆官邸内的美国大使馆屋顶。随后,这幢多层建筑立即升腾起一股灰烟,数十名正在大使馆内工作的美国外交官和职员四散逃命,大批全副武装的美国海军陆战队立即封锁了使馆大楼,并且对四周的可疑车辆和人员展开搜查。此次事件造成2名美国外交官受伤。

9. 2005年1月29日美国驻伊拉克使馆遭恐怖犯罪袭击案件。2005年1月29日晚,一枚火箭弹落在位于巴格达"绿区"内的美国驻伊拉克大使馆办公楼的一座配楼附近,造成2名美国人死亡、4人受伤。

10. 2006年3月2日美国驻卡拉奇领事馆遭恐怖犯罪炸弹袭击案件。2006年3月2日,美国驻卡拉奇的领事馆和旁边一家豪华酒店遭到非法武装组织"穆罕默德军"的袭击,当时一辆自杀性汽车炸弹冲向美国外交官员乘坐的汽车,造成一名美国外交官和四名其他人员当场死亡、50人受伤。

11. 2006年9月12日美国驻叙利亚使馆遭恐怖犯罪袭击案件。2006年9月12日上午,"大马士革士兵"的"基地"组织分支组织的四名武装人员利用自动步枪、手榴弹和1辆载满炸药的轿车对位于大马士革市中心的美国驻叙利亚大使馆发动袭击,武装人员引爆了一辆汽车上的爆炸装置。随后赶到的叙利亚安全部队立即与武装人员展开枪战,交火持续近20分钟,造成1名叙利亚安全人员丧生,另有11人受伤,三名袭击者在冲突中被打死,另一人被抓获。

12. 2008年7月9日美国驻土耳其领事馆遭恐怖犯罪袭击案件。2008年7月9日上午,三名袭击者埃尔坎·克尔格兹、拉伊夫·托普奇和比伦特·齐纳尔跳下一辆白色汽车,向总领事馆签证处和领事馆门前的土耳其警察射击,警察随即还击。交火持续约8分钟,1名正在执勤的土耳其警察和2名土耳其交警身亡,2名警察受伤,3名袭击者被当场击毙。

13. 2008年9月17日美国驻也门使馆遭恐怖犯罪袭击案件。2008年9月17日上午,"也门伊斯兰圣战组织"成员驾驶一辆自杀式汽车炸弹在美国驻也门使馆前引爆。接着,另一辆汽车载着多名武装人员驶至使馆门前,武装人员随即与使馆保安人员激烈交火,造成6名也门士兵、6名袭击者、1名印度籍平民和3名也门籍平民死亡。

14. 2009年12月25日阿姆斯特丹飞往底特律的美国航班遭恐怖犯罪袭击案件。2009年12月25日,尼日利亚男青年奥马尔·法鲁克·阿卜杜勒-穆塔拉布搭乘一架美国航班从荷兰阿姆斯特丹飞往美国底特律,在飞机着陆前20分钟试图引爆藏在内裤中的爆炸装置,被乘客和机组成员制服。

15. 2010年5月1日纽约市中心时代广场遭恐怖犯罪袭击案件。2010年5月1日,巴基斯坦裔美国人费萨尔·沙赫扎德把一辆载有自制爆炸物的运动型多功能车停在纽约市中心时代广场附近路边,没能引爆。沙赫扎德在试图逃离美国时落网,法院判处他终身监禁。塔利班组织认领这次汽车炸弹案件,他们策划此次袭击是为了报复"巴基斯坦塔利班运动"头目贝图拉·马哈苏德和两名伊拉克"基地"组织头目之死。

16. 2011年5月20日美国驻巴基斯坦领事馆车辆遭恐怖犯罪袭击案件。2011年5月20日,巴基斯坦塔利班组织对美国驻巴基斯坦城市白沙欧领事馆发起炸弹袭击,袭击导致1名巴基斯坦平民死亡、11人受伤,伤者包括2名美国人。

17. 2011年9月10日驻阿富汗美军遭恐怖犯罪袭击案件。2011年9月10日,阿富汗中部瓦尔达克省的一座美军基地遭到阿富汗塔利班组织袭击,造成4名平民死亡,77名美军士兵和14名平民受伤。该组织警告,阿富汗有能力"打一场长期战争,会把美国人送进历史的垃圾桶"。

18. 2011年9月13日美国驻阿富汗使馆遭恐怖犯罪袭击案件。2011年9月13日,塔利班组织用火箭榴弹攻击了阿富汗首都喀布尔的美国驻阿使馆,造成10余人伤亡。

19. 2011年10月28日美国驻波黑使馆遭恐怖犯罪袭击案件。2011年10月28日,袭击者亚沙雷维奇在一处废弃的十字路口徘徊,挥舞手中的枪,时不时地向美国驻波黑首都萨拉热窝大使馆建筑射击,致使一名警察受伤。

20. 2012年8月5日美国威斯康星州遭恐怖犯罪枪击案件。2012年8月5日上午10点25分左右,寺庙内有数十名锡克教徒正准备午餐前的祈祷仪式,不料凶手突然闯入,并开枪射击,现场陷入一片混乱,造成包括1名枪手和一名警察在内的7人死亡,另有3人受伤。

21. 2012年9月3日美国驻巴基斯坦白沙欧领事馆遭恐怖犯罪袭击案件。2012年9月3日上午早高峰时段,当一辆美国驻白沙欧领事馆的车辆途经一块闹市区时,巴基斯坦塔利班组织成员驾驶的一辆装满炸药的汽车突然冲了上来,径直向领事馆的车辆冲去,顿时现场传出了巨大的爆炸声,人和车辆都被巨大的气流冲飞了起来,汽车陷入一片火海,到处都是汽车的玻璃碎片,现场还出现了一个硕大的地坑,造成2人死亡、19人受伤。袭击者的目的是制造更大的轰动效应和影响力,以逼迫美国远离巴基斯坦。

22. 2012年9月11日美国驻利比亚班加西大使馆遭恐怖犯罪袭击案件。2012年9月11日晚,利比亚第二大城市班加西发生了大规模的反美示威活动,数百名抗议者袭击了美驻班加西领事馆,抗议美国当天放映诋毁伊斯兰教先知的电影《穆林斯的无知》。美驻利比亚大使蒂文斯及其他3名美国公民在冲突中遇袭身亡。两名疑犯在伊斯坦布尔阿塔蒂尔克国际机场被捕,一个名叫"伊斯兰教法虔信者"的利比亚武装组织是这次事件的主谋。

23. 2013年2月1日美国驻土耳其大使馆外遭恐怖犯罪爆炸案件。2013年2月1日,袭击者艾利森·桑勒把炸弹安置在美国驻土耳其安卡拉大使馆签证处的门口发动自杀性爆炸,导致2人死亡、数人受伤,周围部分建筑遭到不同程度毁坏。

24. 2013年4月15日波士顿马拉松赛场遭恐怖犯罪连环爆炸案件。2013年4月15日下午3时,在美国马萨诸塞州波士顿科普里广场发生连环爆炸事件。袭击者察尔纳耶夫和焦哈尔分别于终点线附近和一家体育用品店前引爆两枚炸弹,其中一枚炸弹被放到高压锅里藏于黄色包中,而且锅里还有钉子、钢珠等材料,然后又被放在靠着人行道的栅栏旁,栅栏的另一边则站满了为运动员欢呼的人群,而随着烟雾腾起,四周人群立即倒地。此次爆炸中有四人不幸遇难,其中包括一名8岁儿童,176人受伤,袭击者察尔纳耶夫被击毙,焦哈尔在19日被警方生擒。

25. 2013年9月16日美国海军司令部遭恐怖犯罪枪击案件。2013年9月16日当地时间8点20分,美国海军华盛顿基地指挥部大楼发生枪击事件,袭击者阿龙·亚历克西斯在司令部总部大楼的四楼向楼下的餐厅扫射。

随后警察赶到现场与袭击者展开对峙,对峙过程中袭击者被击毙。此次事件造成13人死亡、至少14人受伤,袭击者阿龙·亚历克西斯2007年至2011年间曾经在美国海军预备役服役,后因行为不当被除名。

26. 2014年3月5日美国驻韩国大使遇恐怖犯罪袭击案件。2014年3月5日,美国驻韩大使马克·利珀特在首尔市中心的世宗文化会馆世宗大厅准备出席早餐会议并发表演讲时遭到韩国民间团体"我们院子"的代表金基宗持刀袭击,利珀特的脸部受重伤并造成大量出血,手腕、胳膊和手指也被刀割伤,脸部缝了80针。发起袭击的原因是为了抗议美韩3月2日开始的代号为"关键决断"和"秃鹫"的例行年度联合军事演习。嫌疑人被捕后称自己单枪匹马发起这次袭击,没有同伙。

二、加拿大的恐怖犯罪案件

1. 2001年9月2日加拿大一地铁站遭恐怖犯罪毒气袭击案件。2001年9月2日晚,加拿大蒙特利尔市中心地铁站发生毒气袭击事件。此次事件是罕见的催泪毒气袭击乘客事件。事件发生10多分钟后,警察、消防人员赶到并开始了紧急救护行动。有42人被送到了医院治疗,还有许多人躺在车站地面上接受紧急处理。当日有65个地铁车站的蒙特利尔市地下交通系统全部停止运行,直到4日才恢复运营。一名涉嫌男子被警方逮捕,4日又被释放。

2. 2014年10月22日加拿大首都遭恐怖犯罪枪击案件。2014年10月22日,位于加拿大首都渥太华市中心的加拿大议会大楼内和其附近的战争纪念碑前发生枪击事件。当天上午10时左右,在战争纪念碑执勤的士兵遭到迈克尔·阿卜杜勒·泽哈夫·毕博的枪击,一名受伤,一名身亡,随后枪手冲进议会大楼内,顿时大楼内枪声四起,保安人员举枪追去,随后加拿大警队特种部队进入议会大楼,击毙了这名枪手,并封锁了议会大楼及其附近地区。这是加拿大有史以来发生的最严重的恐怖袭击事件。凶手毕博曾皈依伊斯兰教,并且曾有服用毒品史。

第二节 南美洲的恐怖犯罪案件

一、哥伦比亚的恐怖犯罪案件

(一)"9·11"事件之前的恐怖犯罪案件

1. 1976年的刺杀法官案件。在麦德林的贩毒集团中,魁首巴勃罗·埃斯科瓦尔·戈维利亚控制着全世界的可卡因交易,被列为世界富豪的第14位,并以"绑架机器""杀人魔王"的称号闻名于世。他所策划的武装恐怖活动使总统、政府困扰多年而一筹莫展,属世界警方通缉的要犯。巴勃罗·埃斯科瓦尔·戈维利亚的贩毒集团组织、策划、实施的各种恐怖活动始于20世纪70年代中期。1976年,埃斯科瓦尔因毒品案被捕不久,就有两名当时亲手捉拿他的警官被杀害,一名法官因"埃斯科瓦尔毒品案"丧命。在审理埃斯科瓦尔的毒品案过程中,一位女法官收到一封恐吓信,法院因此被迫休庭;参加审理此案的另一位法官尽管受到威胁,但并未怯阵,决心将以埃斯科瓦尔为首的犯罪分子绳之以法,不久这位法官就被埃斯科瓦尔派去的歹徒杀害。

2. 1984年刺杀罗德戈·拉腊·博尼利亚案件。从1984年起,麦德林贩毒集团的恐怖活动变本加厉,他们的第一个目标就是新任司法部长罗德戈·拉腊·博尼利亚。因为罗德戈·拉腊·博尼利亚在职期间力主肃毒,并在美国情报的帮助下摧毁了麦德林集团一个名叫"特兰基兰迪亚"的据点,缴获了巨额毒品,使贩毒集团遭到沉重打击。这也为拉腊·博尼利亚招来了杀身之祸。1984年罗德戈·拉腊·博尼利亚遇袭,两名枪手于4月30日将其杀害。

3. 1986年刺杀海梅·戈麦斯案件。海梅·戈麦斯曾是哥伦比亚缉毒警察局局长,在职期间,因为他对麦德林的贩毒活动所进行的调查和跟踪被贩毒集团成员发现。时隔仅仅几周,尽管已经辞去职务,但这位哥伦比亚的反毒品专家依然于1986年11月被麦德林贩毒集团的歹徒杀害。

4. 1986年12月17日对新闻工作者的恐怖袭击案件。为了避免集团的活动"曝光",记者、编辑同样成为贩毒分子意欲拔掉的眼中钉。吉列尔莫·卡诺在哥伦比亚第二大报纸——《旁观者报》上多次发表社论,尖锐抨击贩毒活动。1986年12月17日晚7时15分,卡诺下班回家,他的汽车刚开出报社门口20米远,两名刺客坐在一辆摩托车里举枪向他猛烈射击,卡诺身中5弹,被送往医院后抢救无效死亡。麦德林市《哥伦比亚人》报社的社长胡安·莫尔蒂内斯因为走在反毒斗争的前列也曾遭到过贩毒集团的袭击。为了保证组织的安全,麦德林集团从国外购进了大批先进的武器装备,从事毒品走私押运工作。为了同围剿的政府军作战,埃斯科瓦尔集团还以高薪从以色列、南非、法国、英国以及美国招聘了大批雇佣军,组成武装集团。麦德林集团雇佣来的职业杀手都接受过严格、系统的训练,具有侦察、爆破、应急等方面的专业知识,并绝对忠诚贩毒集团。麦德林贩毒集团的暴力行径给人们造成了巨大的恐慌。经过严格训练的职业杀手,专门绑架、枪杀那些敢于伸张正义并揭露审判他们罪行的人——从法官、记者、官员、警察、编辑,到该集团内部的"叛变者"。结果使哥伦比亚这个资源丰富、有着四千多万人口的南美洲国家每年都要发生上万起谋杀案件,闹得社会动荡,人人自危。

5. 20世纪80年代麦德林贩毒集团对政府官员的恐怖袭击案件。据哥伦比亚官方统计,从1981年到1991年的十年间,哥伦比亚已有2万多人死于毒贩之手,有157名法官和3500名禁毒官被杀。仅1991年的头5个月,就有4000余人惨遭杀害。1989年至1990年的两年间,埃斯科瓦尔直接策划的爆炸事件达300起。1988年至1991年,埃斯科瓦尔指使亡命徒杀害了50多名法官、2名部长级官员、25名记者以及数百名警察和司法人员,埃斯科瓦尔集团让暴力恐怖活动一度肆虐于南美洲。

1983年,哥伦比亚总统贝尔萨里奥·贝坦库尔曾发动过一场反毒品运动,招致毒枭的忌恨,以致政府为他配备的保卫人员竟达40人之多。而前司法部长恩里克·帕雷霍因曾于1985年同前总统贝坦库尔批准引渡12名哥伦比亚籍和1名西德籍的贩毒者到美国,同时将3名美国籍和1名哥伦比亚籍的毒贩引渡到哥伦比亚审判而多次遭到暗杀。1988年1月,总检察长奥约斯被歹徒绑架并残忍杀害。奥约斯总检察长被歹徒杀害之后,哥伦比亚举国悲愤。两天后,即1月29日,另一名反毒品人士,库库塔市长候选人拉蒙·迪亚斯及其夫人又惨遭杀害。

1989年8月,上院议员、总统候选人格兰先生遭到毒贩暗杀。9月,积极禁毒的麦德林市长被暗杀,刚刚就任的司法部长被逼辞职。1989年11月,毒品集团又在波哥大近郊爆破了国内航班,造成106人死亡,这是由埃斯科瓦尔直接策划的恐怖爆炸事件。1989年12月,他领导的贩毒集团又在波哥大特别警察本部前制造流血事件,造成63人死亡。

(二)"9·11"事件之后的恐怖犯罪案件

1. 2001年政府官员遭恐怖犯罪袭击案件。2001年9月24日,哥伦比亚前文化部部长孔苏埃洛·阿拉霍女士在位于哥伦比亚北部城市巴耶杜帕尔郊外的一条公路上被"哥伦比亚革命武装力量"的武装人员绑架,其本人尸体于9月30日凌晨在圣玛尔塔山区被救援人员发现。12月,哥伦比亚众议院和平委员会主席迭戈·图尔瓦伊在公路上遭到"哥伦比亚革命武装力量"成员绑架并被杀害。12月25日晚,首都圣菲波哥大发生绑架事件,包括前市长在内的三名人质被恐怖分子劫持。据调查,该事件是"联合自卫力量"组织成员所为。

2. 2001年、2002年新闻工作者遭恐怖犯罪袭击案件。哥伦比亚当局曾严厉谴责"哥伦比亚革命武装力量""民族解放军"以及"联合自卫力量",称他们是"新闻自由的敌人"。这些恐怖组织不仅杀害记者,还要求被绑架者发布有利于他们的假消息。2001年12月23日晚,哥伦比亚《地区》杂志社前社长兼主编埃斯科瓦尔在住处被恐怖分子杀害,成为哥伦比亚当年遇害的第12名记者。无国界记者组织负责人罗伯尔·梅纳尔曾说过"新闻记者正在成为哥伦比亚日益加剧的暴力犯罪活动的牺牲品"。2002年1月19日,哥伦比亚著名体育记者埃萨乌·哈拉米略在首都被恐怖分子杀死,仅仅时隔四天,哥伦比亚《卡利人》报摄影记者马尔科·阿亚拉在卡利市被恐怖分子枪杀。

3. 2002年1月25日、26日炸弹袭击案件。2002年1月25日,哥伦比亚首都波哥大南城区的一个警察局旁边的饭馆内发生一起炸弹爆炸案件,造成5人死亡、28人受伤。无独有偶,26日晚,波哥大再度发生手榴弹爆炸案件,该起恐怖袭击造成至少7人受伤,其中1人伤势严重,这是在不到48小时内圣菲波哥大市发生的第二起爆炸案件。经调查,这两起爆炸案系哥伦比亚反政府武装"哥伦比亚革命武装力量"所为。

4. 2002年2月反政府武装的恐怖袭击案件。2002年2月20日,"哥伦比亚革命武装力量"的成员劫持了一架从乌伊拉省省会内瓦飞往首都圣菲波哥大的小型螺旋桨客机,并迫使飞行员将飞机降落在距圣菲波哥大西南270公里的高速公路上。随后,"哥伦比亚革命武装力量"游击队成员绑架了3名乘客,其中包括一名参议员。另外,"哥伦比亚革命武装力量"于当天在安蒂奥基亚省炸毁了一座公路桥,致使一辆救护车和一辆出租车栽入河内,直接造成3人溺毙。这些事件令哥伦比亚举国震惊,政府、企业以及社会名流纷纷谴责游击队组织的恐怖暴力行为。2002年2月23日,"哥伦比亚革命武装力量"游击队成员在原非军事区卡关市绑架总统候选人——英格丽德·贝坦库尔。

5. 2002年4月11日、14日反政府武装的恐怖袭击案件。2002年4月11日,"哥伦比亚革命武装力量"组织成员进入位于哥伦比亚西南地区的卡利市市中心的考卡山谷省会大厦,并在这座大厦里绑架了12名省议员和5名议会工作人员。2002年4月14日,哥伦比亚反对派总统候选人阿尔瓦罗·乌里韦遭受"哥伦比亚革命武装力量"恐怖分子制造的汽车炸弹袭击,所幸本人逃过劫难,但这次袭击仍然造成2名警察死亡、20多人受伤。

6. 2002年5月23日恐怖犯罪案件。2002年5月23日,时值哥伦比亚总统选举前夕,"哥伦比亚革命武装力量"在首都波哥大附近制造了一起汽车炸弹袭击事件,造成至少4人死亡。此外,游击队组织于23日夜里还使用一辆装满150公斤炸药的汽车,炸毁了哥伦比亚北部的一座桥梁,造成至少5人受伤。在南部的纳里诺省,游击队成员袭击了一个选举点的投票中心,用以破坏的炸弹产生的爆炸震碎了附近50多栋建筑的窗户。同时,在西北部的麦德林也发生炸弹袭击事件,乌里贝的竞选办公室遭到恐怖分子的严重破坏,所幸没有人员伤亡。

7. 2002年6月的恐怖袭击犯罪。2002年6月5日,哥伦比亚南部城市索利塔市市长刘易斯·卡洛斯·卡洛已被"哥伦比亚革命武装力量"成员杀死,他是当年遇害的第八名市长,也是不到两周时间里被害的第三个市长。反政府武装"哥伦比亚革命武装力量"于6月2日公开了一份名单,称16名市长已被列入"军事目标",并威胁他们在48小时内离开。6月25日,哥伦比亚西北部考卡省圣塞巴斯蒂安市市长奥尔多涅斯于家中遭到恐怖分子绑架。幸运的是,他遭绑架12个小时后,被"哥伦比亚革命武装力量"组织释放回家,但他带回了一封反政府武装的警告信,要求他和邻近四个市的市长在72小时之内辞职。26日,这四个城市之一的拉谢拉市市长卡尔沃便被宣告失踪。据官方统计,截止于该日期,"哥伦比亚革命武装力量"仅2002年已杀死至少544名平民。仅6月24日一天,哥伦比亚全国32个省中有市政官员收到死亡恐吓的省份就由15个猛增到25个。在6月24日和25日两天,受到威胁的市政官员由1500人增加到4000人。被游击队列入恐吓名单的除了这些地方官员外,还有国家总监马亚、首都圣菲波哥大市长莫库斯和许多法官、检察官和议员。

8. 2002年7月总统宣誓就职前夕的恐怖犯罪案件。2002年7月23日,哥伦比亚第二大城市麦德林市的一家咖啡馆发生一起爆炸袭击事件。经调查,"哥伦比亚革命武装力量"的组织成员制造了这起恐怖袭击,该起爆炸袭击造成了包括一名前议员在内的至少2人死亡、15人受伤。在阿尔瓦罗·乌里韦宣誓就职前夕,游击队组织制造的恐怖袭击事件可谓愈演愈烈。7月28日,第三大城市卡利市市长办公楼发生了汽车炸弹袭击事件。7月29日,在波哥大市区一个商业中心发生了一起手榴弹爆炸袭击事件,造成了1人死亡、20人受伤。31日晚,位于哥伦比亚首都波哥大市中心的哥执政的保守党总部大楼门口发生一起炸弹袭击事件,但未造成人员伤亡。在乌里韦宣誓就职的前两天,"哥伦比亚革命武装力量"武装分子用炸弹袭击了毗邻委内瑞拉阿劳卡省萨拉贝纳市的一座机场,造成机场的严重破坏和至少11人受伤。这一情形并没有随着乌里韦的就职而得以缓解,哥国内反政府武装组织依旧不断制造恐怖袭击事件。

9. 2003年7月6日广场炸弹袭击犯罪案件。2003年7月6日,"哥伦比亚革命武装力量"在位于哥伦比亚南部的卡克塔州一个城镇的广场制造了一起炸弹袭击事件,造成1人丧生、至少16人受伤,其中这些伤者中有许多儿童。

10. 2003年8月的恐怖袭击事件。2003年8月8日,哥伦比亚东北部阿劳卡省萨拉维纳市发生了一起汽车炸弹袭击事件,造成5人死亡,其中包括2名儿童,另有5人受伤,其中包括1名巡逻兵。经调查,该起恐怖袭击系反政府武装"哥伦比亚革命武装力量"组织成员所为。仅仅时隔3天,即2003年8月11日,哥伦比亚北部海滨城市卡塔赫纳发生一起爆炸袭击事件,造成1人死亡、2人受伤。2003年8月18日,哥伦比亚西南部乌伊拉省苏阿萨市市长亨蒂尔·巴阿蒙于凌晨在寓所内被"哥伦比亚革命武装力量"武装分子杀害,成为2002以来第5位遇害的哥伦比亚市长。2003年8月24日,"哥伦比亚革命武装力量"成员在哥伦比亚东南部梅塔省里科港市制造了一起炸弹爆炸事件,造成7人死亡、28人受伤,其中多人伤势严重。

11. 2003年9月炸弹袭击案件。2003年9月10日,哥伦比亚发生一起马车炸弹袭击事件。下午2时,一辆马车上的货包在奇塔市市中心的一个农贸市场门前突然爆炸,造成5人当场死亡,其中包括2名妇女和1名儿童,另有3人在被送往附近医院后不治身亡,在受伤者中有2名妇女遭受重伤。据警方调查,这起事件是哥国内最大的游击队组织"哥伦比亚革命武装力量"所为,而其目标是位于农贸市场旁边的警察局。

2003年9月28日,哥伦比亚南部卡克塔省省会弗洛伦西亚市发生一起摩托车炸弹爆炸事件,造成10人死亡、48人受伤,其中多人伤势严重。据警方调查,这起事件是反政府武装"哥伦比亚革命武装力量"所为。

12. 2003年10月、12月汽车遥控炸弹案件。2003年10月8日,哥伦比亚首都波哥大市区发生一起汽车遥控炸弹爆炸事件,造成至少4人死亡、12人受伤,其中5人伤势严重。同月22日,波哥大再度发生一起汽车炸弹爆炸事件,造成3人受伤。12月16日,哥伦比亚北部巴兰基亚市的一家超级市场发生爆炸事件,造成1人死亡、63人受伤。

13. 2004年5月炸弹袭击案件。"哥伦比亚革命武装力量"于2004年5月20日晚,在哥伦比亚第二大城市麦德林市制造了两起炸弹袭击事件,共造成4人死亡、18人受伤,其中5人伤势严重。2004年5月23日,哥伦比亚西北部安迪奥基亚省阿帕尔塔多市发生一起强烈炸弹爆炸事件,造成至少5人死亡、90余人受伤,其中包括8名儿童。"哥伦比亚革命武装力量"当天还用炸弹袭击了北部苏克雷省一条重要的输油管,泄漏的原油燃起大火。

14. 2004年9月4日教堂袭击案件。2004年9月4日,一伙"哥伦比亚革命武装力量"成员于4日晚闯入阿西斯港"基督教联盟"教堂,开枪打死至少3人,打伤14人。

15. 2004年12月恐怖袭击案件。2004年12月27日晚,"哥伦比亚革命武装力量"组织成员在首都波哥大南部"千年捷运"公共汽车公司总站制造了一起炸弹爆炸事件,造成两人死亡。2004年12月31日晚,"哥伦比亚革命武装力量"的一些成员闯进位于首都波哥大东北约380公里的圣萨尔瓦多港附近的一座村庄,当时正在举行新年庆祝活动的村民惨遭毒手,死者中包括4名儿童和6名妇女。

16. 2005年2月恐怖袭击犯罪案件。2005年2月1日,反政府游击队"哥伦比亚革命武装力量"于2月1日凌晨袭击了一座政府军兵营,造成9名海军官兵丧生,另外造成至少20人受伤,其中12人伤势严重。2005年2月9日,一支政府军巡逻队在北部安蒂奥基亚省乌拉巴地区遭游击队成员伏击,造成24名士兵死亡,这是哥军方近5年来人员伤亡最惨重的一次遇袭事件。2005年2月20日,哥南部梅塔省托莱多港的一家宾馆遭到反政府武装的炸弹袭击,有5人死亡、30人受伤,死者中包括3名士兵和2名平民,爆炸现场附近10所民宅被毁。

17. 2005年4月6日叛军袭击案件。2005年4月6日,哥伦比亚军方车队在该国东北部地区遭到叛军的恐怖袭击,共有17名士兵丧生,死者中包括1名陆军少校和3名军官。

18. 2005年6月恐怖袭击犯罪案件。2005年6月,哥伦比亚政府军在南部普图马约原始森林地区遭到"哥伦比亚革命武装力量"游击队的伏击,共有19名士兵被打死、8人受伤,这是乌里维总统执政3年来政府军受到的最沉重打击。2005年6月28日,哥伦比亚中部梅塔省比斯塔埃尔莫萨市发生炸弹爆炸事件,造成至少3名平民死亡、16人受伤,死者中包括一名年龄不满15岁的少年,伤者中有3人伤势严重。

19. 2005年12月17日安全部队遭袭案。2005年12月17日,数百名隶属"哥伦比亚革命武装力量"的反政府武装人员袭击了圣马力诺镇。他们先用自制榴弹炮进行轰炸,然后与警察展开枪战,8名警察在交火中丧生,另有9名警察和4名平民受伤,并且至少30名警察被扣为人质,这是近年来哥伦比亚安全部队遭遇的较大重创之一。

20. 2006年2月恐怖犯罪案件。2006年2月25日,"哥伦比亚革命武装力量"成员在哥伦比亚南部地区袭击了一辆小巴,打死了车上的9名乘客,打伤了11名乘客。当月27日,一伙伪装成警察的"哥伦比亚革命武装力量"成员闯入位于该国南部里韦拉市的一家酒店,袭击了一群正在举行午餐会议的当地政府官员,致使8名手无寸铁的议员中弹身亡。

21. 2006年7月31日恐怖袭击犯罪案件。2006年7月31日,哥伦比亚的一支18人陆军巡逻队在桑坦德省北部遭到反政府武装的炸弹袭击,15名士兵丧生。同一天,哥伦比亚南部那玲珑省也发生一起炸弹袭击事件,造成2名士兵死亡。在首都波哥大,一个军方车队遭遇遥控汽车炸弹袭击,导致数名士兵受伤,1名流浪者死亡。政府官员称,反叛武装还炸毁了南部卡克塔省的一所电站,使该省陷入了停电局面。

22. 2006年10月19日陆军大学遭炸弹袭击犯罪案件。2006年10月19日,"哥伦比亚革命武装力量"在哥伦比亚陆军大学制造了一起汽车炸弹爆炸事件,造成至少24人受伤,其中包括哥陆军司令的数名警卫。

23. 2006年11月1日警察局遭恐怖袭击犯罪案。2006年11月1日,大约150名反政府武装人员袭击了科尔多瓦省北部的一个警察局,在双方交火过程中,29人丧生,其中包括17名警察。

24. 2006年12月1日陆军巡逻队遭恐怖袭击犯罪案。2006年12月1日,哥伦比亚的一支陆军巡逻队在北桑坦德省执行任务时遭到"哥伦比亚革命武装力量"组织成员的袭击,2名士官和15名战士被打死,另有4名士兵被打伤。

25. 2007年4月、6月哥伦比亚遭到炸弹袭击犯罪案。2007年4月9日,哥伦比亚第三大城市加利市警察局总部大楼发生一起汽车炸弹爆炸事件,造成1人死亡,至少39人受伤。2007年6月22日至23日,哥西部港口城市布埃纳文图共发生7起爆炸事件,共造成23人受伤。

26. 2008年8月、12月哥伦比亚遭恐怖袭击犯罪案。2008年8月14日,隶属"哥伦比亚革命武装力量"的恐怖分子在哥伦比亚西北部安蒂奥吉亚省依图安戈引爆了一枚炸弹,造成7人死亡、52人受伤。2008年12月1日,反政府武装"哥伦比亚革命武装力量"在普图马约省向阿西斯市发动了一起恐怖袭击,致使2人死亡、13人受伤,另有2名商人被绑架。2008年12月5日,哥伦比亚警察在阿劳卡省与委内瑞拉边界附近地区遭到"哥伦比亚革命武装力量"成员用爆炸物进行的袭击,造成8名警察死亡、1人受伤。

27. 2009年2月、3月、5月、6月哥伦比亚遭恐怖袭击犯罪案。2009年2月1日,卡利市的一个警察局遭到"哥伦比亚革命武装力量"成员的袭击,致使至少 2 人死亡、38 人受伤。2009 年 2 月 9 日,哥伦比亚政府军一支巡逻小分队在哥伦比亚西南部考卡省境内遭到反政府游击队成员的伏击,6 名军人当场丧生,另有 4 人受伤。2009 年 3 月 28 日,安蒂奥吉亚省阿帕塔多市的一个超市发生一起炸弹袭击事件,8 人受伤,其中包括一名孕妇。2009 年 5 月 10 日,在哥伦比亚南部与厄瓜多尔交界的纳里尼奥省,哥伦比亚陆军的巡逻队遭到"哥伦比亚革命武装力量"成员的伏击,致使 7 人死亡、4 人受伤。2009 年 6 月 22 日,哥伦比亚南部考卡谷省的蒂姆巴,一个警察局遭到反政府武装分子"哥伦比亚革命武装力量"的袭击,6 名警察殉职,4 人受重伤。

28. 2010 年 3 月、9 月哥伦比亚遭炸弹袭击犯罪案。2010 年 3 月 24 日,哥伦比亚西南部的重要港口城市布埃纳文图拉遭到"哥伦比亚革命武装力量"成员制造的汽车炸弹袭击,致使 6 人死亡、50 多人受伤。2010 年 9 月 8 日,"哥伦比亚革命武装力量"成员于哥伦比亚南部城市帕斯托制造一起炸弹袭击事件,一个情报部门办公室外发生炸弹爆炸,造成 12 人受伤。

29. 2011 年 2 月 14 日海军陆战队遭恐怖袭击犯罪案件。2011 年 2 月 14 日上午,哥伦比亚海军陆战队在与厄瓜多尔接壤的西南部普图马约尔省遭到反政府恐怖分子的炸弹袭击,导致 2 名士兵身亡,另有 5 名士兵失踪。

30. 2011 年 6 月 8 日中国人质绑架犯罪案件。中国中化集团下属哥伦比亚公司 4 个中国员工在哥伦比亚南部卡格达省被"哥伦比亚革命武装力量"成员绑架。事发时 4 名中国公民和 1 名当地司机驾车行驶在卡格达省圣维森特-德尔卡古安市的一条公路上,武装分子后来释放了司机。据中化集团新闻发言人 9 日证实,4 人是在外出购买柴油时遭到绑架,但他们并非中化集团员工,而是承包商的雇员,其中 3 人属于中石油长城钻探工程公司,1 人为山东科瑞集团员工。哥伦比亚政府长达 10 年的攻势迫使该国的恐怖组织退入荒凉的丛林地带,因而在哥伦比亚经营的石油公司及其工人能够更安全地开展工作。但在 2011 年,恐怖组织加大了对石油设施的攻击,炸毁管道和绑架工人,严重影响了哥伦比亚石油出口。

31. 2012 年 5 月 10 日警察驻地遭恐怖袭击犯罪案件。2012 年 5 月 10 日,"哥伦比亚革命武装力量"成员袭击了哥伦比亚东北部的一处警察驻地,造成至少 7 名警察死亡、12 人受伤。袭击发生的地点位于哥伦比亚与委内瑞拉交界地带的山区北桑坦德州,死伤者均为在该地区执行铲除古柯种植任务的警察。

32. 2012 年 5 月、8 月、10 月哥伦比亚遭恐怖袭击犯罪案件。2012 年 5 月,"哥伦比亚革命武装力量"制造了一系列连环袭击事件;15 日,哥伦比亚一位前内政部长在首都波哥大遭到爆炸袭击,其2名保镖身亡、39人受伤;20日,"哥伦比亚革命武装力量"武装分子在哥西南部纳里尼奥省袭击一辆公交车,造成4人死亡、至少7人受伤。2012年8月26日,反政府武装"哥伦比亚革命武装力量"在哥伦比亚南部梅塔省制造一起汽车炸弹爆炸事件,造成6人死亡,其中包括2名儿童。2012年10月20日,哥伦比亚政府军在哥南部与厄瓜多尔交界的普图马约省附近遭到当地反政府武装分子"哥伦比亚革命武装力量"的炸弹袭击,造成5人死亡、3人受伤,这是哥伦比亚政府军近几个月遭受的最严重袭击。

33. 2013年1月、2月"哥伦比亚革命武装力量"制造恐怖袭击犯罪案件。2013年1月31日,哥伦比亚反政府武装分子"哥伦比亚革命武装力量"在哥伦比亚境内制造了两起恐怖袭击,造成4名政府军士兵死亡、6人受伤。一天之后,该组织成员又于麦考制造了一起针对警察的袭击,造成3人死亡。2月12日,该组织在米拉弗洛雷斯袭击了一家警察局,造成2人死亡、27人受伤。2月25日,该组织在圣米格尔再次袭击了当地警局,造成2人死亡、13人受伤。

34. 2014年1月16日摩托车炸弹袭击犯罪案件。2014年1月16日,哥伦比亚反政府武装在哥伦比亚西南部考卡山谷省制造了一起摩托车炸弹袭击案件,造成至少1人死亡、25人受伤。这次袭击恰好发生在"哥伦比亚革命武装力量"宣布结束单方面停火一天之后。

二、秘鲁的恐怖犯罪案件

(一)"9·11"事件之前的恐怖犯罪案件

1. 1980年5月"光辉道路"恐怖犯罪案件。1980年5月,以捣毁阿亚库乔省的一个大选投票站为起点,该恐怖组织揭开了恐怖暴力活动的序幕。秘鲁的恐怖主义主要来源于一个名为"光辉道路"的极左恐怖组织,"光辉道路"是一个自成立之日起,就奉暴力为信条、以恐怖为手段的恐怖组织,凭借其举世闻名的残酷手段令"红色恐怖"笼罩秘鲁。他们敌视现代市场经济和民主制度。爆炸、暗杀、破坏经济设施,袭击公共场所,伏击政府军,袭击庄园,抢劫银行和工商企业,是"光辉道路"热衷的事情。因其暴力程度之激烈,被称为"西半球有史以来最血腥、最残忍的游击队组织"。二十多年的时间里,这个组织屠杀了数以万计的人,几乎把秘鲁拖入了内战状态,是不折不扣的恐怖组织。最初,他们的活动范围主要是在阿亚库乔等山区省份,通过袭击警察和小股政府军,夺取武器,袭击地主庄园,获取土地;抢劫银行和工商企业，强迫它们拿出资金作为游击队的活动经费。1981年，亦即"光辉道路"宣告成立的第二年,秘鲁政府在其发源地阿亚库乔省宣布实行紧急状态,但这并未能有效地遏制游击队势力的发展。"光辉道路"通过堪称卓绝的反政府游击战争使得整个中部安第斯高原逐渐变成了组织的根据地。他们昼伏夜出,疯狂地进行不分对象的绑架、谋杀、爆炸、突袭等恐怖活动,使人数达十二万之众的政府军疲于奔命、穷于应付。

2. 1983年7月11日"光辉道路"恐怖袭击犯罪案件。1983年7月11日,秘鲁游击队"光辉道路"袭击了位于首都利马的秘鲁执政党人民行动党中央总部,造成1人死亡、30多人受伤。游击队"光辉道路"袭击首都利马的事件轰动一时,尽管在相关信息的记载中并没有人员伤亡的显示,却造成利马停电1天,其中部分地区停电达3至4天。

3. 1983年8月2日圣何塞德塞切村恐怖犯罪案件。1983年8月2日,200名"光辉道路"的武装分子在阿亚库乔省圣何塞德塞切村伏击了秘鲁海军陆战队的一支巡逻队,经过两个小时的战斗,打死3名海军陆战队的军官,打伤4名海军陆战队队员和1名士官生。

4. 1983年10月首都利马遭连环恐怖袭击犯罪案件。1983年10月15日,"光辉道路"的成员袭击首都利马,造成几个区停电约28分钟。在这次袭击过程中,利马的一些高压输电塔遭到破坏,乔里略斯区的侦缉警察所遭到袭击。

1983年10月22日晚,秘鲁游击队"光辉道路"再次袭击首都利马,炸死3人、炸伤数人,引起市区一些地方断电。秘鲁执政党人民行动党中央总部遭到炸弹和冲锋枪的袭击,造成1人死亡、数人受伤。同时,利马商业中心米拉弗洛斯区、拉维多利亚区的侦缉警察所遭到袭击。

5. 1992年6月、7月"疯狂恐怖活动"犯罪案件。1992年6月5日凌晨,一辆装有600千克炸药的汽车炸毁了利马一家电视台,炸死20余人,1公里范围内的建筑物均遭到严重破坏。7月16日晚,两辆各装有300千克炸药的汽车在利马最繁华的米拉弗洛雷斯商业区中心爆炸,造成21人死亡、200多人受伤,30多座商业建筑和住宅遭受不同程度的损坏,这是秘鲁1980年以来所发生的最严重的爆炸事件。在之后的几天里,利马又接连发生4起严重的恐怖爆炸事件,市民的生命和财产遭受巨大损失,利马城内人心惶惶,经济和社会活动大受影响。

6. 1993年的利马袭击事件。1993年,恰逢首都利马市政选举投票前夕,"光辉道路"为了破坏市政选举,制造恐怖气氛,多次在首都利马制造恐怖活动。其多次袭击警察和相关机构,造成6名警察死亡,几十人受伤。27日晚,执政党"改革90"在利马一个区的党部遭到汽车炸弹袭击,直接造成20余人受伤。该组织为了阻止民众参与投票,以通过宣布举行"武装罢工"的方式相威胁。29日,亦即选举日当天,利马便发生两起汽车炸弹爆炸事件。

7. 1996年12月18日"图帕克·阿马鲁革命运动"恐怖犯罪案件。1996年12月18日晚,近20名"图帕克·阿马鲁革命运动"武装分子闯入日本大使官邸,通过引爆一枚汽车炸弹制服了保卫人员,随即冲进官邸,将出席日本天皇诞辰招待会的400多名宾客全部劫持为人质,制造了震惊世界的恐怖事件,并由此引发了举世瞩目的人质危机。

(二)"9·11"事件之后的恐怖犯罪案件

1. 2001年9月14日袭击军用直升机的恐怖犯罪案件。2001年9月14日,反政府武装组织"光辉道路"在秘鲁东南部袭击了一架军用直升机,造成2名军官死亡。

2. 2001年12月3日利马恐怖袭击事件。2001年12月3日,"光辉道路"在秘鲁利马省制造了一起恐怖袭击犯罪案件,炸塌一座54米高的高压电塔。这起恐怖袭击事件发生在利马省乔西卡县的一座山上,离首都利马以东大约40公里。据官方表示,这是近六年来发生的第一起恐怖袭击事件。

3. 2002年3月20日首都汽车炸弹袭击犯罪案件。2002年3月20日晚,"光辉道路"组织在秘鲁首都利马制造了一起汽车炸弹爆炸事件,造成至少6人死亡、30多人受伤。这起汽车炸弹爆炸事件发生在美国驻秘鲁大使馆大门对面,美国使馆因离出事地点较远而未受影响。这起爆炸事件除了造成人员伤亡外,至少还有3辆汽车被炸毁,附近的建筑物受到不同程度破坏。

4. 泰德兴系列恐怖犯罪事件。2002年10月份,阿根廷跨国公司泰德兴公司在秘鲁与厄瓜多尔交界地区的一处营地遭到了"光辉道路"武装分子的袭击。武装分子挟持了一名英国人和一名厄瓜多尔人,并打伤30多人,还掠走了公司正用于铺设天然气管道的机械和工具。2003年6月9日凌晨5点,身份为"光辉道路"成员的20多个蒙面歹徒借着黎明前的黑暗,悄然无声地来到泰德兴公司工人的宿营地,绑架了68名工作人员和3名警察。被绑架者大部分是秘鲁当地工人,另外还有供职于该跨国公司的外籍技术人员——6名哥伦比亚人和1名智利人。

5. 2003年6月、7月阿亚库乔省恐怖犯罪案件。2003年6月,秘鲁政府军的一个小分队在秘鲁南部阿亚库乔省丛林地区遭反政府武装组织"光辉道路"成员的伏击,一名士兵被当场打死,另外两名士兵受重伤。2003年7月,光辉道路游击队在一个偏远地区伏击了一个海军陆战队的巡逻队,造成7人死亡,10人受伤。这是四年内这个游击队组织发动的最大的袭击行动,袭击发生在偏远的阿亚库乔地区,阿亚库乔地区是"光辉道路"组织的老根据地。

6. 2005年至2009年的毒品泛滥区域的恐怖袭击犯罪案件。2005年12月,仅在半个月内,秘鲁中部毒品产区连续发生警察遇袭事件,共有13名警察被"光辉道路"武装分子打死。2006年12月16日,"光辉道路"一个与贩毒分子有联系的支队对警察发动袭击,造成8人死亡,其中包括3名平民。

圣马丁省是秘鲁重要的毒品产区,"光辉道路"成员与贩毒分子在该地常常相互勾结,利用地利之优势——茂密的丛林,开展毒品走私与恐怖活动,对当地治安构成了较大威胁。2007年6月14日,秘鲁北部圣马丁省境内发生一起巡逻警车遭"光辉道路"残余分子伏击的事件,造成4名警察和1名检察官当场死亡。

2008年3月23日下午5时许,"光辉道路"残余分子在秘鲁南部阿亚库乔省制造袭击警车事件,共造成12名警员伤亡。当天,一支由17人组成的警察中队结束在阿普里马克河和埃内河流域毒品种植区的巡逻任务后,分乘两辆巡逻车途经基努阿地区返回阿亚库乔省首府瓦曼加时,遭到一伙从两辆货车上跳下的武装分子突袭,1名25岁的女警察被当场打死,另有11名警察受伤。

2008年10月9日,在秘鲁东南部一个种植古柯的地区,"光辉道路"游击队在一次对军车车队的伏击中打死12名士兵和7名平民并造成多人受伤,其中包括妇女和孩子。这次伏击是晚上发生的,一个军人巡逻车队在塔亚卡哈省的廷塔朋科遭到"光辉道路"贩毒恐怖分子的伏击。

2009年4月9日,两辆军队巡逻车在阿亚库乔省境内的阿普利马克-埃内河流域执行任务时遭到"光辉道路"残余势力与所勾结的毒贩势力的共同袭击,造成13名军人死亡,另有3人受伤和1人失踪。

7. 2006年8月30日托卡切地区恐怖袭击犯罪案件。2006年8月30日凌晨,一帮"光辉道路"反政府武装的残余分子闯进圣马丁省托卡切地区的一个村庄,绑走了7名年龄在16岁至23岁的青年人,其中有一人后来脱逃,其余6人的尸体在两天后被发现,他们均因头部中弹身亡。

8. 2008年11月15日巡逻队遭恐怖袭击犯罪案件。2008年11月15日晚,一支警察巡逻队于晚间在秘鲁首都利马东南约700公里处遭到"光辉道路"残余势力的伏击,3名警员丧生,另有1人受重伤。

9. 2009年8月1日溪谷地区袭击事件。2009年8月1日,秘鲁南部阿亚库乔省溪谷地区的一个警察局于深夜遭到一组约50人的"光辉道路"余党的武装袭击,造成3名警察及2名女性家属共计5人死亡,另有3人受伤。

10. 2009年军事设施遭恐怖袭击犯罪案件。2009年9月2日,秘鲁反政府武装组织"光辉道路"击落了一架秘鲁军用直升机,该架被击落的直升机当时正前往营救受伤士兵。同年6月,秘鲁军队一架直升机在南部阿普里马克省被武装人员击落,机上6名军人全部遇难。2009年11月5日,秘鲁境内残余的"光辉道路"武装成员袭击了该国南部高地的一个军事哨地,造成1名士兵死亡、3人受伤。

11. 2011年12月12日阿亚库克恐怖犯罪案件。2011年12月12日,反政府武装组织"光辉道路"游击队袭击了政府军,打死1名士兵,打伤12人。当地时间12日下午,一个护送野战医院的军方护卫队在东南部的阿亚库克地区遭到袭击。"光辉道路"游击队的残余分子在袭击中杀死了一辆军车的司机。

12. 2012年4月9日卡米塞亚恐怖犯罪案件。2012年4月9日凌晨,30多名"光辉道路"反政府武装人员在秘鲁库斯科省艾查拉特地区绑架了卡米塞亚天然气项目承包公司的36名工人作为人质。

13. 2012年8月15日萨蒂波区恐怖袭击犯罪案件。2012年8月15日,"光辉道路"与军方在秘鲁的萨蒂波区发生一起军事冲突,造成5人死亡、5人受伤。

14. 2014年10月13日政府军遭恐怖犯罪袭击案件。2014年10月13日,位于秘鲁的圣弗朗西斯科区发生一起"光辉道路"成员与政府的交火事件,造成1人死亡、5人受伤。

第三节 欧洲的恐怖犯罪案件

一、英国的恐怖犯罪案件

(一)"9·11"事件之前的恐怖犯罪案件

1. 20世纪70年代"爱尔兰共和军"的系列恐怖犯罪案件。英国因北爱尔兰问题引发了一系列恐怖活动,肇事者即一个名为"爱尔兰共和军"的组织。20世纪60年代末,北爱尔兰新教徒在议会选举中的成功使得天主教徒遭到了经济上受歧视、政治上被剥夺参政权利的不公待遇。在冲突中,政府军军事干预的偏向性与不公平引发了天主教徒的不满。① 这让长期郁积在北爱尔兰天主教徒心中的怨气彻底爆发出来,大规模的骚动开始爆发。1969年8月,北爱尔兰首府贝尔法斯特爆发大规模暴乱,此后大规模的恐怖暴力活动呈井喷之势。

1971年10月31日,英国邮政大厦遭到炸弹袭击,遭受严重的经济损失,自称爱尔兰共和军的武装分子宣称对这一事件负责;1972年2月的英国奥尔德肖特爆炸案,造成7人死亡。1972年1月,北爱尔兰地区的天主教徒在伦敦德里地区再次举行民权游行,驻守在北爱尔兰地区的英军向示威群众开枪,导致13人死亡,史称"血腥的星期天暴行"。1972年7月21日,"爱尔兰共和军"于当日在贝尔法斯特制造了26起爆炸事件,炸死11人,炸伤130人。仅1972年一年,在"爱尔兰共和军"制造的恐怖活动中丧生的英国军警和平民便达460余人。

1973年3月8日,爱尔兰共和军在伦敦安放了四颗汽车炸弹,其中安放在伦敦老贝里法院以及政府农业部总部大楼的两枚炸弹被引爆,直接导致1人死亡、150多人受伤。1974年2月高速公路大客车爆炸案,导致12人死亡;1974年6月英国议院爆炸案,造成了议院建筑大面积受损,11人受伤;1974年11月伯明翰酒吧爆炸案,造成21人死亡、182人受伤。② 1975年9月5日伦敦中心区一个旅馆发生爆炸,造成2人死亡、63人受伤。

2. 1979年8月30日路易斯·蒙巴顿勋爵遭暗杀犯罪案件。爱尔兰共和军的武装分子知悉蒙巴顿有来爱尔兰度假的习惯,据此将穆拉莫尔小镇视为行动的最佳地点,执行任务的是擅长爆破的托马斯·麦克汉和爱尔兰共和军的志愿者弗朗西斯·麦克吉。1979年8月,蒙巴顿带着家人来到了克拉斯邦城堡度假,8月26日,他把船开到多尼戈尔湾时放下了虾笼,回来之后把船停在了穆拉莫尔码头。当天晚上,麦克汉和麦克吉尔来到码头,麦克汉把自制的23公斤重的炸弹放上了船,麦克吉尔负责放风。放好炸弹后,两人连夜开车逃往爱尔兰边境。第二天上午两人就已经开到了穆拉莫尔西北部128公里外的格拉纳德小镇,正碰上警察检查车辆,开车的麦克吉非常紧张。警察见二人都没刮胡子像是通宵没睡,怀疑他们偷车,立即拘捕了二人。警察查看了两个人的证件后,很快查出了麦克汉爱尔兰共和军的身份,当即把这两个人分开来仔细审讯,但却没有调查出结果。1979年8月30日上午11

---

① 在天主教徒抵抗新教徒的过程中,新教徒利用警察部门进行干涉。1969年1月,警察驱散了从贝尔法斯特到伦敦德里地区的人民民权进军队伍。
② 恺蒂. 政治谈判终结暴力冲突[N]. 东方早报,2014-03-23(B07).

点,蒙巴顿带着女儿、女婿、女婿的母亲,还有两个双胞胎外孙出海去回收虾笼。然而,就在打捞笼子的时候,勋爵的游轮发生爆炸,船童麦克斯维尔当场就被炸烂了,蒙巴顿的外孙,14岁的尼古拉斯·纳其布尔当场死亡,蒙巴顿双腿被炸断,在抬到救援船上之后不久死亡。

3. 1982年英国士兵遭恐怖犯罪袭击案件。爱尔兰共和军方面认为,只要杀死足够多的英军士兵,政府将会迫于公众舆论的压力而选择从爱尔兰撤军。1982年7月20日,爱尔兰共和军在不到一小时的时间内分别在海德公园以及丽晶公园投掷了一枚炸弹,炸死11名英国士兵,炸伤40多名平民游客。同时,皇家海军军乐队是爱尔兰共和军的常袭目标。1982年,一枚被安置在乐池中的炸弹突然爆炸,当场造成7人死亡,30人受伤。据分析,之所以以皇家海军军乐队作为打击目标,首先因为他们是英国的士兵。

4. 刺杀撒切尔的恐怖犯罪案件。1984年10月11日,英国保守党在苏塞克斯郡的布莱顿饭店举办年会,保守党领袖、首相撒切尔夫人也将出席这次年会。由于保守党是执政党,因此,内阁中的13名大臣也将出席这次会议,这次年会几乎聚集了当时英国政坛的大部分政要。凌晨2点50分,撒切尔夫人来到办公室,坐到了书桌旁。她刚刚拿起手边的文件,只听一声巨响,刚刚使用过的盥洗室瞬间化为灰烬。爆炸过后,整个大楼一片漆黑,人们争先恐后地向外逃散,闻讯赶来的救生人员借助微弱的电视摄像机的光线,扒开残垣断壁,抢救受困人员。此次爆炸导致4人丧生、34人受伤,其中不乏保守党的头面人物,贸易和工业大臣诺曼泰比特的名字也出现在伤员名单之中。事后,爱尔兰共和军发言人表示组织对该次袭击负责,直言不讳地宣称其安装在饭店里的那枚100磅重的炸弹,是为了给英国内阁和保守党一个教训,让撒切尔夫人意识到英国不能占领他们的国家,折磨他们的被俘人员,在街头枪杀他们的国人而不受到惩罚,并直言这次袭击的目标就是撒切尔夫人。

1988年6月,加拿大多伦多,时值西方七国首脑会议召开,爱尔兰共和军又策划了一次针对撒切尔夫人的恐怖袭击。他们策划在英国首相结束会议离开加拿大时,用萨姆-7型导弹将她的座机击落。为了确保万无一失,爱尔兰共和军派去了杀手,谋划在首脑会议会场附近下手。但由于情报泄露,美国中央情报局事先了解到这个密谋,从而采取了紧急措施。英国、美国和加拿大联合行动,一起承担保卫英国首相的任务。加拿大空军也进行紧急演练,派遣战斗机护航,如果有必要,它将发射干扰装置使恐怖分子的导弹失灵。同时,英国侦探无意之中又发现了共和军的一个杀手,并将其捉拿归案,恐怖分子的暗杀计划宣告破产。爱尔兰共和军这次虽然飘洋过海,但依然功亏一篑。

5. 20世纪80年代爱尔兰共和军的炸弹袭击犯罪案件。1983年12月17日,爱尔兰共和军在伦敦西部的哈罗斯百货商场制造炸弹袭击事件,这时正处于圣诞节前采购的高峰期,共造成6人死亡、100多人受伤。1989年9月22日,爱尔兰共和军在皇家海军学校制造炸弹袭击事件,炸死10名士兵,炸伤30多人。

6. 1991年2月7日唐宁街10号炸弹袭击犯罪案件。唐宁街10号是英国首相的官邸,1991年2月7日,英国首相官邸唐宁街10号遭到爱尔兰共和军的3枚迫击炮弹的袭击。2月7日上午将近10时,在距内阁正在开会的唐宁街仅200码的近卫骑兵路与白厅两街拐角处,从一辆货车上向唐宁街发射了三发迫击炮弹,其中一枚落在唐宁街10号的后花园里,震碎了首相府内阁会议室的玻璃窗,那辆货车随即起火燃烧。爱尔兰共和军从当时针对英国本土发动攻击的战略出发,继续采取行动,几天后又在伦敦主要铁路线的几个车站上埋设炸弹。2月18日清晨,刚到交通繁忙时刻,一枚炸弹在维多利亚车站爆炸,炸死一人,炸伤多人。一枚同样的炸弹又在帕丁顿车站爆炸,所幸无人伤亡。

7. 1992年4月10日金融区恐怖袭击犯罪案件。1992年4月10日,爱尔兰共和军在伦敦金融区的波罗的海贸易海运交易所制造一起恐怖袭击事件,一枚威力强大的炸弹在伦敦市内的金融中心伦敦城爆炸,3人被炸死,多人受伤。这个100磅的爆炸装置在21时25分被引爆,造成重大破坏,爆炸附近商业联合会的高塔形建筑的所有窗户都被震碎。两周后,爱尔兰共和军又在金融区引爆了一枚汽车炸弹,造成1人死亡。

8. 1993年4月23日伦敦炸弹袭击犯罪案件。1993年4月23日,爱尔兰共和军引爆了一个停在伦敦市主教门镇的大型卡车,致使1人死亡、40多人受伤。此外,爆炸中有大量的建筑物受损,包括一个中世纪的教堂和利物浦街的地铁车站。这次袭击让整个伦敦沉浸在恐慌与悲伤之中。

9. 1996年2月伦敦系列恐怖袭击犯罪案件。1996年2月9日,爱尔兰共和军终结了与政府签署的长达17个月的停火协议,在伦敦港口区的金丝雀码头引爆卡车炸弹,造成2人死亡、100多人受伤,造成直接经济损失一亿英镑以上。2月10日,爱尔兰共和军正式公开表示对这次袭击负责。2月18日,一名爱尔兰共和军的武装分子不小心引爆了身上的炸弹,造成5人死亡。

10. 对英国本土机构的恐怖袭击犯罪案件。2000年9月20日,爱尔兰共和军在英国间谍活动的总部军情六处制造了一起火箭炮袭击事件,不过没有造成人员伤亡。爱尔兰共和军的分支之一——真爱尔兰共和军,在2001年3月到5月制造了三次炸弹袭击,目标对准的分别是BBC在伦敦的办公楼以及伦敦北部的一个邮局。英国警方事后称,由于恐怖组织内部的意见不统一,一部分极端分子对爱尔兰共和军宣布停火感到不满,因此制造了这起爆炸事件。2001年8月3日,爱尔兰共和军在伦敦西部繁忙的伊令百老汇购物中心制造一起汽车炸弹袭击事件,当时午夜刚过,正是年轻人离开酒吧和夜总会的时间。

(二)"9·11"事件之后的恐怖犯罪案件

1. 2005年7月7日伦敦地铁恐怖爆炸犯罪案件。2005年7月7日,伦敦三列地铁和一辆双层公交车发生爆炸,爆炸造成包括4名自杀式袭击者在内的56人死亡、784人受伤。格林尼治时间7月7日上午8点50分,三列地铁列车几乎同时发生爆炸。前两起爆炸分别发生在利物浦大街站和埃吉威尔路站,各造成7名普通公民死亡。第三起爆炸发生在皮卡迪利地铁线上,造成28名公民死亡。连环爆炸发生后约一个小时,约9点47分左右,第四枚炸弹在塔斯威托克广场站附近的30路双层大巴上爆炸,造成13人死亡。①

事故发生后,名为"基地圣战组织驻欧洲的秘密小组"在给德国《明镜周刊》网站的信中指出,爆炸是对英国士兵出兵阿富汗和伊拉克的报复。而袭击者在事前录制的一段录像中称,英国社会即布莱尔政府才是这次事件的罪魁祸首。

2. 2007年6月30日格拉斯哥恐怖袭击犯罪案件。2007年6月30日下午,一辆燃烧着的汽车在行驶中撞向英国格拉斯哥机场大楼,事件尽管未造成人员伤亡,但迫使当天所有航班全部停飞。英国当局将此事件视为恐怖袭击,并将国家安全级别提到最高等级,并在随后的调查中逮捕8名恐怖分子。据调查,被捕者受本·拉登基地组织的指挥,而英国情报部门四月就曾报告,基地组织计划在英国进行大规模恐怖袭击,作为对英国前首相布莱尔的"告别礼"。

二、西班牙的恐怖犯罪案件

(一)"9·11"事件之前的恐怖犯罪案件

1. 1968年6月7日恐怖枪击犯罪案件。1968年6月7日,一名25岁的

---

① 张娟.恐怖主义在欧洲[M].北京:世界知识出版社,2012:69-71.

西班牙警察在巴斯克比利亚沃纳遭"埃塔"成员枪击身亡,这是资料记载中公认的第一起由"埃塔"在西班牙制造的恐怖袭击事件。

2. 1973年12月20日路易斯·卡雷罗·布兰科遭恐怖袭击犯罪案件。1973年12月20日,被认为是时任国家元首弗朗西斯科·佛朗哥接班人的西班牙政府首相路易斯·卡雷罗·布兰科被"埃塔"预先安放在汽车中的炸弹炸死,强烈的爆炸把汽车掀出了60英尺,造成3人死亡。

3. 1974年9月13日马德里咖啡馆恐怖炸弹袭击犯罪案件。1974年9月13日,"埃塔"在马德里的一家咖啡馆制造一起炸弹袭击事件,造成12人死亡、70人受伤。资料显示,该起恐怖袭击是"埃塔"组织成立以来制造的第一起伤亡惨重的恐怖袭击事件。

4. 1977年5月12日吉普斯夸恐怖袭警犯罪案件。吉普斯夸为西班牙北部的一个省份,位于巴斯克自治区的东北部。1977年5月12日,"埃塔"在该地区制造一起针对警察的武装袭击事件,造成10人受伤。

5. 1977年9月20日AAA组织恐怖袭击犯罪案件。AAA组织,全称Alianza Anticomunista Argentina,译名为阿根廷反共联盟。1977年9月20日,阿根廷反共联盟在西班牙的马德里、巴塞罗那两座城市同时制造恐怖活动。两起恐怖事件均将媒体和新闻记者视为袭击目标,通过炸弹袭击共造成2人死亡、32人受伤。

6. 1978年巴塞罗那袭警事件。1978年11月20日,"埃塔"在西班牙巴塞罗那针对当地警察制造一起武装袭击,造成2人死亡、10人受伤。

7. 1979年5月26日马德里恐怖炸弹袭击犯罪案件。1979年5月26日,组织代号为First of October Antifascist Resistance Group(GRAPO)的恐怖分子在西班牙马德里的商业中心制造了一起炸弹袭击,造成8人死亡、39人受伤。1979年是西班牙历史上恐怖暴力活动最为猖獗的一年,而这起源自GRAPO组织的恐怖袭击又是该年份恐怖事件中造成伤亡人数较多的一次。

8. 1979年7月29日马德里恐怖犯罪爆炸案件。1979年7月29日,"埃塔"组织的恐怖分子通过在交通工具上安放炸弹,制造一起惨绝人寰的炸弹袭击事件,造成2人死亡、50人受伤。

9. 1980年的洛尼罗尼奥事件。1980年7月22日,"埃塔"组织在西班牙洛尼罗尼奥制造一起针对警察的恐怖活动,通过炸弹袭击,造成1人死亡、34人受伤。1980年全年,"埃塔"的袭击共造成近118人死亡,给西班牙带来了血雨腥风。

10. 1981年5月7日马德里军队遭恐怖袭击犯罪案件。1981年5月7

日,"埃塔"组织于西班牙马德里制造一起针对军队的恐怖武装袭击犯罪,火力冲突中造成3人死亡、14人受伤。

11. 1982年警察遭系列恐怖袭击犯罪案件。1982年8月18日,"埃塔"在巴塞-多尼巴内小镇制造一起针对警察的爆炸袭击,造成11人受伤。"埃塔"成员热衷于将警察作为袭击的重点对象。9月14日,"埃塔"在埃伦特里亚再次制造了一起针对警察的恐怖袭击,造成4人死亡、1人受伤。10月12日,在伊伦的针对警察的恐怖袭击中造成1人死亡。10月14日,在莱萨的针对警察的恐怖袭击中造成1人死亡、2人受伤。12月13日,在托洛萨的针对警察的恐怖袭击中造成1人死亡。12月29日,同样在伊伦的针对警察的恐怖袭击中造成2人死亡。

12. 1983年商场遭恐怖犯罪袭击案件。"埃塔"成员认为,在人员集中的区域制造恐怖袭击必然造成公众的恐慌与骚乱,从而有可能迫使政府满足组织的要求。1983年2月5日,"埃塔"在毕尔巴鄂的商场制造爆炸,造成3人死亡、8人受伤。1983年3月26日,"埃塔"在圣塞巴斯蒂安的一家商场制造一起爆炸袭击,造成伤亡各1人。1983年6月3日,"埃塔"在西班牙南部海滨太阳海岸的港口和度假胜地马贝亚的一家商场制造一起炸弹袭击,造成3人受伤。1983年7月23日,"埃塔"在西班牙北部城市维多利亚的一家商场制造一起暗杀,造成1人死亡。1983年10月26日,"埃塔"于伊伦的一家商场实施了一次暗杀,造成1人死亡。1983年12月9日,"埃塔"于西班牙北部城市毕尔巴鄂的一家商场制造一起炸弹袭击,造成10人受伤。

13. 1985年后的汽车炸弹恐怖袭击犯罪案件。随着"埃塔"组织的壮大,他们的袭击手段也呈现多样化的特点,这也是他们从民族分裂组织向恐怖组织转变的一个重要表现。在众多的恐怖活动中,他们使用最多的是汽车炸弹。1985年,"埃塔"在西班牙首都马德里制造了第一起汽车爆炸案,一名美国人当场死亡,16名护卫成员受伤。此后的三年间,"埃塔"制造了数起大规模汽车炸弹袭击。1986年7月14日,"埃塔"在马德里制造一起汽车炸弹爆炸,12名警察遇难。1987年6月19日,西班牙北部城市巴塞罗那一家商场的停车场遭到汽车炸弹袭击,造成21人死亡、45人受伤。1987年12月11日,"埃塔"在西班牙中部萨拉戈萨某警察局附近引爆一枚汽车炸弹,造成11人死亡。经过相对缓和的90年代,进入新世纪后,"埃塔"的袭击再度卷土重来,仅2000年一年,"埃塔"就在首都马德里制造了3起导致严重后果的汽车爆炸案,造成数10人伤亡。

14. 阿斯纳尔遭3次恐怖暗杀犯罪案件。何塞·玛丽亚·阿斯纳尔是西班牙有名的政治家,曾于1996至2004年间担任西班牙首相。这位身材矮小的政治家以"改良的中间主义"的主张和行之有效的治国方略在欧洲政治舞台上傲视群雄,但最后却因恐怖主义而下台。"埃塔"组织曾多次对其实施暗杀,然而均以失败告终。早在1995年,"埃塔"便企图以爆炸暗杀当时的反对党领袖何塞·玛丽亚·阿斯纳尔,虽然爆炸威力巨大,但是由于阿斯纳尔的座驾装甲结实,使得其得以逃过一劫,本人也只是受了点轻伤。

2001年4月至5月期间,"埃塔"曾经3次在不同场合密谋击落时任西班牙首相何塞·玛利亚·阿斯纳尔的专机,然而皆功败垂成。第一次是阿斯纳尔在一次地方选举期间,以首相身份视察巴斯克地区,当时潜伏在巴斯克海滨小城圣赛巴斯蒂安机场的"埃塔"分子已经用一枚俄制"萨姆-7"防空导弹瞄准了阿斯纳尔的专机,结果却因"哑弹"的缘故功亏一篑。第二次的情形与第一次如出一辙。第三次,恐怖分子埋伏在巴斯克首府维多利亚市的某机场,结果导弹同样未能发射成功。尽管这位政治家本人数次脱险,但恐怖主义的猖獗依然摧毁了他的政治生涯。马德里"3·11"爆炸案发生的前几天,西班牙媒体在大选前的最后一次民意调查表明,阿斯纳尔所在的人民党比工社党领先7.5%。但是,"3.11"改变了一切。因为阿斯纳尔隐瞒了"3.11"惨案调查真相,回避这一惨案源头应该归咎于他在伊拉克战争中追随美国的积极立场。投票结果显示,执政的人民党得票率37.6%,工人社会党为42.8%,首相阿斯纳尔黯然下台。

15. 1997年7月12日议员遭恐怖犯罪绑架案件。1997年7月12日,时年29岁的市议员米格尔·安赫尔·布兰科遭"埃塔"绑架后被杀害,这起惨案使西班牙全国上下掀起史无前例规模的反"埃塔"组织的抗议活动。

16. 终止"停火"后的系列恐怖犯罪活动案件。1998年9月"埃塔"宣布停火,然而,这是其面对巨大的军事和政治压力而做出的权宜之计,这次停火仅仅维持了14个月。1999年11月28日,"埃塔"宣布终止停火协议;2000年1月21日,"埃塔"在西班牙首都马德里制造两起汽车炸弹袭击事件,并炸死一名陆军中校。继1月21日炸死一名陆军中校之后,"埃塔"继续四处制造恐怖事端,暴行愈演愈烈。2月22日,一名西班牙社会党领导人以及他的保镖在巴斯克地区首府维多利亚死于同样一起汽车炸弹爆炸袭击中。3月6日晚上,西班牙北部巴斯克地区的圣塞巴斯蒂安市发生一起汽车炸弹爆炸事件,造成7人受伤。6月4日,执政的西班牙人民党的一名成员在北部巴斯克地区遭到"埃塔"组织的暗杀,遭到暗杀的官员名叫佩德罗萨,57岁,是巴斯克地区的朵兰戈市的高级市政官员,据说在遇刺前已经接到过多次死亡威胁。6月25日凌晨,西班牙巴斯克地区的吉特克索镇发生了一起汽车炸弹爆炸事件。在这起事故中,有数人受伤。7月12日,"埃塔"在西班牙首都马德里制造一起汽车炸弹爆炸事件,造成8人受伤。8月7日晚到8月8日晚的24小时内,"埃塔"在西班牙境内连续制造了3起爆炸案,造成5人死亡、十多人受伤。

8月7日午夜,一辆轿车在西班牙北部城市毕尔巴鄂行驶时突然发生爆炸。巨大的冲击波将轿车炸成两截,车里的4名乘客被炸得粉身碎骨。其中一人是"埃塔"成员。在4名"埃塔"恐怖分子被炸身亡12个小时后,一位名叫何塞·柯塔的商人驾车行驶在沿海城市圣塞瓦斯蒂安附近的小镇苏马亚时,轿车发生爆炸。柯塔当场被炸成重伤,经抢救无效死亡。当年52岁的柯塔是当地商会的主席,"埃塔"一直威胁当地的商人,要他们缴纳"革命税",而柯塔却公开号召商人们抵制这种敲诈。随后,"埃塔"又在西班牙首都马德里市制造了第三起汽车爆炸案。爆炸案发生在马德里市的一个居民区,大约有10人在爆炸中受伤,其中两人伤势严重。爆炸发生前15分钟,一名自称是"埃塔"成员的人打电话到警局,称对即将发生的爆炸案负责。8月9日下午,一名西班牙陆军少尉在北部城市潘普洛纳遇刺身亡。这是8日以来"埃塔"制造的第二起暗杀事件。事件发生在当地时间下午3点30分左右。陆军少尉弗朗西斯科·卡萨洛瓦当时正坐在车库的小汽车中,突然有2名不明身份的男子从背后向他的脑部连开数枪,致其当场死亡。9月14日晚上,西班牙前社会党政府司法和教育大臣何塞-拉蒙-里卡尔德遭"埃塔"恐怖分子枪击,身受重伤。这可能是13日西班牙警方采取大规模的搜捕行动成功逮捕"埃塔"20名领导人之后,"埃塔"所采取的一次报复行动。枪击事件发生在当晚8时40分左右,几名蒙面持枪歹徒在圣塞巴斯蒂安市伊古尔多街区向正准备上车的里卡尔德连开数枪跑,致使里卡尔德头部受到重伤。10月30日"埃塔"又在马德里制造一起汽车爆炸事件,造成1人死亡、64人受伤。

2001年3月20日,"埃塔"在巴斯克地区拉萨尔特市的一间酒吧里枪杀了当时的一名社会党副市长。在此前的一个月内,"埃塔"已连续制造了4起暴力事件。2001年5月6日西班牙巴斯克地区一名人民党地区领导人在北部城市遭"埃塔"成员枪杀。2001年5月11日晚,"埃塔"在西班牙首都马德里制造一起汽车爆炸事件,造成13人受伤,其中1人伤势严重。

17. 2000年5月7日洛佩斯·德拉卡列遭恐怖暗杀犯罪案件。2000年5月7日上午,西班牙北部安多艾恩镇的街道上,《世界报》记者和专栏作家时年62岁的洛佩斯·德拉卡列,9时左右离开在翁达雷塔街3号的家,步行到附近的报亭买报。然后,他走进附近一家咖啡馆喝完咖啡起身回家。就在这时,洛佩斯·德拉卡列惨遭枪杀,他身中4弹,其中一枪打在太阳穴上,一枪打在头后部接近脖颈处,另外两枪打在胸部。凶手是两个25岁左右的年轻人,属于"埃塔"组织。德拉卡列是自"埃塔"成立后被该组织杀害的第二位新闻记者(1978年,西班牙《北方报》主编马诺斯被"埃塔"分子杀害)。德拉卡列态度鲜明地反对"埃塔"的分离主义和恐怖主义活动。1977年7月,德拉卡列与他人共同创建了反恐怖主义的和平组织"埃尔穆阿论坛"。1994年起,德拉卡列开始在《世界报》任记者和专栏作家,同时他还是该报编委会成员。《世界报》社长彼德罗说:"他们杀害德拉卡列,就是因为他想什么就说什么。"其实,德拉卡列被害前,就曾多次受到"埃塔"的威胁。2月27日,一些人曾向他的住宅投掷燃烧瓶,其中一颗击中他家的阳台,阳台立刻燃烧起来,幸亏邻居及时把火扑灭了。不久前,安多爱恩街头还出现了一些告示,指责德拉卡列等记者对"埃塔"一位成员去年在狱中的死亡负有责任。德拉卡列生前在他作的最后一次专访时曾说,巴斯克地区所有参与公共生活的人,无论是政治家、评论家还是新闻界人士,都处于危险之中。不幸的是,他本人就倒在了恐怖分子的枪口之下。

据西班牙媒体报道,"埃塔"自2000年2月起就已经开始把新闻记者列为攻击对象。法国警方从在朗德地区抓获的一名"埃塔"重要头目的住处搜查出一份名单,上面列有42名记者的名字。3月27日,西班牙警方截获了一个邮包炸弹,炸弹是装在一个雪茄盒子里作为礼物寄给塞维利亚RNE国家电台明星记者卡洛斯·埃雷拉的。4月25日,马德里《理性报》专门报道"埃塔"案件的记者祖洛阿加也收到了一个奇怪的邮包,这是一本名为《罪与罚》的书,经红外线扫描器检查,该书的中央部分被挖空,里面装有烈性炸药。

(二)"9·11"事件之后的恐怖犯罪案件

1. 2001年11月6日马德里恐怖爆炸犯罪案件。2001年11月6日,西班牙首都马德里发生汽车炸弹爆炸事件,这是"埃塔"组织成员安放在汽车上的炸弹引发的爆炸,造成至少98人受伤,其中4人伤势严重,伤者主要是银行职员。爆炸案发生在当地时间上午9时,"埃塔"组织的成员将一辆停放在银行外的白色车子引爆,汽车上的25公斤炸药造成了附近15辆汽车受到破坏,140多幢房屋受损。据内政部长拉霍依说,这次恐怖活动是针对时任科技部科学政策司秘书长的洪盖拉,洪盖拉本人曾任内政部长和国防部长,当时他的汽车经过那里,洪盖拉只受了轻伤。在当地居民的协助下,警察在半个多小时后抓获了2名爆炸案的恐怖分子,从他们身上查到炸药、一支手枪、假发和伪造的证件。

2. 2004年3月11日马德里恐怖连环爆炸犯罪案件。2004年3月11日清晨,马德里市郊的数列火车先后遭遇十起炸弹袭击,共造成191人死亡、2051人受伤。当时,"第21431次列车进站后,旅客正在上下车,突然列车一节车厢发出震耳欲聋的爆炸声,周围的人群应声倒下。就在人们惊慌失措、四散逃跑的时候,车上的另外两枚炸弹又相继发生爆炸"①,"就在人们惊魂未定的时候,一分钟后,距离阿托查火车站还有800米、正在行驶的17305次列车也遭遇到了炸弹袭击,发生爆炸"②,"几乎与此同时,离阿托查火车站不远的两处车站也发生了爆炸:埃尔波佐车站的21435次列车和圣尤吉尼亚车站内的21713次列车分别遭到炸弹袭击,两起爆炸造成的死亡人数分别是67人和16人"③。

这次袭击共在4列火车上发生了10次爆炸。据报道,在13个土制炸弹中,有10枚被引爆,另外3枚所幸被警察及时发现,从而避免了更加严重的伤亡。这次爆炸引起的伤亡,远比西班牙上次发生在巴塞罗那的爆炸要严重得多。那次爆炸发生在1987年,共造成21人死亡,45人受伤。那次爆炸后,"埃塔"组织公开承认了责任。然而对于这次恐怖袭击,早些时候,西班牙政府曾表示埃塔为主要嫌疑组织,但是该组织否认了这个指控。后来有证据表明这次爆炸与极端的伊斯兰组织有关,并把注意力放到与基地组织有密切联系的"摩洛哥伊斯兰战斗团"(GICM)上。4月3日夜,警方在马德里郊外同数名嫌疑犯发生交火。当警方开始强攻恐怖分子的住所时,房间内的犯罪嫌疑人引爆炸弹自杀。马德里连环爆炸案发生在2004年3月11日,时隔2001年9月11日恰好911天,似乎预示这显然是"基地"组织的有意安排。

3. 其他由埃塔制造的恐怖袭击犯罪案件。2005年5月25日,"埃塔"组织于西班牙首都马德里制造一起爆炸袭击,造成34人受伤。迫于国际社会对恐怖主义的谴责,2006年3月24日,"埃塔"再次宣布永久性停火。然而随着时任政府萨帕特罗政府无法接受"埃塔"组织提出的一系列无理要求,2007年12月,"埃塔"组织再次撕毁停火协议,并在马德里巴拉哈斯机场发动汽车炸弹袭击,致使2人死亡、26人受伤。2009年6月19日,一名负责调查"埃塔"组织的警察在阿里戈里亚加遭到汽车炸弹袭击身亡。2009年7月29日,三名"埃塔"组织成员(包括2名男性和1名女性)在西班牙北部城市

---

① 张娟. 恐怖主义在欧洲[M]. 北京:世界知识出版社,2012:63.
② 张娟. 恐怖主义在欧洲[M]. 北京:世界知识出版社,2012:63.
③ 张娟. 恐怖主义在欧洲[M]. 北京:世界知识出版社,2012:64.

布尔戈斯的警察营地前点燃了一个藏在运输车辆内的 700 公斤炸弹,爆炸中有 160 多人受伤,其中还包括许多儿童。2009 年 7 月 30 日,"埃塔"又于西班牙旅游胜地马略卡岛制造一起炸弹袭击,致使 2 名民防部队警官死亡。

三、意大利的恐怖犯罪案件

(一)"9·11"事件之前的恐怖犯罪案件

1. 1969 年 1 月 1 日到 1987 年 12 月 31 日期间的恐怖犯罪案件。意大利的新法西斯主义组织名目繁多,其中主要有"意大利社会运动""墨索里尼行动小分队""新秩序""民族先锋""工人民族联盟"和"民族民主党"等。仅仅在 1969 年 1 月 1 日到 1987 年 12 月 31 日期间,在意大利就发生了 14591 起出于政治目的的恐怖犯罪案件,共造成 491 人死亡、1181 人伤残。这是战争才有的伤亡数字,在其他欧洲国家几乎不可能出现这种情况。在 1969 年的喷泉广场屠杀和 1972 年的皮特安诺恐怖案件之后,出名的意大利恐怖屠杀案件还有 1974 年 5 月 28 日北部城市布雷西亚在一个反法西斯游行中的炸弹爆炸,炸死 8 人,炸伤 102 人。1974 年 8 月 4 日,在罗马到慕尼黑的意大利特快列车爆炸案中,炸死 12 人,炸伤 48 人。

1969 年 12 月 12 日下午 4 时 37 分左右,位于意大利"时尚之都"米兰的喷泉广场发生爆炸,当场造成 16 人死亡、88 人受伤,受害者大多是当天在市场上刚刚卖完货的农民,他们正将他们的微薄收入存入米兰喷泉广场的农业银行。这起爆炸案的肇事者是意大利新法西斯组织中的"新秩序","米兰喷泉广场爆炸案"是意大利恐怖袭击频发的起点。而恐怖活动的巅峰是在 1980 年 8 月 2 日意大利国庆节的一个下午,一颗巨大的炸弹在博洛尼亚火车站的二等候车室爆炸,炸死 85 人,重伤 200 人。博洛尼亚惨案是欧洲 20 世纪最大的恐怖屠杀事件之一,这起恐怖袭击是一些极端右翼分子联合意大利黑手党和意大利格拉迪奥组织所为,其目的就是要栽赃于当时有可能通过竞选上台的某个左派党派,通过毁尽该政党的名声从而消除其政治威胁,而普通民众成了这些斗争的牺牲品。

2. 1969 年至 1974 年"红色旅"的初期恐怖犯罪活动。"红色旅"是一个成立于 1969 年的意大利极左恐怖组织,该组织最初的活动集中在意大利雷焦艾米利亚市、米兰和都灵的一些工厂内。然而,他们很快开始向暴力恐怖方向发展。1969 年,该组织在米兰附近的倍耐力工厂投放了 8 枚炸弹。这一时期的"红色旅"还开展了"使权力机构瘫痪"的活动,将枪口对准了政府官员的膝盖,以此来象征瘫痪政府机构。1974 年 4 月 18 日,他们绑架了检察官马里奥·索西以此要求释放他们在狱中的同伙。此外,他们还绑架一些颇具影响力的企业家以获得活动经费,并于释放时在被绑者的身上贴上侮辱性标语以引起政府重视。1974年9月,该组织的2名主要创建者雷纳托·库儿乔与阿尔贝托·弗朗切斯基尼以及其他一些骨干成员被警方抓捕。"红色旅"的初期恐怖活动到此结束。

3. 1999年之前的第二代"红色旅"的恐怖犯罪暴力案件。第二代成员将组织的活动范围扩大到了罗马、热那亚、威尼斯等城市,为了解救库尔乔等人,实施了一系列恐怖活动。1975年2月,库乔的妻子卡戈尔组织了劫狱,库尔乔被解救出来,而她本人则在与警察的枪战中被击毙。同年5月,库尔乔再次被警方抓获。在法庭上,"红色旅"的成员扬言还要组织劫狱,并且将会展开报复行动。他们通过不断制造恐怖活动阻挠审判,在热那亚暗杀了一名法官,并枪杀了政府指派的律师柯罗希。1978年3月16日,就在库乔等人将要被审判的前一天,为迫使当局释放库尔乔,第二代成员的领导者马里奥·莫雷蒂组织了一起震惊意大利社会的"宝石行动"——绑架了时任意大利总理、当职议员、天主教民主党领袖莫罗。

1978年3月16日,4名身着航空公司制服的"红色旅"成员驾驶着旅行车将莫罗的菲亚特汽车逼停,然后掏出冲锋枪将保镖和司机打死。接下来,他们以莫罗为人质,要求政府用狱中的同伴交换莫罗。然而这一要求遭到了政府的拒绝,处于关押中的莫罗还向政府及亲朋好友发出了共约80封信件。政府的强硬态度让"红色旅"最终失去了耐心。1978年5月10日,人们在一辆停在天主教民主党总部大楼草坪上的汽车后备箱内发现了莫罗的尸体。莫罗的胸部被命中11枪,但没有一枪打在心脏上。1979年,它又杀害了一名颇受欢迎的意大利工商联合会官员,因为这名官员举报了多名"红色旅"的成员。

1981年12月17日,他们绑架了北约在南欧的地面部队指挥官、美国陆军准将詹姆斯·多齐尔。随着自身实力的削弱,1984年之后,"红色旅"分裂为主张武装斗争和走和平路线的两派。它的一些前领导人开始反对使用武力。但"红色旅"的恐怖活动依然还在继续。1984年,美国外交官利蒙·亨特被组织成员暗杀。1986年,佛罗伦萨的前市长遭到暗杀。1999年,意大利政府顾问马西莫被暗杀。

4. 1973年12月17日"黑色九月"恐怖劫机犯罪案件。1973年12月17日,巴勒斯坦激进组织"黑色九月"劫持了一家从罗马起飞的飞机。最终由于谈判失败,恐怖分子引爆了安放在飞机上的炸弹,造成30人死亡、50人受伤。

(二)"9·11"事件之后的恐怖犯罪案件

1. 2004年3月29日热那亚遭恐怖炸弹袭击犯罪案件。2004年3月29日,意大利热那亚遭受炸弹袭击,两枚炸弹当天在热那亚警察局附近爆炸,所幸没有人伤亡,仅对附近的建筑物造成轻微破坏。炸弹被安放在距离警察局大门约30米处,大约在当地时间凌晨4点发生爆炸,爆炸没有造成人员伤亡,仅仅损坏了附近的一个垃圾箱,震碎了附近楼房的玻璃。在此之前,即3月28日晚,在布雷西亚,一名男子驾车在麦当劳餐厅外排队买餐时,汽车发生爆炸,这名男子死亡。

2. 2005年3月2日两起恐怖炸弹袭击案件。2005年3月2日,意大利热那亚市的两个宪兵警察分局门后几乎同时发生爆炸,同一天米兰市内的一个宪兵司令部门口也发生了爆炸事件,但爆炸并没有造成人员伤亡。5天后,首都罗马附近的奥斯蒂亚法院门口又发生一起爆炸,法院大门被炸毁、建筑物的玻璃被震碎。事后,一个自称为"无政府主义者非正式同盟"的组织宣称对热那亚、米兰两地发生的爆炸事件负责。①

3. 2010年12月27日"邮包炸弹"恐怖袭击犯罪案件。2010年12月27日,意大利首都罗马再现"邮包炸弹"。幸运的是当天在希腊驻意大利使馆发现的"邮包炸弹"被开启后没有爆炸,可谓有惊无险。然而,之前12月23日分别发生在瑞士和智利驻意大利使馆的"邮包炸弹"爆炸案件则造成了使馆人员重伤,一个意大利无政府主义者组织于12月24日宣称制造了这两起爆炸事件。这个从事恐怖袭击的组织名称为"非正式无政府主义联盟"(FAI)。警方透露,在瑞士和智利使馆的残留爆炸物中均写有"FAI万岁!无政府状态万岁!"的字条。根据美国研究恐怖主义机构的报告和意大利政府的情报文件,"非正式无政府主义联盟"是由许多小型无政府主义者组织构成,该组织称其目标与意大利恐怖组织"红色旅"一致。

4. 2011年12月13日意大利右翼作家射杀非洲小贩的恐怖犯罪案件。2011年12月13日,意大利著名旅游城市佛罗伦萨发生枪击事件,意大利右翼作家詹卢卡·卡塞里在佛罗伦萨的两个市场开枪打死两名塞内加尔人、打伤数人,最终在警察的包围下开枪自杀。当天早上,詹卢卡·卡塞里开车到达佛罗伦萨市中心以北的皮亚扎·达尔马齐亚市场,走出汽车,表情冷静,拿着手枪,朝3名小贩共开3枪,打死2人、重伤1人。开枪后,凶手驾车离开现场,大约两小时后他在市中心圣洛伦佐市场开枪打伤另外2名小贩。枪手

---

① 张娟.恐怖主义在欧洲[M].北京:世界知识出版社,2012:40.

逃入一处地下停车场,进入自己的汽车。警方接近时,他饮弹自杀身亡。

5. 2012年5月19日意大利校园恐怖爆炸犯罪案件。2012年5月19日,意大利南部城市布林迪西的一所学校门口发生爆炸,造成2名16岁女孩死亡、6名学生受伤,这是意大利校园首次遭遇恐怖爆炸袭击。爆炸发生在当地时间早上7点45分一所职业学校门口,该学校以该国某知名反黑手党法官妻子的名字命名,位于该市法庭和税务局附近。这名法官20年前死于黑手党策划的一场爆炸。这起恐怖爆炸袭击在学生中引发恐慌,其强度震碎了学校及附近建筑玻璃,现场到处散布着书包和笔记本。

四、德国的恐怖犯罪案件

(一)"9·11"事件之前的恐怖犯罪案件

1. 1938年"水晶之夜"恐怖犯罪案件。1938年11月9日至10日凌晨,德国各地纳粹分子展开了对境内犹太人的暴力恐怖袭击,对犹太人的住所、店铺、医院等公开进行"打砸抢烧",仅仅一夜100多名犹太人惨遭毒手,数万名犹太人被押入集中营,这也为日后纳粹屠杀犹太人拉开序幕。由于大量房屋的窗户被打碎,遍地散落,在月光的照射下犹如水晶一般,该事件故得名"水晶之夜"。从1933年起,纳粹就开始在各地建造集中营,用于关押、虐待及杀害上述人士。纳粹集中营里到底囚禁过多少人已经无从统计,估计有700万到1100万人被杀害,其中犹太人约有600万。①

2. 1972年9月5日慕尼黑恐怖袭击犯罪惨案。1972年,第20届奥林匹克运动会于西德慕尼黑召开,但当人们还沉浸在盛会的祥和与欢乐中时,一件惨案摧毁了这份和谐。当运动会顺利进行了2/3的赛程时,"黑九月"恐怖组织(Black September)制造了一起奥运史上罕见的惨剧。9月5日凌晨5点,当运动员们正准备起床参加奥运会的第10天比赛日程之际,大约10名"黑九月"成员组成的突击队悄悄来到了奥运村。这些人身穿黑衣服,涂黑了手和脸,带着武器,在朦胧的天色掩护下翻墙进入村内。恐怖分子冲进了事前预定的目标——第三十一区的以色列代表团驻地,枪声打破了沉睡的奥运村。以色列的举重教练莫歇·魏因贝格尔因发现这10名恐怖分子的行踪而成为这次事件的首位牺牲者,随后一位负责人尤素福·戈特弗罗在设法关门挡住恐怖分子的时候中弹身亡,9名以色列运动员成了被劫持的人质。

早上9时,整个奥运村被12000名警察和24名狙击手重重包围,"黑九

---

① 许恩浩.纳粹德国屠杀犹太人的历史见证[J].上海集邮,1999,(1):34.

月"恐怖分子在午时提出要求,要求的内容包括释放被关在以色列监狱中的200名巴勒斯坦人,并且让他们安全离开西德。经过近一整天的谈判,西德方面同意派飞机将恐怖分子和人质一起运到开罗,并派出3架直升机把他们从奥运村送往菲斯滕菲尔德的布鲁克军用机场。但西德方面担心以色列人质到达开罗后会有生命危险,决定在机场发动攻击,救出人质。当"黑九月"成员走过柏油碎石铺成的停机坪时,负责行动的指挥官贸然下令开火,2名狙击手射出两发子弹,监视直升机驾驶员的2名歹徒应声倒地。随后双方展开激战,5名歹徒被击毙,西德警官1人死亡,数名警察受伤,9名以色列人质则全部被恐怖分子杀害。营救行动失败,世界舆论为之哗然,纷纷指责西德警察无能,抨击西德政府"视人质生命如儿戏"。这次恐怖事件让西德蒙受了奇耻大辱,也使西德政府对日益增加的国际恐怖活动产生了危机感。

3. 1977年德国系列恐怖犯罪案件。1977年是联邦德国历史上的一个"恐怖之年",被称为"德国的多事之秋"。4月7日,"红军派"谋杀了德国联邦总检察官希格弗里德·布巴克。7月30日,刺杀了德累斯顿银行总裁尔根·庞托。此外,"红军派"还企图用火箭筒袭击联邦检察院。9月5日,"红军派"袭击了德国雇主联合会主席汉斯-马丁·施莱耶尔,4名随从当场被杀害,而施莱耶尔本人则被"红军派"绑架以向德国政府进行勒索,拿施莱耶尔的性命换回被囚禁的11名"红军派"成员,其中包括被斯图加特高等法院判处无期徒刑的"红军派"首恶分子巴德、拉斯佩和恩斯森,同时要求波恩政府给在押的巴德等11人每人发放10万马克并送他们出国。这个要求遭到施密特政府的断然拒绝。作为声援和策应,4名巴勒斯坦恐怖分子于10月13日劫持了从西班牙飞往法兰克福的德国汉莎航空公司航班"皇冠"号,机上载有88名乘客和5名机组人员,几经辗转,恐怖分子迫使飞机降落在索马里首都。这件事被称作"摩加迪沙劫机事件"。事件发生后,德国政府于10月18日派出的"边防军第9大队"一举粉碎了这场恐怖阴谋。第二天,对营救行动彻底失望的巴德、拉斯佩、恩斯森选择在监狱内自尽。10月19日,人们在一辆汽车的后备厢里发现了被绑架40余天的德国雇主联合会主席施莱耶尔的尸体。

4. 1980年至2000年"新纳粹"系列恐怖犯罪袭击案件。经济增长的缓慢和失业率的增高使得一些年轻人的思想出现严重的极端化,排外情绪强烈,"新纳粹"组织复苏。新纳粹分子制造的恐怖活动多采取纵火和爆炸的方式。1980年9月26日,名为Neo-Nazi Group的恐怖组织在慕尼黑制造一起爆袭击,造成了13人死亡、215人受伤。1990年11月24日,在东德小城艾伯斯瓦尔特,一群新纳粹分子挥舞着棒球棍追打3名黑人青年,并导致其中1人不治身亡,2人身受重伤。1992年9月26日,一伙新纳粹分子将著名的萨克林豪森集中营纪念馆烧毁;时隔不到两个月,新纳粹分子又放火烧死了居住在德国北部小城默尔恩的一名51岁的土耳其妇女和2名分别为10岁、14岁的女孩。根据德国联邦刑事警察局统计,由新纳粹恐怖分子策划实施的暴力事件,从1989年的170多起增加到了1999年的740多起。2000年,1名土耳其青年在德国东部的勃兰登堡被"光头党"成员杀害;在梅克伦堡,2名越南人被新纳粹分子殴打重伤;2000年7月,1名印度籍地质工人在莱比锡被新纳粹分子殴打重伤。

5. 1989年11月30日赫尔豪森恐怖犯罪暗杀案件。随着"红军派"早期成员的死亡,该组织的实力被大大削弱,但这遏制不了其残余成员制造恐怖活动的野心。恐怖袭击的对象包括西门子公司总裁贝库茨、德意志银行行长赫尔豪森等商界名流,也有德国联邦总检察长布巴克、德国托管局局长罗韦德尔等多名政界要人。尽管该组织自我标榜为"不折不扣的反纳粹主义者",但介于其一系列恶行,舆论毫不避讳的评价道:"他们的伪装下,其实是另一个赤裸裸的希特勒。"1989年11月30日早晨8点30分左右,正当赫尔豪森准备从巴特霍姆堡乘车前往法兰克福时,一颗炸弹爆炸,赫尔豪森当场身亡,他的司机也受了重伤,不久也死亡。该起恐怖袭击系"红军派"所为,为了刺杀成功,炸弹的设置可谓"独具匠心"。该组织通过红外线设备引爆炸弹,当装载有50公斤炸药的车辆驶过时,便可切断红外线,从而引爆。德意志银行董事长赫尔豪森遇刺身亡,引起德意志政坛和经济领域的一片哗然,联邦德国的各只股票纷纷下跌。"红军派"的极端行为引发了民众的强烈不满,其组织形象日益恶劣,再加上政府的严厉打击,这一恐怖组织终于走向终点,于1998年8月20日结束了长达28年的恐怖活动。

(二)"9·11"事件之后的恐怖犯罪案件

21世纪以来,德国猖獗的恐怖组织莫过于死灰复燃的新纳粹组织。而引起德国民众对其重视,意识到该类组织已活跃数十年的事件是因2名组织成员的自杀而破获的连环杀人事件。2011年11月4日,一辆停在德国图林根州爱森纳赫市路旁的房车突然起火,大约3小时后德国萨克森州茨维考地区一所房屋遭人点燃。警方在起火房车中发现2具男尸,两名死者分别为乌韦·蒙德洛斯(38岁)和乌韦·伯恩哈尔特(34岁)。房车起火前,两人刚刚抢劫了一家银行,发现无路可逃后便点燃车辆开枪自尽,而茨维考起火的房屋正是两人的住所。

抢劫银行未遂便自杀焚车？死亡劫匪住所缘何突然起火？一系列可疑事件引起警方注意。随着调查的进一步开展，警方在起火房车中发现一把"失踪"手枪，这支枪原是2007年在巴登-符滕堡州海尔布隆市一名遇害女警察的配枪。此外，警方在茨维考的起火住宅内还找到一把捷克制手枪和一些纳粹宣传材料，其中几张DVD宣传光碟解开了警方的疑惑。原来，蒙德洛斯和伯恩哈尔特还有一名现年36岁的女同伙贝亚特·切佩，在纵火事件发生前，三人同住在这所起火住宅内。他们于1998年创建了"纳粹地下组织"，在2000年至2006年间疯狂残杀外来人口，并将一些作案现场照片制成纳粹宣传片。长达15分钟的宣传片以动画人物"粉红豹"为解说向导，不仅包含血腥场面，还颇具炫耀意味。

调查人员在住宅废墟中发现的捷克手枪与当年射杀这9人所用手枪刚好为同一支。由此，多年前发生在德国各地的多起"烤肉店谋杀案"终于揭开谜底。已知的受害者包括8名土耳其人和1名希腊人，他们生前均在德国经营烤肉店、网吧、花店等小本生意，还有1名受害者是海尔布隆市的年轻女警。警方怀疑这个新纳粹团伙每次杀人时都选择相同的作案手法，即在白天接近目标，在受害者未反应过来的情况下朝后者头部近距离射击，随后迅速离开。调查人员在茨维考起火住宅废墟中发现一份88人名单，其中包括多名土耳其裔和穆斯林政治家，此外还找到一份千人名单，上面列出了一些"反右"政客的姓名和一些宗教团体及协会名称。

五、法国的恐怖犯罪案件

（一）"9·11"事件之前的恐怖犯罪案件

1. 1980年10月恐怖炸弹袭击犯罪案件。1980年10月，来自中东的恐怖主义势力对位于巴黎哥白尼大街上的犹太人教堂发动了炸弹袭击，造成4人死亡、11人受伤的严重后果，这起事件标志着国际恐怖主义对法国发动一系列袭击的开端。

2. 1985年1月24日奥德朗将军遭恐怖暗杀犯罪案件。1979年6月，梅尼贡等人在巴黎成立了一个恐怖组织"直接行动"，宣称要用暴力来"铲除腐朽的社会制度"。为了达成自己的目的，"直接行动"成立后，将恐怖行动的矛头指向法国行政司法机构，袭击了劳工部、交通部、卫生部等机构，称"要用具体的实际行动，来清洗美帝国主义与西欧资本主义的腐朽"。虽然"直接行动"的规模很小，但他们有自己的"行动纲领"，准备工作细致而严密，恐怖手段残忍，加上巴黎在世界上的特殊地位，"直接行动"很快闻名于世。20世纪

80年代中期,"直接行动"与联邦德国"红军派"结成联盟,暗杀了法国国防部国际事务局代理局长奥德朗将军和雷诺汽车公司总经理乔治·贝斯。1986年2月,"直接行动"的4名首犯被捕,这个规模最小的恐怖组织基本上一蹶不振。起初,成立不久的"直接行动"组织只包括梅尼贡和其丈夫鲁依昂在内的4名骨干成员及若干极左翼分子。为了引起国际恐怖组织的注意,组织成立之后立即开始行动。虽然"直接行动"的规模很小,但他们有自己的"行动纲领",准备工作细致而严密,恐怖手段残忍,加上巴黎在世界上的特殊地位,"直接行动"很快就在世界恐怖舞台上确立了自己的地位。1980年9月,法国情报部门利用"直接行动"急于与国际恐怖主义大组织合作来提高自己在世界恐怖舞台上的地位,设计将梅尼贡和鲁依昂骗出。就在他们满心认为自己得到了一笔不错的交易时,早就守候伏击的特工人员将他们一举抓获。梅尼贡夫妇锒铛入狱,"直接行动"的20多名成员也全部落网,巴黎又恢复了往日的平静。

1981年5月,密特朗当选法兰西共和国总统,梅尼贡和其他"直接行动"成员因政府大赦而获释出狱。然而入狱的经历没有使他们有所收敛,在警方的严密监视下,他们表面上装作从事正当的生意,暗地里却建立了秘密情报网,积蓄力量,准备大干一场。为了提高袭击行动的成功率,梅尼贡和鲁依昂煞费苦心地把要打击的对象的生活、工作和一切情况偷拍下来,整理出一份厚厚的资料。"直接行动"在受到1980年的那次搜捕之后,原本就不强的力量受到了削弱,要想做大事还必须加强组织的建设。他们招募了大批心狠手辣的恐怖分子成为骨干,还成立了国际部,开始与其他恐怖组织建立合作关系,并建立了"西欧各国保卫政治犯国防委员会"。

在20世纪80年代中期,"直接行动"与联邦德国"红军派"结成联盟,掀起了新的恐怖浪潮,这次他们的手段更加残酷。1985年1月,"直接行动"和"红军派"扬言要暗杀法、德两国的重要人物,以此打击北约组织和西欧联盟。在"直接行动"列出的名单上,都是政界、军界和经济界的要人,甚至连总理办公室的主任、空军司令、内务部长都榜上有名,暗杀名单上的第一位是便是法国国防部国际事务局代理局长奥德朗将军。奥德朗将军主管在欧洲大陆和中东销售法国的军火,因为这是个冒险的工作,常受到恐怖组织的威胁与暗杀,为了保证自己的绝对安全,他居无定所,出入也有警卫跟随,但是他最终还是没有逃脱"直接行动"的魔掌。

1985年1月24日清晨,对外关系部的一名官员来电邀请奥德朗将军前往对外关系部商讨对中东出口军火的事宜。然而,刚迈出大门的奥德朗便遭到恐怖分子的绑架。门口等待他的并不是警卫人员,而是一个年轻美丽的妇女,手中还捧着一束鲜花。只见那女人走到面前,在鲜花下面露出一支手枪,枪口正指着将军本人。未等奥德朗反应,车上蹿下2个男人,将其塞进了汽车。由于时间过早,街上没有一个行人,劫持着奥德朗将军的汽车轻松地绝尘而去。案件发生后不久,"直接行动"便公开声明对奥德朗将军被绑架一案负责,并要求政府公开军事秘密和释放在押的"直接行动"的成员。法国政府断然拒绝了该组织的无理要求,但其强硬态度激怒了梅尼贡和鲁依昂,他们对将军百般折磨。面对恐怖分子,奥德朗没有屈服,最后恐怖分子见无计可施,就残忍地将奥德朗将军杀害在野地里。

3. 1986年11月19日乔治·贝斯遭恐怖暗杀犯罪案件。奥德朗将军被杀使得警方加大了对政界要人的保安措施,警方的严密保卫让"直接行动"小组对政界人物一时无从下手,他们开始寻找相对容易袭击的目标,而工商业界的巨头忙于赚取利润,对于恐怖组织疏于防范。乔治·贝斯是雷诺汽车公司的总经理,他精明能干,积极开拓新市场,虽然当时的汽车工业并不景气,但在他的经营管理下,雷诺公司业绩蒸蒸日上,在世界汽车制造业中名列前茅,他也被誉为法国的企业界奇才。

1986年11月19日晚8点,深秋的巴黎夜晚显得特别冷清,一辆深蓝色的雷诺R25型轿车停在一条偏僻的街道上,车里的人便是乔治·贝斯。突然,从街边的暗处闪出2名妇女,其中一名冲着贝斯大叫一声:"肯定是他,太好了,上吧。"紧接着,她掏出手枪,朝贝斯扣动了扳机。还没等贝斯反应过来,子弹已经射进胸膛,他一声惨叫,倒在地上。凶手见他没被打死,又走近一步,毫不犹豫地在贝斯的头部和后颈部各补上一枪,顿时鲜血如泉涌,脑浆四溢,惨不忍睹,贝斯趴在鲜血中一动不动。

那2名女凶手在确信贝斯真的死了之后,收起手枪,扔下一张宣传单,扬长而去。警方接到行人的报案赶到出事地点,凶手早已逃之夭夭,现场留有凶手的线索。那张印着五角星的宣传小册子,上面赫然写着"A.D",根据街上目击案件发生的行人描述,警方进一步确认这次恐怖暗杀事件是由"直接行动"小组策划实施的,那2名女凶手正是"直接行动"的骨干成员梅尼贡和奥帕隆。"直接行动"又一次用行动证明了它的存在对社会是极大的威胁,他们所使用的残暴手段激起了人们的极大愤怒。法国警察将他们列为重点缉捕对象,展开追捕工作。最终,1986年2月,"直接行动"的4名首犯被捕,这个规模最小的恐怖组织从此一蹶不振。

4. 1982年8月9日巴黎犹太人街区蔷薇街餐馆恐怖犯罪爆炸案件。

1982年8月9日中午，一枚手榴弹扔进了乔·戈登餐馆里，餐馆中当时有50名顾客在就餐，这枚手榴弹直接在人群中爆炸，2名杀手随后闯入开枪。恐怖团伙由3至5名武装男子组成，他们逃走时沿路向路人开枪，打光了波兰制WZ-63型微型冲锋枪弹匣中的子弹。这次恐怖袭击历时3分钟，造成6人死亡、22人受伤。杀手是阿布·尼达尔领导的法塔赫-革命委员会成员，这是与阿拉法特领导的巴勒斯坦解放组织对立的一个团体。阿布·尼达尔本人已于2002年神秘死亡，3名嫌犯都是巴勒斯坦人，是阿布·尼达尔团体的成员。

5. 1983年7月15日巴黎奥利机场土耳其航空公司登机登记柜台附近恐怖犯罪炸弹爆炸案件。1983年7月15日，巴黎奥利机场土耳其航空公司登机登记柜台附近发生恐怖犯罪炸弹爆炸袭击，造成8人死亡、54人受伤的严重结果。

6. 1983年12月31日"阿拉伯武装斗争"组织恐怖犯罪袭击案件。1983年12月31日，"阿拉伯武装斗争"组织于马赛（南）圣查尔斯火车站行李自动寄存处附近放置炸弹并引爆，造成2人死亡、34人受伤。而仅仅几分钟之前，位于巴黎-马赛高速火车站发生的爆炸造成3人死亡和3人受伤。事后，"阿拉伯武装斗争"组织声称为这两起恐怖袭击负责。

7. 1986年9月17日巴黎雷恩街TATI商店遭恐怖犯罪炸弹袭击案件。1986年9月17日，巴黎雷恩街的TATI商店遭到恐怖分子的炸弹袭击，造成7人死亡、55人受伤的惨重结果。该恐怖案是亲伊朗的恐怖分子福阿德·阿里·萨利赫于1985年和1986年制造的15起（3起未遂）恐怖案中的一起，这一系列恐怖案总共造成13人死亡、303人受伤。

8. 1995年7月25日巴黎地铁遭恐怖犯罪爆炸案件。1995年7月25日，巴黎中心的圣米歇尔地铁大站遭恐怖爆炸。25日下午5时30分左右，正值交通高峰时间，位于巴黎市中心巴黎圣母院附近的圣米歇尔地铁站上熙熙攘攘，一辆满载旅客的列车驶进站台，就在乘客上下车之际，第六节车厢突然爆炸起火，当场造成4人死亡、62人受伤，其中14人伤势严重，最终导致8人死亡、119人受伤。这一恐怖攻击的罪魁祸首归因于阿尔及利亚伊斯兰极端分子。1995年夏季这一系列的恐怖行动共造成8人死亡，200多人受伤。警方经调查后初步确认这是一起有计划有目的的恐怖爆炸事件，凶手将一枚大约装有三千克炸药的定时炸弹安放在座椅下，并在作案后迅速离开现场，估计是在前一站下的车。事件发生后，希拉克总统、朱佩总理和巴黎市长蒂伯里先后赶赴出事地点，看望受害者。刚刚抵达波尔多视察的内政部长德·勃雷,也立即返回巴黎,部署破案。晚10时,司法部、警察局和反恐怖机构联合召开紧急会议,制定治安措施,防备新的恐怖事件发生。从当晚开始,警方在全国各边界、海关、机场和交通要道加强控制,检查过往旅客的行李和身份证。巴黎各大商业中心和地铁大站均增设了警戒。

(二)"9·11"事件之后的恐怖犯罪案件

1. 2012年3月连环恐怖犯罪枪击案件。2012年3月11日和15日,23岁的穆罕默德·梅拉在法国南方城市图卢兹和蒙托邦开枪打死3名军人;3月19日,图卢兹犹太中学3名学生和1名学校老师被梅拉枪杀;3月22日,恐怖分子梅拉本人在其住所被围攻的警察击毙。此次连环枪击案的凶手梅拉为阿尔及利亚裔法国人,自称是基地组织成员、"伊斯兰圣战者",作案目的是为了"替巴勒斯坦儿童报仇""并报复介入阿富汗战争的法军"。

2. 2015年1月7日杂志社遭恐怖犯罪袭击案件。2015年1月7日,3名"基地"组织也门分支即阿拉伯某岛基地组织成员在设在巴黎十一区的讽刺漫画周刊《查理周刊》总部制造了一起枪击事件,造成12人死亡、8人受伤,死者中包括《沙尔利周刊》的多名记者、漫画家、2名警察、1名经济学者,其中4人伤势严重。该事件成为法国近几十年最为疯狂的一次袭击。2015年1月9日,法国警方开始追捕该周刊杂志社袭击事件的2名嫌疑人,即2015年34岁的赛义德·库阿希和32岁的谢里夫·库阿希两兄弟。追捕过程中,两名嫌疑人躲进巴黎戴高乐国际机场附近达马尔坦昂戈埃勒市一家印刷厂,并劫持了1名人质,与警方展开对峙。最终,库阿希兄弟被击毙,另外1名女性嫌犯哈亚特·布迈丁依然在逃。

3. 2015年6月26日连环恐怖犯罪袭击案件。随着ISIS的崛起,该组织的恐怖犯罪袭击也愈来愈频繁。2015年6月26日,法国、突尼斯、科威特三国相继遭遇来自ISIS组织的恐怖袭击,这三起恐怖犯罪袭击共造成60多人死亡、200多人受伤。法国的恐怖犯罪袭击发生于该国东部依泽尔省的一家工业气体工厂,隶属ISIS组织的袭击者驾车闯入工厂,通过点燃多个燃气瓶致使工厂内发生剧烈爆炸并引起了火灾。当警方赶赴现场后,发现一具被斩首的尸体,旁边附上了一段袭击者留下的激进文字。在突尼斯的著名旅游城市苏塞,2名"伊斯兰国"组织成员在名为皇家马尔哈巴的酒店的沙滩上向人群扫射,造成37人死亡、36人受伤,死者多为英国人。在科威特城市中心的萨瓦比尔区,伊玛目萨迪克清真寺遭遇"伊斯兰国"组织成员的自杀式爆炸袭击,造成至少27人死亡、222人受伤的惨重结果。

六、其他国家的恐怖犯罪案件

（一）"9·11"事件之前的恐怖犯罪案件

1988年12月22日洛克比空难。1988年12月22日03:03分（格林尼治时间1988年12月21日19:03分），泛美航空公司PA103航班正在执行从德国法兰克福飞往美国底特律途径英国伦敦、美国纽约的航线，不幸的是该航班成了恐怖袭击的目标，飞机在英国边境小镇洛克比上空爆炸解体。整个飞机变成一颗巨大的火球从天而降，落在了苏格兰小镇洛克比的谢伍德新月广场上，航班上259名乘客和机组人员无一幸存，地面上11名洛克比居民死于非命。这次空难被视为是利比亚针对美国的一次报复性恐怖袭击，是"9·11"事件发生前针对美国最严重的恐怖袭击事件。此次事件重挫泛美航空的营运，三年之后宣告破产。空难发生后，美英两国情报机构组成的调查组立即对空难展开调查，最终于1990年秋天认定这次空难系利比亚航空公司驻马耳他办事处经理费希迈和利比亚特工阿卜杜勒·迈格拉希所为。

（二）"9·11"事件之后的恐怖犯罪案件

1. 2011年7月22日挪威恐怖犯罪枪击爆炸案件。当地时间2011年7月22日下午3点30分左右（北京时间21时20分），凶手将一辆装有半吨炸药的火车停靠在市中心政府大楼附近，两分钟后火车上的炸药被引爆，爆炸产生的冲击对该地区附近的建筑物造成了巨大的影响，包括首相办公室在内的多座政府大楼严重受损。随后，凶手本人驱车至郊外湖中的于特岛上，伪装成警察向奥斯陆一青年营地内的集会者肆意进行了持续90分钟的扫射。这两次袭恐怖击犯罪造成至少91人死亡，是自第二次世界大战结束以来挪威境内发生的最为严重的恐怖犯罪暴力袭击事件。据事后调查，该凶手是一位名叫安德斯·贝林·布雷维克的挪威人，时年32岁，是一名极右翼分子。

2. 2011年4月11日白俄罗斯地铁恐怖犯罪袭击案件。2011年4月11日17时56分下班高峰时间，白俄罗斯首都明斯克市"十月"地铁站发生爆炸。爆炸发生时，有两列地铁同时到达，正值明斯克最繁忙的时段，爆炸所在地靠近白俄罗斯总统卢卡申科的官邸和明斯克最大的文化商业中心，造成11人死亡、126人受伤，其中22人重伤。

白俄罗斯内务部长库列绍夫对外如是公布，根据初步调查结果，爆炸物被放置在地铁站台的长凳下面，一辆地铁列车进站停靠时，爆炸物发生爆炸。爆炸威力相当于5—7公斤TNT当量的爆炸威力，地面被炸出一个直径80厘米的大坑。爆炸物内填满金属物质，显然是为了增强杀伤力。由于炸弹引爆时,站台人流量约 300 人,因此影响巨大。这起恐怖袭击于当月 13 日告破,2 名犯罪分子被捕并招供,但并未有恐怖组织对该起爆炸案宣称负责。该起恐怖袭击对被誉为"安全天堂"的白俄罗斯可谓是沉重打击,德国媒体形容"爆炸让明斯克瞬间如同死城,震撼深入骨髓"。

第四节 非洲、澳洲的恐怖犯罪案件

一、埃及的恐怖犯罪案件

（一）"9·11"事件之前的恐怖犯罪案件

1. 1985 年 11 月 23 日恐怖犯罪劫机案件。1985 年 11 月 23 日,星期六,20 时 05 分,埃及航空公司的一架波音 737 客机从雅典机场腾空而起飞往开罗。客机起飞后 15 分钟,空姐正在给乘客分送报纸杂志以供阅览。就在此时,坐在前排口号座位上的一位二十来岁的巴勒斯坦青年站了起来并从一个塑料包里抽出枪和手榴弹,与此同时坐在后排座位上的一名埃及青年也掏出了枪并举起了手榴弹,他们同时大喝一声:"不许动！飞机被我们接管了！"接着这两人动作非常利索地戴上了假面具。这时,正站在驾驶室附近的第三个阿拉伯青年迅速冲进驾驶室,左手举着开了盖的手榴弹,右手端着打开了保险的左轮手枪,对着驾驶员的头说:"飞机被我们劫持了！我命令你飞往利比亚！"事后调查这群青年是阿布·尼达尔组织的成员。

"不行,没那么多燃料,飞机在飞到之前就要坠入大海。飞往雅典,或是开罗,或是意大利是可能的。"驾驶员答道。"那就飞往马耳他！"驾驶员只得服从劫机者的命令,掉头向西飞去。这时,另外两名劫机者也从不同的座位上起身,凶狠地叫乘客一个一个地站起来,交出护照。乘客们默默无声地执行了他们的命令,当一名劫机者来到一位站起来的男乘客面前伸手要护照时,这位男人在怀里掏呀掏呀,最后掏出来的不是护照,而是手枪,对着来者就是一枪,面前的这名劫机者应声倒下。这位男人接着就向其他劫机者开枪射击,但是寡不敌众,劫机者的子弹从不同的方向朝他射来,这位男人以及周围的乘客和空姐顿时倒在血泊中,此人原来不是普通的乘客,而是客机上负责安全的埃及保安人员。"不许乱动！"劫机者咆哮道,接着就是"啪啪"两枪,子弹射穿了机舱的顶部。不一会儿,扩音器里传出了空中小姐颤抖的声音:"女士们,先生们,请安静,请大家坐好,请求紧急降落。"

客机经过 2 小时 11 分钟的飞行,于 22 时 16 分在卢加机场降落。客机在卢加机场刚停稳,劫机者就同机场当局进行了联系,要求加油,并要求机场派 1 名医生前来,说机上有死伤者。机场当局知道事关重大,拒绝了劫机者加油的要求,但同意派医生登机。几分钟后,1 名医生登上客机,在驾驶员的帮助下,又抬又扶,一下子送下了 7 个人,其中包括在空中枪战中被打死的 1 名劫机者、1 名埃及保安人员和受伤的 2 名乘客、2 名空中小姐。驾驶员返回客机后,劫机头目拿着乘客的护照,一下子点了 7 名菲律宾女舞蹈家和 4 名埃及妇女的名字,高声说,"我们是朋友,你们自由了,请下飞机吧!"不一会儿,劫机头目又点了一名 24 岁的以色列姑娘的名字。姑娘一阵心喜,以为自由就在眼前,可是她哪里料到,她的脚刚踏上下飞机的扶梯,劫机头目对着她的后脑勺就是一枪,姑娘大叫一声"救命",一下子栽倒在扶梯上。但她当时没有死,挣扎着向下爬去,劫机头目见她未死,冲出舱外又补了她几枪。

　　劫机头目返回客舱又叫另一名 23 岁的以色列姑娘时,这位姑娘死活不肯出来。几名劫机者上前把姑娘扭了出来,对其脑后开了一枪,然后叫几名乘客把她拖出客舱扔了。此时,劫机头目得意极了,举着手枪,挥舞着手榴弹,又是唱歌又是跳舞。女乘客见了他那副杀人不眨眼的样子,双手掩面,不忍目睹;男乘客满面怒容,敢怒不敢言。15 分钟后,劫机头目又叫起一名美国男乘客。这位美国乘客 28 岁,是位生物学家,刚结束在中东的休假,正准备返回美国。只见他头发蓬乱,但却十分镇定地走到客舱门口。劫机头目跟在其后,一举手对他脑袋开了一枪。这位美国生物学家可以说是精明万分。就在枪响那一瞬间,他就势倒在了地上,一动不动了。虽然是血流满面,其实子弹只是擦破他的头皮。当他被人抬着扔出舱外后,他听到劫机者回到了舱内,便爬起身来撒腿就跑,捡回了一条命。20 分钟后,被叫起的另一位美国妇女可就没有像这位生物学家那么幸运了,脑袋被子弹打开了花,也被人拖出去扔了。

　　又过了 15 分钟,劫机头目叫起第二名美国妇女,可这位妇女坚决不出来,与前来揪他的劫机者扭打,最后劫机者用绳子把她的双手反捆到背后,将其按跪在地上,劫机头目上前对她后脑开了一枪,子弹从她右眼穿出。这位妇女被人扔到舱外时,双手仍被反捆着,面部先着地,鼻子被严重碰伤,但又是一个奇迹,她居然未死,此时已是 11 月 24 日,星期日,凌晨 2 时 20 分。劫机者通过无线电向机场指挥塔咆哮:"我们已经杀了 5 个人了! 一个半小时内再不给加油,我们还要杀人!"在马耳他总理与劫机者谈判的同时,美国、希腊、以色列、埃及、利比亚和巴解组织的官员纷纷赶到机场,试图从中斡旋,使人质获释。但是劫机者不愿同任何人对话,甚至同巴解组织代表也不愿对话,只提出要利比亚驻马耳他大使登机与他们对话。但利比亚大使只是在机场指挥塔通过无线电对劫机者讲了一遍又一遍利比亚政府的态度:由于发生了流血事件,利比亚不愿接受这架客机。然后这位大使走出指挥塔,乘飞机到利比亚去了。

中午时分,劫机者提出要往客机上送午饭,他们的要求得到了满足。送饭者同时捎去了马耳他政府的口信:请劫机者考虑释放机上的9名巴勒斯坦儿童和1名加拿大婴儿,并准许机场人员抬走被他们扔到客机外面的死伤乘客。但劫机者拒绝考虑这些要求,扬言"谁靠近客机就向谁开枪!""谁要袭击我们,我们就炸掉客机!"

面对这种情况,马耳他总理决定:"决不能向恐怖主义屈服。在残暴、不讲人道的劫机歹徒面前,决不能给人留下马耳他是软弱的印象。这件事该由我们的保安部队来处理了,现在看来唯一能做的事情就是突袭,尽可能多地解救人质。"

这时,埃及方面传来消息:埃及政府决定对客机采取突袭行动,这场危机将会得到很好的解决。在征得马耳他政府同意后,埃及军队的两架C-130运输机在卢加机场跑道的另一头降落,运来了25名埃及突击队员和有关装备。

埃及总统穆巴拉克在得知埃及客机被劫持及其有关情报后,十分恼火。六个星期前的"阿基利-劳罗"号游船被劫事件曾搅得他彻夜不眠,而美国战斗机拦截运送劫船者的埃及客机,又使他在国内、国际上陷入窘境。所以他一听说客机被劫的消息,就马上指示正要出访西欧的外交部长马吉德推迟动身时间,与利比亚方面进行交涉。

马吉德外长立即打电话给利比亚外长奥贝迪:"我们认为贵国是这次劫机事件的后台。这是一个极为严重的问题。"

"我不能接受你的这种指责,不过我需要进一步弄清情况,请你15分钟后再来电话。"对方答道。但15分钟后,他的电话就再也拨不通了。

穆巴拉克总统召开紧急会议,与会者有外交部长、国防部长、武装部队高级军官和情报官员。会上情报官员介绍了来自各方面的情报;会议持续了90分钟,最后穆巴拉克总统亲自拍板决定对客机进行突袭,他决心不惜任何代价严惩这帮恐怖分子。他命令埃及突击队司令卡迈勒-阿蒂亚少将全面负责实施突袭计划,并指示将埃及的这一决定通告美国。

埃及的这一决定很快得到美国的大力支持,位于地中海美国第六舰队的"珊瑚海"号航空母舰立即进入戒备状态,严密监视地中海上空的动向,同时派出数架 F-18 战斗机和 F-2 预警雷达飞机进驻意大利西西里岛的北约空军基地,以备运送突击队的埃及运输机在飞往马耳他途中受到利比亚飞机阻截时紧急出动。同时,美国的 3 名反恐怖活动专家也随埃及突击队的飞机一同前往马耳他,他们携带着先进的电子探测仪,通过探测劫机者谈话的声音,可以测定他们在客机内所处的位置。但由于马耳他政府对美国的中东政策不满,拒绝让美国人直接参与解救人质的行动,所以这 3 名美国专家一直待在埃及运输机里未出来。下午 6 时 45 分,卢加机场指挥塔的扩音器里突然传来埃及客机上驾驶员急促的声音:"客机机舱的前后门里面都锁着,要进入客机只能通过货舱门。"原来这位具有十多年飞行经验的驾驶员意识到马耳他政府或埃及政府决不会这样坐等下去的,预感到一场攻击就在眼前,所以他乘监视他的劫机头目上厕所之机,及时发来了十分重要的情报。这时,突袭行动准备就绪,只待天黑下手。

晚上 8 时 15 分,埃及总统正式下达了进行突袭的命令。5 分钟后,卢加机场的灯光突然熄灭,机场顿时一片漆黑。突袭行动开始,12 名埃及突击队员分 4 路向客机的货舱门和机翼上的 3 个紧急出口冲去。一路突击队员冲到了货舱门前,弄开了货舱门攻入。这时驾驶室里仪表盘上的一个小黄灯亮了,驾驶员意识到货舱门已被人弄开,为了不使监视他的劫机头目发觉,他关掉了那个小黄灯,同时为转移劫机头目的注意力,他主动与劫机头目攀谈起来:"在这种情况下,要是我呀,得不到加油就会投降……"谁知货舱里的声音还是惊动了劫机者。劫机头目转身从驾驶室冲入客舱,投出了手中的那颗手榴弹,其他劫机者也跟着投出了两颗手榴弹,手榴弹在客舱内登时爆炸起火,灯光熄灭,一片浓烟。劫机者接着就是一阵射击,乘客在手榴弹爆炸和射击中纷纷倒下,幸存者急忙趴在地上,但被浓烟呛得透不过气来,许多乘客被浓烟窒息而死。

这时劫机头目突然想起了驾驶员,返身冲回驾驶室,对着驾驶员的脑袋就是一枪。谁知驾驶员早有防备,脑袋一歪,子弹擦着头皮而过,随即举起已准备好的斧头,对着他的脑袋砍去,劫机头目应声倒下。从货舱门攻入的突击队上尉穆斯塔德-海克莱维被劫机者投出的手榴弹炸断一条腿,但从 3 个紧急出口攻入的突击队员迅速向劫机者射击,枪战进行了 1 分多钟。接着突击队员迅速搜索幸存乘客,帮助他们撤离客机。整个解救人质的突袭行动持续了 10 分钟,随后埃及突击队员乘飞机回国。可卢加机场所遗留下来的一大摊事情却忙坏了马耳他医护人员。马耳他总理邦尼奇紧急呼吁医务人员前往机场进行抢救。整个劫机事件持续的时间不算长,前后只有 24 小时,但造成了60人死亡、28人受伤的严重后果,成为埃及历史上迄今为止最悲惨的劫机案。

2. 1992年恐怖犯罪袭击案件。1992年,伊斯兰运动开始出现在埃及,其中一起恐怖袭击发生在埃及南部。恐怖分子袭击了一辆大巴,导致1名英国女游客死亡。

3. 1993年2月、10月恐怖犯罪袭击案件。1993年2月26日,在开罗市中心的塔尔尔广场上一个顾客很多的咖啡馆里,一枚炸弹爆炸,导致1名瑞典人、1名土耳其人以及1名埃及人死亡,另有包括2名美国人在内的18人受伤。10月26日,1名枪手在开罗宾馆杀害2名美国人和1名法国人,另外3名外国人受伤。

4. 1994年恐怖犯罪袭击案件。3月4日,伊斯兰武装分子在南埃及尼罗河上的一艘游艇上制造了1起恐怖犯罪袭击,他们开枪击毙了1名德国女子。8月26日,武装分子在南埃及纳格·哈马地的一辆旅游车上开枪射击,该起事件造成一名13岁西班牙儿童死亡,另有3人受伤。9月27日,2名德国游客和2名埃及人在红海的1个旅游胜地被1名武装分子击毙。10月23日,在埃及南部的一个地区,枪手对一辆小巴发动袭击,造成1名英国男子丧生,另外3名英国人和他们的司机受伤。

5. 1997年恐怖犯罪袭击案件。11月17日,埃及南部的哈特夏普苏特神殿遭到伊斯兰武装分子袭击,造成58名外国游客和4名埃及人丧生。9月18日,2名枪手在开罗中部的埃及博物馆外的一辆旅游车上杀害了9名德国游客和他们的司机,另外还有18名埃及人受伤。

(二)"9·11"事件之后的恐怖犯罪案件

1. 2004年10月7日埃及西奈半岛连环恐怖犯罪爆炸案件。2004年10月7日,是犹太人"住棚节"的最后一天,许多以色列游客都选择在与以色列接壤的埃及红海旅游胜地西奈半岛度假,不料一夜之间连续三起爆炸使假期在血泊中终结。先是距离以色列边境几米远的塔巴希尔顿饭店突然发生爆炸,就在媒体还在就爆炸原因纠结的时候,塔巴西南露营地又传来两次爆炸声。

10月7日晚上10时左右,在埃及旅游胜地度假的以色列游客大多开始准备入睡。他们在这里度过了一周欢乐的犹太教节日,准备次日返回只有几百米远的以色列,濒临红海的塔巴希尔顿饭店突然响起天崩地裂的爆炸声,爆炸声传到了一英里之外。随着巨大的爆炸声,十层高楼的希尔顿饭店正门迸出火焰,爆炸产生的碎片狂乱飞舞。爆炸发生的两个小时后,在塔巴以南的一个叫作希坦角的露营地又相继发生了两次较小的爆炸，当时塔巴医院的一名官员说，他的医院共收到了塔巴爆炸中死亡的 27 具尸体，还有 2 具尸体来自希坦角的爆炸，医院至少收治了 100 名受伤人员。此外，以色列医护人员已经将 22 名伤员用救护车和直升机转移到以色列境内的埃拉特医院治疗。

　　几乎与此同时，西奈半岛的另外两处著名景点也发生了大爆炸，一处是临亚克巴湾，距达哈卜有 87 公里之远，以美丽的沙滩著称；另一处是塔巴以南 15 公里的拉斯哈古丹。这两个地方的爆炸造成了至少 7 人死亡、14 人受伤。以色列得知爆炸后，立即调派大批的救护车和直升机赶到埃以边境地区，准备以"接力"的方式将伤员送到以色列各地的医院抢救。从现场可以看到，有不少的孩子刚过边境就被以色列医生抱上救护车。随着压力的加大，埃及政府破例允许两架以军的救援直升机直接飞越西奈领空，到埃及领土上救人。

　　事件发生后，一个先前不知名的组织"世界伊斯兰组织"打电话给法新社耶路撒冷分社，声称对那天晚上发生在埃及红海旅游胜地塔巴希尔顿饭店内的爆炸负责。致电人声称："这一行动是为在巴勒斯坦和伊拉克死去的巴勒斯坦和阿拉伯烈士复仇。"

　　2. 2005 年 7 月 23 日沙姆沙伊赫连环恐怖犯罪爆炸案件。2005 年 7 月 23 日，埃及红海旅游胜地沙姆沙伊赫于凌晨左右发生了 7 次连环爆炸，造成至少 90 人死亡，其中包括 9 名外国人，200 人受伤，是埃及将近 20 年来发生的最惨重的炸弹袭击事件，而这一天恰逢埃及国庆日。经过调查，埃及安全官员确认爆炸由三起汽车炸弹引起，另有 28 名外国人在埃及爆炸中受伤。

　　1 时 15 分左右，一辆装有 300 公斤爆炸物的汽车冲入贾扎拉花园饭店，一声巨响划破了深夜的宁静，浓烟和大火把天空染成了黑红色。爆炸现场附近的马路上，许多尸体被炸得面目全非。建筑物的窗户被炸飞，附近停车场里的 3 辆汽车被炸得破烂不堪，人们惊恐的尖叫声此起彼伏。第一起爆炸后仅 4 分钟，另一起更为猛烈的袭击又接踵而至，一辆装有大约 200 公斤爆炸物的汽车在老城区旅游商品市场爆炸。至少三枚炸弹在距离市集五六公里之外的纳马湾豪华酒店区再次爆炸，一名男子携带一个大包走到游客中间，然后用埃及口音的阿拉伯语说："我有一枚炸弹。"贾扎拉花园酒店和摩埃维皮克酒店分别遭到了袭击，天堂般美丽的沙姆沙伊赫几乎变成了一片废墟。事发当时，大街上成千上万的人四处乱跑，爆炸直接导致酒店大堂完全毁坏，由于爆炸的冲击力极其猛烈，六公里外的住户房子的玻璃也被震碎。事件发生后,"基地"组织与一个名为"埃及统一与圣战"的组织相继宣称对该事件负责。

3. 2006年4月24日恐怖犯罪爆炸案件。2006年4月24日,在位于埃及西奈半岛南部的旅游城市宰海卜的老城区市场发生多次自杀式炸弹袭击。24日爆炸案的恐怖分子是名为"埃及统一与圣战"的组织成员,他们首先将作案时间选择在了人群集中的地方——尼尔松咖啡馆、阿拉丁咖啡馆以及一家超市门口,彼此相距不远爆炸威力甚大,事发后,整个街道上遍布死尸和鲜血,现场一片狼藉。

4. 2015年1月29日ISIS恐怖犯罪连环袭击埃及西奈军营案件。2015年1月29日,埃及西奈半岛3个城镇的十多个军警目标同时遭遇恐怖组织的连环攻击,造成至少32人死亡、60人受伤,死伤者多为军人。袭击事件发生后,极端组织伊斯兰国ISIS埃及分支宣称为袭击负责。ISIS在埃及的这个分支机构是受到"基地"组织启发的"耶路撒冷支持者",该组织于2014年11月宣誓效忠ISIS首领巴格达迪,随后还更名为"耶路撒冷西奈国",要求埃及人反抗塞西的统治。

伤亡最严重的是北西奈首府阿里什。事发当时,一枚汽车炸弹在一个军事基地外被引爆,多枚迫击炮同时向该基地发射,一些建筑物随即倒塌,许多士兵被埋在瓦砾下。据目击者描述,阿里什当晚的爆炸火光甚至点亮了天空,交火声持续数个小时直至深夜。除了军事基地,ISIS成员还向埃及的一间酒店、一间警察俱乐部和十多个检查站发射了多枚迫击炮。阿里什附近的城镇谢赫·祖瓦伊德、边界与加沙接壤的城镇拉法赫的一个军方检查哨也被火箭袭击,造成1名警员身亡。

5. 2015年6月10日埃及卡尔纳克神庙自杀式恐怖犯罪袭击案件。2015年6月10日上午,位于距离尼罗河东岸卢克索镇北方4千米处的埃及著名旅游景点卡尔纳克神庙发生一起自杀式爆炸,造成3名自杀式袭击者死亡,另有1名警察受伤。10日上午,3名袭击者驾驶着一辆汽车驶向神庙附近并试图闯入,在遭到警察拦阻后立即引爆了汽车,当场造成车内2人死亡,第三人开始逃跑,于是警方朝他开枪,结果他身上捆绑的炸弹引燃带被点燃,发生爆炸。另外一名嫌犯持枪在爆炸发生后开始朝警方射击,但最终被警方击毙。事故还造成附近摊主受伤,几个摊位受损,伤者中没有外国游客。媒体认为这是1997年卢克索事件的翻版。本次恐怖袭击也是继1997年11月后首次在卢克索镇发生的针对旅游景点的袭击事件。

二、南非的恐怖犯罪案件

（一）"9·11"事件之前的恐怖犯罪案件

1. 20世纪80年代南非的恐怖犯罪案件。与以色列有很大的相似性，南非的恐怖活动也是一种国家化的恐怖活动。1983年5月，一架莫桑比克飞机被南非的特务人员安放的炸弹炸毁。无独有偶，1986年10月，莫桑比克前总统萨莫拉的座机神秘坠毁于南非境内。与此同时，南非还在斯威士兰和莱索托等国大搞暗杀活动。

不仅在本国境内实施恐怖活动，即使在西方国家，对南非非洲人国民大会政府成员所进行的谋杀、绑架和爆炸等一系列活动也日益猖獗。1982年南非非洲人国民大会驻伦敦办事处人员遭到炸弹袭击，这是南非在西方国家从事的第一次恐怖活动。1984年和1986年，设在斯德哥尔摩的非国大办事处两度遭遇炸弹袭击。随后，非国大驻布普塞尔办事处代表险遇刺杀，接着便是塞普坦伯夫人在巴黎遇刺身亡。

2. 1994年4月24日恐怖犯罪爆炸袭击案件。1994年4月24日上午9时45分，南非大选之前，一枚重约80公斤的炸弹在市中心布利街角一辆小轿车中爆炸，爆炸点距非国大总部仅仅200米。这是约翰内斯堡市中心有史以来发生的最大的汽车炸弹爆炸事件，造成至少8人死亡、70多人受伤。

（二）"9·11"事件之后的恐怖犯罪案件

1. 2002年10月29日索维托恐怖犯罪爆炸案。2002年10月29日午夜至30日凌晨，一起爆炸袭击案件发生在南非最大城市约翰内斯堡西南方向约20公里处的黑人城镇索维托。这是一起连环爆炸案，连续发生了9次之多，最终造成了1人死亡、1人受伤。此外，爆炸还切断了索维托和约翰内斯堡间的铁路交通。经调查，政府认为是武装部队和警察队伍中的右翼白人制造了这起连环爆炸案。

2. 2013年11月12日黄金钻石交易所恐怖犯罪爆炸案件。2013年11月12日下午，南非的约翰内斯堡东门购物中心附近的一家黄金钻石交易所内发生炸弹爆炸事件，该起爆炸事件造成2人身亡、5人受伤。目击者曼迪·维纳称其中一名身亡者是因涉嫌税收诈骗而被捷克警方通缉的逃犯，他与这家黄金钻石交易所的老板克莱齐日关系密切，而克莱齐日也因涉嫌税收诈骗被捷克警方通缉，南非当局正在考虑将他引渡回捷克接受审判。在过去的两年半时间中，一些与克莱齐日关系紧密的人都曾遭到袭击，至少有2人被杀害，其中一人曾与克莱齐日一起进行武力抢劫，另一人是毒贩。而克莱齐日本人也屡屡遭袭。6月,他在停车场遭遇过炸弹袭击,但幸运逃脱。

3. 2014年2月27日南非约翰内斯堡市中心恐怖犯罪案件。2014年2月27日,一名上海籍商人在约翰内斯堡市中心遭极端分子抢劫并枪击,颈部中枪后不治身亡。枪击事件发生在当地下午3点多,当时正是南非商家关门之际。这位54岁的朱姓男子关闭位于市中心的店铺后准备与妻子驾车离开,就在他打开车门之际遭到四五名黑人歹徒的袭击。歹徒抢走了两人的财物后逃离,在混乱中朱某颈部中枪,最终因流血过多抢救无效身亡。

三、索马里的恐怖犯罪案件

(一)"9·11"事件之前的恐怖犯罪案件

1993年的黑鹰坠落事件。① 1993年,美军在索马里执行军事行动时出现意外,由于情报有误,导致两架黑鹰直升机被RPG火箭筒击落,并引发了整个城市的人攻击美军。

联合国决定在索马里维和。1991年至1992年,东非小国索马里的局势动荡不安,军阀混战,人民苦不堪言。1992年12月,联合国决定组织一项名为"重建希望行动"的维持和平行动。索马里各派军阀对联合国的干预表示不满,势力最大的"索马里联合大会"领导人法拉赫·艾迪德把联合国看成其夺取政权的绊脚石,对巴基斯坦维和部队采取伏击行动,造成24人伤亡。1993年8月,联合国安理会授权维和部队采取一切必要措施,搜查和抓捕这次暴力事件的幕后策划者艾迪德。当时负责"重建希望行动"的联合国特使、美国退役海军上将乔纳森·豪请求美国增派特种部队帮助抓捕艾迪德。

由于此前驻索马里的美军也遭到两次伏击,美国总统克林顿决定派"游骑兵"前往索马里。8月30日,"游骑兵"抵达摩加迪沙后,先后6次单独执行抓捕任务。

派往摩加迪沙的军人都是美军精英:陆军的特种部队第七十五步兵团,也就是著名的"游骑兵";海军的"海豹"部队第六队;还有号称"王牌中的王牌"的三角洲部队。"三角洲"部队成员都是从各特种部队中挑选出来的经验丰富的老兵。

这次任务的最高指挥官是"三角洲"部队的负责人盖瑞森将军。前线指挥所设在一架负责空中指挥的直升机上,由汤姆·马提斯中校指挥,地面部

---

① http://baike.baidu.com/link?url = apHopK3sOIqWjShKRCgtWZq-erSiGtlvIaWqZwuQ8M4frvRNmnAzYuEtTIERSaUs6qnDz5rl9gQQOiBpjslbjGsQJjMy22uwq9TKPZQ5vGW#3_3。

队由盖瑞·哈瑞尔中校指挥。这架直升机配备有各式无线电装置与地面部队和基地指挥官联络，还具备无线电中继能力，可让基地指挥官直接与前线部队取得联系。另外，3架拥有先进红外线与电视摄影机的OH-58D观测直升机将进展情况实时传回指挥部。

10月3日下午3时32分，进攻开始。"小鸟"和"黑鹰"直升机迅速从海岸附近的一个临时机场起飞，地面护送车队也随即驶出兵营。先出发的两架"小鸟"直升机在目标大楼南侧狭窄的街道上着陆，第一批"三角洲"队员跳下直升机，向大楼所在的院子里扔了几颗烟幕弹，然后撞开一扇铁门冲进院子。不等里面开会的艾迪德分子反应过来，"三角洲"队员从大楼后侧的楼梯冲进房间，控制了局面。接着，他们把抓获的24名索马里俘虏赶到一楼，并用手铐把他们的手腕铐在一起，准备撤离。然而这时，战斗打响了，艾迪德的部队用扩音器向索马里人广播："出来为你的家园战斗吧！"成千上万的索马里人从四面八方拥来，子弹从美国大兵的耳边呼啸而过。

这时，由丹尼·麦克尼特中校指挥的护送车队已准时赶到目标大楼。由于一名叫布莱克·伯恩的"游骑兵"从直升机上滑下时摔成重伤，麦克尼特决定由史楚克中士指挥3辆"悍马"车，先将布莱克·伯恩送回基地，再用其余的9辆"悍马"车和卡车把索马里俘虏连同"三角洲"队员和"游骑兵"一起送出城。

史楚克只有24岁，是一个参加过海湾战争和在巴拿马作过战的老兵。他曾多次执行联合国的人道运输补给任务，对摩加迪沙的街道很熟悉。他用"悍马"车护送布莱克·伯恩回营，沿途遭到艾迪德派武装分子的层层围堵。他使出浑身解数，将布莱克·伯恩安全地送回营地，但他的机枪手皮拉中弹身亡。

当后续输送车队装载俘虏准备撤回时，一群又一群的索马里人向美军扑来，他们用AK-47步枪向美军扫射；火箭弹拖着烟尾在空中飞舞；在各个主要路口，索马里人燃烧轮胎，支起路障。担负支援作战的"黑鹰"直升机上的4名"三角洲"部队的狙击手，坐在弹药箱上专挑拿武器的索马里人射击。但一个索马里人倒下，旁边的人迅速捡起武器继续战斗。激战中，RPG-7火箭筒射手击中了代号为"超级61"的黑鹰直升机。

从3架OH-58D观测直升机传回的影像上，最高指挥官盖瑞森清楚地看到了"超级61"坠落的过程及人员挣扎的情形。他命令离坠机地点最近的"游骑兵"迅速前往救援。一架AH-6攻击直升机很快在街道上降落，驾驶员拿着手枪一边击退接近的民众，一边冲出来协助坠机的幸存者将伤员运上直升机。没多久,美军唯一的一架搜救直升机"超级68"迅速飞向该地,搜救人员从绳索垂降下来。但没过多久,这架直升机被子弹击中,驾驶员勉强支撑着让绳索上的搜救人员全部落地,然后成功迫降到摩加迪沙机场。地面上,一辆5吨的卡车在等待装载部队的过程中,被一发又一发的火箭弹打成碎片。这一连串的意外打乱了美军的作战计划。为了解救幸存的"超级61号"直升机乘员,车队必须先开到坠机地点搭载。他们在负责指挥的直升机的指引下行进。

"超级64"直升机驾驶员麦克·杜兰特接到盖瑞森的命令后,代替"超级61"在车队上空盘旋,以火力压制聚集成群的索马里民兵。当"超级64"在空中盘旋了四五圈时,杜兰特觉得直升机好像撞上了一道无形的巨墙。索马里人用火箭弹击中了这架直升机的尾翼。杜兰特只好将直升机迫降到地面。

原本要撤回基地的车队接到命令,向"超级61"的坠机地点前进。这时,十几名索马里武装民兵沿着与车队平行的街道奔跑,赶在车队的前头寻觅隐蔽地点伏击车队,而没有武装的索马里暴民成群结队地跑向美军为索马里民兵当"挡箭牌",索马里枪手则利用人群向美军射击。一名枪手甚至利用3名妇女作掩护,趴在地上从妇女的胯下向美军开火。此时,对特种部队而言,整个摩加迪沙变成了人间地狱:街道上到处是路障,美军虽然有直升机引导,但在似曾相识的街道上常常走错路,而索马里人则从街道两旁对着马路疯狂射击。

"超级64"上有2名机员和2名机长。杜兰特用冲锋枪自卫。高斐纳驾驶着"超级62"在其上空盘旋,大批民兵和暴民向"超级64"的坠机地点涌来,民兵接到的命令是活捉杜兰特用于交换艾迪德的高级官员,其他的可以消灭。"超级62"的黑鹰直升机上的2名三角洲狙击手盖瑞·戈登和蓝迪·休亚特自愿前往"超级64"的坠机地点救助伤员,之后2名狙击手被蜂拥而至的民兵杀死,杜兰特被俘。

担负首批攻击任务的大约160名"三角洲"队员和"游骑兵",有的躲在车里遭到索马里人的四面围攻,有的被分割包围在从目标区到第一架直升机坠毁地点的各个狙击地点。

夕阳西下,美军指挥官派"超级66"直升机为城中部队送去弹药、饮水、血浆等必需品。"超级66"一降落,即遭到步枪和火箭筒的攻击,机身多处被击穿,但侥幸逃回了基地。

为援救身处危险中的特种队员,美军派出第十山地师的一个满编连。150名士兵乘坐9辆卡车和12辆"悍马"车,在比尔·大卫中校的带领下,从城外绕道赶到特种部队基地。晚上 9 时 30 分,由大多数"游骑兵"、所有的"三角洲"队员和没有受伤的空军战斗人员以及第十山地师的部队组成了美军救援部队。深夜 11 时 30 分,救援车队向城里进发。由于处处有阻击和路障,车队像一个喷火的巨兽,一路攻击前进,横冲直撞,AH-6 直升机在空中掩护。

救援车队与在城中坚守的部队会合。他们把伤员和尸体安置好,随后将两架毁坏的直升机炸掉。等救援部队都上车后,幸免于难的"三角洲"部队和"游骑兵"却挤不上车。于是,他们一边跑步一边射击,在枪林弹雨中跟着车队。当美军返回基地时,天已经快亮了。经过半天惨烈的战斗,美军死亡 19 人,伤 70 余人,2 架直升机被击落,3 架被击坏,数辆卡车和"悍马"车被击毁。这是越战以来美军所遭受的最为惨重的军事失败。

10 月 4 日下午,美国的电视屏幕上反复出现了索马里人用绳子在地上拖着一具美国特种作战队员的尸体游街示众的画面,被俘的杜兰特也上了电视。这件事上了世界各大报纸的头版头条,美国舆论更是一片哗然,一致抨击美国政府出兵索马里。同时,国际上的批评也不绝于耳:英国前首相爱德华·希思说,联合国不应成为美国军事行动的保护伞;埃及外长穆萨表示,目前在索马里发生的一切,将会给索马里民族和解进程增加新的障碍;法国国防部长莱奥塔尔指责美国的所作所为超出了"人道主义使命"的范围,变成了"不能容忍的对抗";德国报刊称,美国正在索马里进行"一场肮脏的战争"。摩加迪沙之战给美国政府当头一棒,克林顿最终认识到应该政治解决索马里问题,因为几个月的"围剿"不但没有抓到艾迪德,反而使艾迪德在索马里更加得人心。10 月 5 日,克林顿从外地匆匆赶回华盛顿,召开关于索马里局势的紧急会议。10 月 7 日,克林顿在电视讲话中,单方面规定了美国从索马里撤军的最后期限。美国政府还与艾迪德方面进行了秘密谈判,双方最后达成妥协:艾迪德交出飞行员杜兰特和那具美军士兵的尸体;美军则释放扣押的全部艾迪德俘虏,不再把艾迪德派作为打击目标。

1995 年 3 月 2 日,最后一批联合国维和部队撤出摩加迪沙,标志着历时 27 个月、耗资 20 多亿美元的维和行动以失败告终。联合国既未实现在索马里组建一个民主政府的目标,也未实现各部族的和解,却使 100 多名维和士兵和近万名索马里人丧生。

(二)"9·11"事件之后的恐怖犯罪案件

1. 2008 年海盗袭击案件。索马里的无政府状态,使其成为国际恐怖主义分子理想的滋生地,并使该地区的海盗问题逐步演变为海上活动的恐怖主义。2008年4月4日,法国的一艘豪华型远洋帆船在索马里海域遭到海盗劫持,船上30名船员全部沦为人质;2008年4月20日,一艘西班牙渔船在索马里海域遭海盗劫持,船上26人沦为人质,26日,索马里海盗释放了26名船员,但据索马里官员透露,西班牙政府支付了120万美元赎金。

  2008年5月19日,荷兰一家船运公司的一艘载有9人的货船被海盗劫持。2008年6月25日,在船主支付了110万美元的赎金后,货船获释。2008年5月底,一艘德国货船与一艘土耳其船只同时被海盗劫持,土耳其船只于6月底获释;7月8日,德国货船交付赎金后获释。2008年7月20日,悬挂巴拿马国旗的"斯特拉·马丽丝号"日本货轮在索马里港口阿卢拉附近遭劫,船主在向海盗交付350万美元赎金后船只得以获释。2008年8月12日,一艘悬挂泰国国旗的货船遭劫持,船上有28名船员,2008年10月15日该船获释。2008年8月21日,索马里海盗一天在亚丁湾海域先后劫持3艘外国船只,创下当时一天之内船只遭劫的最高纪录。2008年8月29日,马来西亚国际航运公司旗下的载有41名船员的"文加梅拉提5号"遭劫持。同一航运公司的载有39人的"文加梅拉提·杜奥号"8月19日遭劫持,海盗对两船索要了470万美元赎金。2008年9月3日晚,一艘悬挂埃及国旗的船只在索马里附近海域被劫持。2008年9月10日下午,一艘韩国籍货船在索马里附近海域遭海盗劫持,韩国籍货船上的8名韩国人及多名其他国籍人员被扣押,10月16日该船获释。2008年9月15日,一艘中国香港化学品运输船在驶往亚洲途中,于亚丁湾海域被劫。2008年9月25日,悬挂伯利兹国旗的乌克兰货轮"法伊尼号"在肯尼亚印度洋沿岸附近的国际海域遭海盗劫持,船上载有33辆T-72型主战坦克、大批装甲运兵车以及枪榴弹发射器等小型武器。2008年10月1日,索马里海盗一天之内在亚丁湾袭击了4艘船只,但均未得手。2008年10月10日,索马里海盗登上一艘挂着巴拿马国旗的载有17名格鲁吉亚人和3名西班牙人的化学品运输船。2008年10月15日,一艘菲律宾货船从约旦亚喀巴出发,计划前往中国,在索马里附近海域遭劫持。这使得遭索马里海盗劫持的菲律宾船员已达66人,他们分布在4艘被劫船只上。2008年10月29日,一艘载有20人的土耳其铁矿石货船从加拿大驶往中国,在亚丁湾海域遭到海盗劫持。2008年11月7日,一艘载有13人的丹麦货船在索马里附近海域遭海盗劫持。这艘船只在巴哈马注册,船主是丹麦一家船运公司。2008年11月7日,一艘名为CEC Future的开往印尼巴淡岛的货船被劫持,船上有11名俄罗斯公民,1名爱沙尼亚人和1名格鲁吉亚人,此外,船上还有金属物资。2008年11月10日,一艘运输化学品的菲律宾船只在索马里附近海域遭海盗劫持,船上有 23 名船员,都是菲律宾人。2008 年 11 月 13 日晚,一艘中国渔船在肯尼亚沿海海域被携带榴弹发射器和自动武器的索马里海盗劫持。被劫持的渔船上有船员 25 人,17 名是中国人,其中 16 人来自中国大陆,1 人来自台湾。在远洋渔业,渔船出海一般都是两艘结伴而行,为的就是彼此有个照应。"天裕 8 号"也不例外,它也有一个"孪生兄弟"——"天裕 7 号"。按照惯例,这两艘船作业距离应该不会很远,但这回由于事发在凌晨,而且对方都是武装海盗,7 号很难施以援手。2008 年 11 月 15 日,日本一艘载有 23 人的 2 万吨级的货船被劫,船员包括 5 名韩国人和 18 名菲律宾人。此外,货船上装有化学制品。2008 年 11 月 18 日,沙特阿拉伯巨型油轮"天狼星号"被劫。2008 年 11 月 18 日,中国香港籍货船"DELIGHT 号"被劫,船上装载着 3.6 万吨小麦。

2. 2009 年海盗袭击事件。4 月 6 日,来自中国台湾的远洋鲔钓渔船"稳发 161 号",在西印度洋塞舌尔群岛附近海域遭索马里海盗劫持,船上有 30 名船员。5 月 6 日,一艘计划驶往沙特阿拉伯的吉达港德国货船 5 日晚在亚丁湾海域被索马里海盗劫持,船上有 11 名罗马尼亚籍船员。这艘名为"维多利亚号"的货船悬挂安提瓜和巴布达国旗,船主是一家德国公司,船上有 1 万吨大米。

11 月 16 日,一艘载有 28 名船员的原计划驶向蒙巴萨港的保加利亚化学品运输船,在印度洋岛国塞舌尔西北约 1100 公里处被索马里海盗劫持。这艘船悬挂的是基里巴斯国旗,属于保加利亚一家公司。11 月 30 日,一艘希腊油轮 29 日在印度洋海域被索马里海盗劫持。这艘 30 万吨级油轮从科威特出发,原计划驶向美国,船上共有 28 名船员,这是继 2008 年 11 月沙特超级油轮"天狼星号"后被索马里海盗劫持的最大船只。

3. 2010 年海盗袭击事件。1 月 1 日,新年伊始,一艘悬挂着英国国旗的货轮在距索马里约 1000 公里的海域遭海盗劫持。1 月 2 日,一艘悬挂着新加坡国旗的化学品船在亚丁湾海域被海盗劫持,船上有 5 名中国船员。1 月 27 日,一艘柬埔寨货船被索马里海盗劫持,船上人员分别来自巴基斯坦、印度、斯里兰卡、索马里和叙利亚等国。3 月 23 日晚些时候,索马里海盗劫持了一艘悬挂百慕大区旗的货轮。

2012 年 10 月 5 日,一艘航行在印度洋上的独桅帆船遭到海盗袭击,这是台风季过后的首起索马里海盗袭击事件,但这之后,海盗袭击事件竟逐年递减,这群以海盗为业的人员似乎有了金盆洗手之意。10 月 8 日,一艘载有 14 名船员的中国台湾渔船在印度洋海域遭索马里海盗劫持。11 月 12 日,巴拿马籍货轮在印度洋北部的阿拉伯海被海盗劫持,船上 29 名船员全部是中国人。

四、澳大利亚的恐怖犯罪案件

(一)"9·11"事件之前的恐怖犯罪案件

1. 1972 年 12 月 8 日布里斯班一家商场遭恐怖炸弹袭击案件。1972 年 12 月 8 日,布里斯班的一家商场遭遇炸弹袭击,最终造成 1 人死亡。尽管该起袭击事件肇事组织已无从确认,但是一个名为"克罗地亚民族主义者"的组织与这起恐怖袭击有着密切关系,这也是有记载的发生于澳大利亚境内并造成人员伤亡的恐怖犯罪爆炸袭击事件。

2. 1978 年 2 月 13 日悉尼一家商场遭恐怖犯罪爆炸袭击案件。1978 年 2 月 13 日,悉尼一家商场发生爆炸袭击,造成 2 人死亡、9 人受伤的结果。

3. 1980 年 12 月 17 日悉尼恐怖犯罪袭击案件。1980 年 12 月 17 日,在悉尼发生了一个代号为"Justice Commandos for the Armenian Genocide"的军事冲突,致使 2 人不幸丧命。

4. 1986 年 3 月 27 日,在一起发生在墨尔本的针对警察的爆炸袭击事件中,21 人受伤。

5. 2000 年"悉尼轮奸案件"。一群黎巴嫩裔的青年出于"种族复仇"的原因,制造了一系列骚扰和强奸非穆斯林女性的"悉尼轮奸事件",在澳洲社会引起了巨大的愤怒。

(二)"9·11"事件之后的恐怖犯罪案件

2014 年 12 月 15 日澳大利亚悉尼市恐怖犯罪劫持人质案件。2014 年 12 月 15 日,一起劫持人质事件发生在澳大利亚悉尼市 CBD 区域,劫持人质者是一名伊朗难民,并且有犯罪前科。事件具体发生地点位于澳大利亚悉尼市中心马丁广场一家咖啡馆,在同劫持者僵持了 10 多个小时后,澳大利亚警方发起突袭以解救人质,并宣布这起劫持事件结束。警方与劫持者的交火过程造成了包括劫持者在内的 3 人死亡,多人受伤。

这起恐怖主义事件除了给澳大利亚社会带来巨大的冲击之外,也再次暴露出澳大利亚穆斯林与当地社会其他群体由来已久的裂痕。早在第一次海湾战争期间,澳大利亚就曾发生过多位白人读者写信给报社,要求阿拉伯裔澳大利亚人要么证明自己的忠诚,要么回到原属国的荒诞事件。不仅如此,裹戴头巾的阿拉伯女性也时常遭受白人青年的骚扰。

第五节 亚洲的恐怖犯罪案件

一、日本的恐怖犯罪案件

(一)"9·11"事件之前的恐怖犯罪案件

1. 1970年3月31日"赤军"恐怖犯罪劫机案件。1970年3月31日,9名日本"赤军"成员劫持了从羽田开往福冈的日航客机,包括乘务员在内的129名机上人员被扣为人质,劫机犯罪团伙要求将飞机开往朝鲜,这是日本历史上首件劫机事件。

1970年3月31日上午,9名"赤军派"成员登上了从东京飞往福冈机场的日航航班。当地时间7点33分,成员中一个名为田宫的恐怖分子率领众人手持日本刀、炸弹等实施劫机计划,机上包括乘务人员在内的129人被扣作人质。被劫持的是被称为"淀号"的波音727喷气式客机,恐怖分子首先把机上的男性乘客赶到靠窗一侧,再用绳索将他们捆绑起来;另一部分劫机分子则冲入驾驶室,命令机长将飞机开往平壤。机长以去朝鲜燃料不足为由,要求"加油",劫机者同意。8点59分,飞机飞抵福冈机场,日本警察和自卫队试图采取一些措施使飞机滞留机场,却刺激了这群恐怖分子,他们要求飞机起飞,机长以起飞为条件,说服劫机者释放了23名人质。下午1点59分,"淀号"客机沿朝鲜半岛东侧向北飞,2点40分,航向向西变更。这时,在"淀号"的右侧出现了一架隐藏了国籍的战斗机,驾驶员示意机长降落,然后飞走了。不久后,飞机接收到了"这里是平壤,进入导航"的无线电信号。这是韩国当局为阻止飞机飞往朝鲜而采取的蒙蔽劫机者的行动。下午3点16分,"淀号"在所谓的"平壤国际机场"着陆。恐怖分子问靠近机身的男子"这是平壤吗?"男子回答"是平壤"。劫机者要求他们拿出大幅的金日成照片,韩国当然没有,由此劫机者确信这些是伪装。于是,劫机者要求立即起飞,但飞机再启动要辅助的发动机等设备,韩国当局拒绝配合,双方陷入僵局。

4月1日凌晨,日本运输政务次官山村新治郎在韩方协助下与劫机者交涉。"淀号"的副驾驶员将劫机者人数、位置、武器等状况写在纸杯上从舷窗扔下,韩国当局准备用特种部队强行解救人质,但日本政府拒绝了这一建议。4月3日,山村新治郎代替乘客做人质,劫机者释放了剩余乘客以及4名空姐。下午6点5分,飞机再次起飞,越过北纬38度线进入朝鲜领空,一个多小时后着陆于朝鲜战时使用的美林机场。朝方要求劫机者解除武装,人们发现他们使用的日本刀、手枪、炸弹等全是道具或仿制品。4日,朝鲜发表声明"从人道主义的观点出发返还机体及乘务人员"。此后,3名乘务人员及山村新治郎回国。对于劫机者,朝鲜以继续进行必要的调查为由,允许他们滞留朝鲜,这事暂告一段落。

2. 1986年3月25日日本天皇御花园遭恐怖犯罪火箭弹袭击案件。20世纪70年代初,日本的激进组织曾用土制燃烧瓶袭击警察署、政府建筑。80年代以后,激进组织发展到用土迫击炮、土火箭进行袭击。1984年9月,位于大阪的第二法律联合办公厅首先遭到一枚火箭弹袭击。从此之后,这种情形的恐怖袭击便一发不可收拾,先后被袭击的有八尾的陆上自卫队兵营、大阪的警察署、神户的美国领事馆。

1986年3月25日,日本恐怖组织"战旗派"用代号"M-22"的火箭炮袭击了皇宫和美国大使馆。3月25日,坐落在东京市中心的皇宫大草坪,如同往常一样游人如织,熙熙攘攘。人们在这里远眺巍峨的楼阁并欣赏皇宫内外的景色,一切都如往常一样。下午1时左右,3团火球突然从人们头顶呼啸而过,落在皇宫内院,距当时的裕仁天皇正在小憩的"吹上御所"仅有300米左右。匆匆赶来的侍卫不由得大吃一惊,草地上3枚金属制的弹头余温还很烫手,而那3团火球实际上是用来袭击皇宫的火箭弹,如果弹着点再延伸300来米,弹头上再安上引信、炸药,其后果就不堪设想了。

这3枚火箭是从哪儿飞来的呢?1时13分,一辆停在新宿大街尽头的东条会馆门口的小轿车尾部行李厢盖打开,一声巨响,冒出缕缕青烟,发射了第一枚火箭弹;又一声巨响,只见一团橘红色的火球从行李箱中腾空而起,向皇宫方向飞去。几乎同一时刻,位于港区赤坂的美国大使馆也遭到了火箭的袭击。一家体育用品商店门前的一辆无主的"蓝知更鸟"牌轿车,在当天1时15分左右,轿车的尾部行李厢自动打开,向200米外的美国大使馆发射了3枚火箭炮。皇宫和美国大使馆同时遭到袭击的消息,犹如晴天霹雳,日本朝野震惊万分。

3. 1994年6月27日松本沙林恐怖犯罪毒气袭击案件。发动袭击的是日本一个名为奥姆真理教的宗教组织,事件的导火索为奥姆真理教于长野县松本市的教团被业主要求收回土地,双方提出诉讼。原教主麻原彰晃深知胜诉可能性不高,因此指使信徒对长野地方法院松本分院的法官和团部周围的居民下毒手,到松本市内散布毒气。1994年6月27日黄昏至6月28日清晨,9名恐怖分子在深志区住宅街内散布沙林毒气,毒气是从松本市郊区的两幢公寓里散发出来,导致7人死亡、660人受伤,在遇难者中有3名正在审理这起涉及奥姆真理教案件的法官;100米以内的生命死得一干二净,狗在街上卧毙,鸟从空中坠亡。

4. 1995年3月20日东京地铁恐怖犯罪沙林毒气案件。在科技发达的今天,世界各地活动着形形色色的反科学、反社会的邪教组织。1995年3月20日,日本的奥姆真理教成员利用化学武器沙林毒剂制造了举世震惊的东京地铁惨案。3月20日上午,出身于医师世家的林郁夫,一个前茨城县东海村国立疗着所医院循环器官科主任医师,不折不扣的社会精英,带着两袋装有沙林毒剂的塑料袋登上了东京千代田线A725K次地铁。这两袋液态沙林毒剂足以杀死整个列车上的人。林郁夫把加入硫酸阿托品的注射器发给各个成员,并指示"如果出现中毒症状,自己立即注射这个"。共有10人分成5路,其中5人悄然进入了千代田线、丸之内线、日比谷线的地铁车厢里。

为防自己中毒,林郁夫本人事先戴上了口罩,戴口罩出行在日本实为常见,因此这一举动并没有引起他人的注意。面对车厢中众多妇女儿童,林本人的念头出现了一丝动摇,但事已至此,已无法回头,他便不再犹豫,狠下心开始行动。在地铁快要到达新御茶水站时,林郁夫迅速解开已经准备好的沙林袋的外层,把里层的袋子连同液体扔到了地上,用事先磨成尖头的雨伞伞尖捅进去,将袋子捅破,看到液体流出来后,转身离开。

蒸发的沙林毒气很快向四周扩散,乘客开始剧烈咳嗽,在到达下一站水传马町时,一乘客把这些装载沙林的报纸踢到站台上,踢下的沙林很快在狭小的月台弥漫开来,前来清理的新日铁职员和田荣二等4人首先死去。当列车抵达筑地站时,一位经验丰富的工作人员突然意识到这是毒气,然后迅速指挥乘客争分夺秒逃离现场。最终毒气事件波及的受害者超过5000人,其中12人死亡,更多的人甚至面临终身残疾的后遗症。这就是震惊世界的东京地铁沙林毒气事件,这起恐怖袭击也宣告了日本社会治安神话的终结。

5. 1995年3月30日警视厅长官遭恐怖暗杀案件。奥姆真理教的恶行引起了日本政府和人民的愤慨,警方开始出动大批人马对其进行围剿和打击,因而奥姆真理教的一些骨干成员相继落网,但围剿行动却遭到了奥姆真理教信徒的疯狂反抗。1995年3月30日,负责调查此案的警视厅长官——58岁的国松孝次,在东京都荒川区自己的公寓门前,遭到该教组织成员的枪杀,枪手用口径38的左轮手枪对国松警官连开4枪后随即撤离。国松中枪部位都在腹部,被紧急送往医院抢救,在手术中心脏停搏三次。不过他最终保住了性命,一年半后才完全康复。

凶手年龄在30至40岁左右,身高170厘米以上,案发时戴着白色帽子和黑色面罩，身穿黑色雨衣和深色长裤，现场留下有两件物品，分别是一枚朝鲜人民军的"三大革命红旗勋章"和一个10韩元的硬币。在警方调查后发现，在山梨县的奥姆真理教基地富士清流精舍有一个秘密的地下兵工厂，用来仿制AK式冲锋枪，为便于在日本获得弹药补充，枪的口径由5.45毫米改为5.6毫米，射击初速为850米/秒，各项性能非常适合巷战。用这些武器，奥姆真理教按照特种部队标准组建拥有一个步兵团规模的"武装爱教突击队"，并且制订了名为"首度制压"的作战计划，声称要在24小时内控制东京都各个要点；监控天皇和皇太子夫妇的行踪，以刺杀全部日本皇室为政变信号，打入并控制陆上自卫队空降兵团，以其作为政变时攻打政府部门的一线兵力；从邻国购买包括小型潜水艇和重机枪在内的武器装备；在境外建立军事训练营，以旅游的方式分批进行培训等。

6. 1995年4月横滨恐怖犯罪毒气案件。1995年4月19日，横滨站遭到奥姆真理教的毒气袭击，671人中毒被送入医院。4月21日，横滨站附近的商店受到不明气体侵袭，25人被送到医院。27日，日本警察厅下令在全国搜捕奥姆真理教教主麻原彰晃，除了较早时已经以各种名义扣留的奥姆教骨干外，组织的核心人物都处于警方的监视之下。

警视厅在拿到足够证据证明东京地铁沙林事件系奥姆真理教所为后，东京地方法院剥夺了奥姆真理教的法人资格。5月16日，几百名全副武装的警察奔赴上九一色村抓捕麻原。麻原本人被迫束手就擒。日本警察厅以杀人和杀人未遂罪将其逮捕，同时摧毁了该教在日本的130多个据点，抓获40多名成员。嚣张一时的奥姆真理教逐渐覆灭。

（二）"9·11"事件之后的恐怖犯罪案件

1. 2008年11月18日日本两名前高官眷属遭恐怖犯罪袭击案件。2008年11月18日早上，一名厚生劳动省前高官及其妻子被发现死于家中，两人身上均有致命刀伤；当天下午，另一名前厚生省官员的妻子被人刺伤。根据调查，日方官员表示，鉴于上述两名官员均曾负责养老金事务，而日本养老金管理部门曾不断曝出丑闻，引发民众强烈不满。据日本媒体和警方分析，这应该是民众中的激进分子对官员实施的报复行为。

2. 2011年11月2日日本陆上自卫队基地连环爆炸案。2011年11月2日晚，日本陆上自卫队驻扎于琦玉县琦玉市的基地发生连环爆炸，由"过激派"成员所为。日本琦玉县大宫警署透露，在爆炸现场的草地上发现两枚管状圆筒，随后在据日本自卫队基地以西约500米处发现类似火箭弹的发射装置。

二、伊拉克的恐怖犯罪案件

（一）"9·11"事件之前的恐怖犯罪案件

1. 1988年11月16日库尔德人地区恐怖流血冲突案件。库尔德问题实际上是一个"无国家民族"的民族主义问题，因其自身的复杂性、尖锐性和国际性特点，该问题长期以来一直是中东地区仅次于阿拉伯国家与以色列之间冲突的第二大热点问题。由于历史和现实的原因，该地区的武装冲突和爆炸袭击层出不穷。在伊拉克，库尔德人大部分分布在伊东北部的杜胡克、苏莱曼尼亚和埃尔比勒省，其余在基尔库克、摩苏尔和迪亚拉三省，共约8万平方公里的地区，占伊拉克人口总数的五分之一，是伊拉克人口最多的少数民族。1988年11月16日，伊拉克库尔德民主党与政府军发生激烈的流血冲突，造成40人死亡、100人受伤。

2. 1992年恐怖犯罪袭击案件。1992年10月9日、10日，伊拉克伊斯兰革命最高委员会在伊拉克的达里和首都巴格达分别制造了两起武装暴力袭击，分别造成10人死亡、11人受伤。1992年11月22日，伊拉克苏莱曼尼亚的一个商业中心遭遇炸弹袭击，造成4人死亡、28人受伤。

3. 1994年恐怖犯罪袭击案件。1994年6月13日，库尔德斯坦爱国联盟在伊拉克苏莱曼尼亚武装袭击平民，造成51人死亡、40人受伤。1994年8月22日，伊斯兰民族救亡先锋队在首都巴格达绑架了一群新闻工作者，最终造成1人死亡、13人受伤。随后，9月10日、10月16日、10月19日，反政府武装分子分别制造了三起针对政府组织的暴力袭击，共造成4人死亡、35人受伤。

4. 1995年恐怖犯罪袭击案件。1995年2月27日，库尔斯坦爱国联盟于杜胡克市制造一起恐怖袭击，造成76人死亡、141人受伤的惨重结果。9月5日，伊拉克伊斯兰革命最高委员会在首都巴格达制造一起恐怖袭击，造成10人死亡。随后，分别在9月7日、10月31日、11月21日，反政府武装于埃尔比勒等地制造了三起反政府的武装暴力活动，共造成43人死亡、99人受伤。12月7日，伊拉克一家商业中心发生爆炸，造成13人死亡、14人受伤。

（二）"9·11"事件之后的恐怖犯罪案件

1. 2003年8月19日运河饭店恐怖犯罪爆炸案件。2003年8月19日，伊拉克首都巴格达发生了一起针对联合国驻伊拉克办事处的恐怖主义爆炸事件，造成24人死亡、100多人受伤，包括联合国伊拉克问题特别代表德梅洛也在爆炸中殉职。

事发当时,一辆大型水泥搅拌车忽然越过障碍冲向运河饭店,并在距饭店大约 15 米的地方发生爆炸,剧烈的爆炸导致位于巴格达东北部的运河饭店严重受损,距爆炸地点 1.5 公里的许多民宅窗户都被震碎。尽管没有组织对此事宣称负责,但据事后调查,此次恐怖袭击与活跃于该地区的基地组织有着紧密联系。

2. 2003 年 8 月 29 日阿里清真寺恐怖犯罪爆炸案件。2003 年 8 月 29 日,伊拉克南部伊斯兰教什叶派圣地纳杰夫阿里清真寺发生汽车炸弹爆炸事件,造成 100 多人死亡、200 多人受伤,什叶派精神领袖"伊拉克伊斯兰革命最高委员会"主席穆罕默德·巴克尔·哈基姆也在爆炸中身亡。这是萨达姆下台后伊拉克境内发生的最严重袭击事件,伊拉克国民大会主席沙拉比称这次爆炸是萨达姆政权残余分子制造的,目的是为了在国内制造宗教冲突。

爆炸发生的阿里清真寺外是伊斯兰教创始人穆罕默德的女婿、伊斯兰教第四代哈里发阿里的陵墓,爆炸发生时穆斯林信徒们刚刚完成当天的祈祷,正陆续离开清真寺。爆炸后的地上到处都是散落的人体残肢,救援人员已在炸弹废墟中发现了 20 具尸体,许多血流满面的受伤者则惊慌地在清真寺附近徘徊等待救援。阿里清真寺的一个入口和附近的几家商店被剧烈的爆炸瞬间夷为平地,现场到处弥漫着浓烟,几辆被炸成空壳的汽车仍然在熊熊燃烧,其中一辆汽车甚至被巨大的冲击力掀出了至少百米之远。

3. 2003 年 10 月 27 日巴格达自杀性恐怖犯罪汽车炸弹案件。2003 年 10 月 27 日,位于伊拉克巴格达市中心的红十字国际委员会驻伊总部及市东、南、西、北四区的警察局几乎同时遭到自杀性汽车炸弹袭击,导致至少 35 人丧生、200 余人受伤。事件发生后,红十字国际委员会主席雅各布·克伦贝格于 8 日接受一家媒体采访时指出,有关撤出巴格达和巴士拉的决定是基于伊拉克局势的"极端危险性和不稳定性"而做出的。红十字国际委员会在关闭这两个办事处后,只留有少数人员在伊北部地区继续进行人道主义救援工作。

4. 2004 年伊拉克恐怖犯罪爆炸案件。2 月 1 日,伊拉克北部城市埃尔比勒的两个库尔德人政党办公楼相继发生自杀式爆炸事件,造成至少 109 人死亡、133 人受伤。2 月 10 日,巴格达南部的伊斯坎德耶镇警察局发生自杀式汽车炸弹袭击,造成至少 55 人死亡、60 多人受伤。3 月 2 日,巴格达和伊拉克南部城市卡尔巴拉的两座什叶派穆斯林清真寺发生系列爆炸事件,造成 271 人死亡、约 500 人受伤。6 月 24 日,伊拉克反美武装集团在巴格达、巴古拜、拉马迪、费卢杰和摩苏尔等地向驻伊美军以及伊拉克警察、准军事部队发起系列炸弹袭击,造成至少70人死亡、200多人受伤。

7月28日,中部城市巴古拜一个警察局门前发生自杀式汽车炸弹爆炸,造成至少68人死亡、70多人受伤。9月14日,巴格达市中心的一个警察招募中心门前发生汽车炸弹爆炸,造成至少47人死亡、114人受伤。9月30日,伊拉克境内接连发生5起炸弹袭击和一起火箭弹袭击事件,造成至少49人死亡、200多人受伤。12月19日,伊中南部宗教圣城纳杰夫和卡尔巴拉发生两起炸弹袭击事件,其中一起为自杀式袭击,共造成62人死亡、130余人受伤。12月21日,伊北部城市摩苏尔的一个美军基地遭自杀式炸弹袭击,造成22人死亡、69人受伤。

5. 2005年2月28日希拉自杀式恐怖犯罪爆炸案件。2005年2月28日,伊拉克首都巴格达附近城市希拉发生一起自杀性汽车炸弹爆炸事件,造成至少125人死亡、133人受伤。这是自当年1月30日伊拉克举行大选后,其境内发生的死伤最为惨重的一起爆炸事件。希拉市是伊拉克中部巴比伦省的首府,位于治安混乱的"死亡三角地带"边缘,是一个什叶派穆斯林和逊尼派穆斯林混居的城市。

当天上午8时30分左右,一名自杀性爆炸袭击者驾驶汽车冲向当地的一个医疗中心,很多人当时正在该中心的门前排队,等待领取申请公职所需的医疗认证卡。爆炸发生时,有很多人在集市里购买东西,这是导致死伤人数过百的一个重要原因。爆炸现场横七竖八躺着几十具尸体,大约有6辆救护车在现场把伤亡人员运送到附近一家医院。威力巨大的炸弹还炸毁了附近的一些商店和停在那里的汽车,爆炸现场浓烟滚滚,人群惊慌失措,四下奔逃。附近的市场内也有人员伤亡,许多菜摊起火燃烧。

在同一天,希拉以北约30公里处的穆赛伊卜镇还发生一起针对警察检查站的汽车炸弹袭击事件,造成1名警察死亡、数人被炸伤。伊拉克大选结束后,伊境内针对美军和伊军的袭击活动在经历了短暂的相对平静之后,又有抬头之势。2月2日,一辆载有伊拉克士兵的中巴车在北部石油重镇基尔库克附近遭到武装分子伏击,12名伊军士兵中弹身亡。这是大选过后伊拉克军队遭受的最为严重的袭击事件。2月19日,穆斯林阿舒拉节举行期间,一辆运送什叶派穆斯林参加纪念活动的公共汽车在行驶过程中突然遭到自杀性炸弹袭击,当场造成19人死亡、40人受伤。

6. 2005年9月14日巴格达系列恐怖犯罪自杀式汽车爆炸袭击案件。2005年9月14日,伊拉克首都巴格达发生4起自杀式汽车爆炸袭击事件,造成至少114人死亡、156人受伤。

7. 2006年1月5日卡尔巴拉和拉马迪等地恐怖犯罪炸弹爆炸案件。2006年1月5日,卡尔巴拉和拉马迪等地相继发生数起炸弹爆炸事件,共造成100多人死亡。

8. 2006年11月23日萨德尔城的恐怖犯罪杀戮案件。2006年11月23日,巴格达以东的萨德尔城遭到连环汽车炸弹袭击,造成至少200人死亡、约250人受伤。萨德尔城是巴格达最大的什叶派聚居区之一,这座城市数次遭到逊尼派武装人员的恐怖袭击。当天15时10分,3辆装载爆炸装置的汽车,一个接一个地在萨德尔城三处繁忙地区引爆,每次爆炸时间相隔约15分钟,首先爆炸的地点是贾米拉市场,随后是哈伊市场,最后是沙希德因广场。几乎与爆炸同时,迫击炮弹呼啸着落在沙希德因广场与穆扎法尔广场,剧烈爆炸引发大火,浓厚的黑烟从巴格达东北部的萨德尔城升起,救护车拖着长长的警笛冲向袭击现场,一系列爆炸造成重大伤亡,市场上许多食品摊位与车辆都被炸毁。

此外,两辆装有爆炸物的汽车,分别在萨德尔城外围和什叶派宗教人士穆克塔达·萨德尔的办公室附近爆炸,而萨德尔本人所幸并未受伤。袭击发生后,伊拉克局势颇为紧张,什叶派武装已经展开报复行动,全面内战一触即发。而与此同时,2名自杀袭击者次日又在泰勒阿费尔再次制造爆炸事件,造成至少22人死亡、26人受伤。

9. 2007年伊拉克恐怖犯罪袭击案件。2007年2月3日,位于巴格达市中心的一家市场发生卡车炸弹爆炸事件,造成至少130人死亡、300多人受伤。3月27日,伊拉克北部泰勒阿费尔镇遭到卡车炸弹袭击事件,造成150多人死亡。3月29日,伊拉克首都巴格达和巴格达以北的哈利斯镇发生多起炸弹袭击事件,造成至少107人死亡、131人受伤。4月18日,伊拉克各地发生多起爆炸袭击事件,共造成230多人死亡,其中仅巴格达发生的系列炸弹爆炸袭击就造成近190人死亡。

7月以来,恐怖袭击之势愈演愈烈。7月6日,迪亚拉省的一个库尔德人村庄遭到自杀式汽车炸弹袭击,造成至少26人丧生、33人受伤。7日,萨拉赫丁省一个露天市场遭到汽车炸弹袭击,造成至少156人丧生、255人受伤,另有20多人失踪。7月8日,巴格达以西一个新兵招募站,一起自杀式汽车炸弹袭击在这里发生,造成至少23人死亡、超过30人受伤。7月16日,伊北部石油重镇基尔库克接连发生2起汽车炸弹袭击事件,造成至少80人丧生、超过180人受伤。7月24日,伊拉克南部巴比伦省首府希拉市发生自杀式汽车炸弹袭击事件,造成至少22人死亡、66人受伤。7月25日,伊拉克球迷在巴格达街头庆祝当年伊拉克队打入亚洲杯决赛时遭到2次汽车炸弹袭击，至少造成55人死亡、135人受伤。7月26日，巴格达市中心一个商业区发生汽车炸弹爆炸事件，造成至少20人死亡、60人受伤。8月1日，巴格达西部曼苏尔地区一个加油站附近发生一起汽车炸弹袭击事件，造成至少50人死亡、60人受伤。8月6日，伊拉克北部城市泰勒阿费尔一个居民区遭到自杀式汽车炸弹袭击，造成27人死亡、22人受伤。8月14日，伊北部尼尼微省"雅兹迪"教派聚居地发生连环爆炸袭击，造成至少500人死亡的惨重结果。

10. 2009年1月4日清真寺内的女性自杀式恐怖犯罪炸弹袭击案件。2009年1月4日，伊拉克首都巴格达北部的伊玛目穆萨·卡齐姆清真寺发生一起自杀式爆炸袭击，造成40人死亡、72人受伤。当天上午，1名女性自杀式袭击者混入前来清真寺朝觐的什叶派民众中，在清真寺门口的安检站引爆了身上的炸药。这名自杀式袭击者的袭击目标是来自邻国伊朗的朝觐者，爆炸造成了16名伊朗人死亡、32名伊朗人受伤。由于这一袭击事件发生在什叶派穆斯林最重要的纪念日阿舒拉节之前，而此时有数百名什叶派朝觐者正赶往该清真寺参加宗教活动，可见时间和地点的选择都是别有用心的。

11. 2009年1月13日伊拉克什叶派朝圣者遭恐怖犯罪自杀炸弹袭击案件。2009年1月13日，伊拉克什叶派的一支朝圣者队伍在巴格达以南遭到自杀式炸弹袭击，造成35人死亡、至少65人受伤，其中大部分受害者是妇女和儿童。当时，一名身着黑色长袍的女性自杀式炸弹袭击者混在前往什叶派圣城卡尔巴拉朝圣的队伍中，引爆藏在黑袍下的炸弹背心，直接了造成百人伤亡的结果。面对恶劣的地区安全局势，尽管伊拉克安全部队出动了数万军警沿途严密戒备，但袭击事件仍在不断发生。就在12日，朝圣者队伍还在侯赛因陵墓附近遭炸弹袭击，造成至少8人死亡、35人受伤。

12. 2009年4月伊拉克恐怖犯罪炸弹袭击狂潮。2009年4月，伊拉克遭遇一轮自杀式炸弹袭击的狂潮。4月22日夜晚，距巴格达西北约90公里的萨拉赫丁省杜卢伊耶镇一座清真寺遭到自杀式炸弹袭击，一名20岁左右的外来男子冲入镇内的清真寺，引爆了身上的炸弹，导致4人死亡、10人受伤，受害者都是前来祈祷的平民。

4月23日，首都巴格达和巴格达以北的迪亚拉省接连发生2起重大自杀式爆炸袭击，共造成近200人伤亡。第一起自杀式爆炸发生在首都巴格达城中的凯拉代区，当一群军警在凯拉代区为流离失所者发放救援物资时，1名混在人群中的自杀式袭击者引爆了绑在身上的炸弹，直接造成至少28人死亡、50人受伤，其中有12名警察被炸死、10名警察受伤。第二起爆炸发生在巴格达以北的迪亚拉省首府巴古拜附近,是一起针对朝圣信徒的恐怖袭击,造成48人死亡、63人受伤,死者中包括43名伊朗朝圣者和5名伊拉克人。

4月29日,巴格达什叶派聚居区萨德尔城发生3起汽车炸弹爆炸事件,造成至少41人死亡、68人受伤;当日,位于巴格达城东的萨德尔城三个市场几乎在同一时间遭到汽车炸弹袭击。由于事发当时,这三个市场内顾客众多,爆炸因此造成惨重伤亡,死伤者中还有许多妇女和儿童。此外,巴格达城市南部当日下午还发生一起路边炸弹爆炸,1辆小公共汽车被炸毁,5人死亡、3人受伤。

13. 2009年7月尼尼微省恐怖犯罪自杀式爆炸袭击案件。尼尼微省是伊拉克安全局势最为严峻的地区之一。"基地"组织伊拉克分支和其他武装团伙在此活动频繁,各种暴力袭击不断。在2009年7月8日傍晚,尼尼微省首府摩苏尔及附近城镇发生了多起汽车炸弹袭击事件,共造成14人死亡、35人受伤。7月9日,伊北部尼尼微省境内于当天早上发生连环自杀式炸弹袭击,造成至少35人死亡、65人受伤。当时,一名自杀式袭击者冲入当地一位警官的住所后引爆了绑在身上的炸弹。几分钟后,另一名自杀式袭击者在救援人员和围观人群中再次引爆炸弹,造成重大伤亡,被袭警官及其妻子首先被炸死。

14. 2009年8月伊拉克首都巴格达恐怖犯罪连环炸弹袭击。8月19日,伊拉克首都巴格达发生数起汽车炸弹和炮弹袭击事件,造成至少95人死亡、约500人受伤,伊外交部和财政部等多处建筑被损坏。当天上午,在伊拉克财政部旁边的立交桥下发生一起爆炸案,一辆装载有炸弹的汽车发生爆炸,造成立交桥部分桥体被炸毁,至少28人死亡、逾200人受伤,10层楼高的财政部也遭受了严重损毁。

相隔仅两分钟后,另一个卡车炸弹在使馆和政府办事处集中的"绿区"附近被引爆,外交部大楼外的地面被炸出一个深3米、直径10米左右的大坑,而靠近爆炸点的外交部大楼的部分墙体也严重受损。周围数辆汽车起火,上空浓烟滚滚。袭击至少导致47人死亡、约250人受伤。

另外,一枚炮弹落在位于"绿区"内的联合国驻地附近,还有一枚在"绿区"外爆炸,造成恐慌。距伊外交部约500米外的一所剧院也因爆炸的巨大冲击力遭到损坏,剧院屋顶部分塌陷。此外,还有数枚迫击炮弹落入巴格达市中心,发生爆炸。当天一系列袭击造成95人死亡、563人受伤。外交部大楼外的爆炸造成的伤亡最为惨重。一名外交部人员称:"窗子被炸得粉碎,很多人死了,包括外交部员工、记者和安全部队士兵。"

15. 2009年10月25日巴格达恐怖犯罪爆炸袭击案件。2009年10月25日上午,伊拉克首都巴格达市中心的司法部大楼遭遇自杀式汽车炸弹袭击,而几分钟后,司法部附近巴格达省省政府办公楼同样遭袭。当天10时30分,位于巴格达市中心的司法部大楼遭自杀式汽车炸弹袭击,大楼在爆炸中严重受损。而仅在几十秒之后,巴格达省省政府大楼也遭遇自杀式汽车炸弹袭击。两宗恐怖袭击相隔仅数十秒,伊拉克司法部大楼内有35名职员死亡,省政府大楼内最少有25名职员死亡。

事件发生后,"基地"组织在伊拉克的分支组织在网上发布的声明中宣称对巴格达25日发生的2起爆炸袭击负责。自称为"伊拉克伊斯兰国"的组织称,这次恐怖袭击是其代号为"俘虏的反击"运动的一部分。同时还有证据表明,自杀式爆炸袭击者不仅与"基地"组织有联系,与前总统萨达姆"复兴社会党"的支持者也脱不了干系。该起事件最终造成155人死亡,其中包括20多名儿童,此外,还有700多人受伤。

16. 2009年12月8日巴格达恐怖犯罪连环爆炸案件。12月8日,"基地"组织针对巴格达政府建筑物发动了3起连环汽车炸弹袭击,造成至少127人罹难、513人受伤的惨重结果。攻击目标包括伊拉克劳工部、一处法院及财政部新大楼,伤亡人员中包括多名妇女和学生。3个汽车炸弹分别在劳动部、内政部和财政部附近爆炸,第一起爆炸发生在当地时间上午10点25分左右,几秒钟之后发生了第二起爆炸,一分钟之后,又发生了第三起爆炸。

17. 2011年8月15日恐怖犯罪炸弹袭击案件。2011年8月15日,伊拉克多座城市发生10多起炸弹袭击事件,造成230多人伤亡,其中伊拉克中部城市库特的情况最为严重。伊拉克3座城市遭遇新一波严重的炸弹袭击,已造成56人死亡,其中34人是在伊拉克中部城市库特遭2次炸弹袭击的遇难者。而在伊拉克另一个省份迪亚拉,爆炸造成10人死亡,其他城市也发生了导致多人死亡的炸弹袭击。这些爆炸事件还共导致近180人受伤。

在15日早些时候,迪亚拉省多处地点共传出7次爆炸声,共有10人死亡,超过50人受伤。上午8时左右,市中心一处人群密集的集市发生了爆炸,2次爆炸差不多同时发生,分别为1次汽车炸弹和1次路边炸弹爆炸。差不多在同一时间,一名自杀式袭击者在伊拉克中南部伊斯兰教什叶派胜地纳贾夫的一处警方大楼外引爆了炸弹,造成4人死亡、32人受伤,死者中包括2名警察和2名平民。而在伊拉克北部城市基尔库克,一处教堂传出4声爆炸,幸而无人受伤。

15日上午,一队警察巡逻队遭遇汽车炸弹袭击,4名警员丧生;而就在该起事件发生半小时后,同一城市1处被绑在摩托车上的炸弹爆炸,致1人死亡。此外,伊拉克中部城市卡尔巴拉当天也发生一起针对一处警局的汽车炸弹袭击,3名警察死亡、14人受伤。在另一城市巴拉德,一辆油罐车发生爆炸,16人受伤。

18. 2012年3月恐怖犯罪炸弹袭击案件。2012年3月20日,这是美军攻打伊拉克的9周年的日子,在这一天,伊拉克境内发生多起恐怖袭击,这些发生在境内的多起爆炸袭击造成了至少43人死亡、198人受伤。这一天,首都巴格达、南部城市希拉、什叶派宗教圣城卡尔巴拉、北部石油重镇基尔库克等地发生10余起爆炸袭击。而这一系列明显经过策划的爆炸袭击大多针对警察和政府机构。

19. 2012年11月14日巴格达恐怖犯罪炸弹袭击案件。2012年11月14日,伊拉克首都巴格达和伊拉克北部地区发生一连串炸弹袭击事件,造成15人死亡、数十人受伤。14日清晨,在首都巴格达及其他3座城市,共发生了5起汽车炸弹爆炸和1起路边炸弹爆炸,其中最严重的一起爆炸发生在北部城市基尔库克,该起袭击事件造成9人死亡、39人受伤。

20. 2013年伊拉克恐怖犯罪袭击案件。2013年,伊拉克的暴力袭击事件频频发生,教派冲突加剧,"基地"组织等一些极端武装团体的活动也日益增多,安全形势很不乐观。2013年1月至9月,伊拉克境内平民死亡和受伤人数分别为近6000人和1.4万人。此外,根据联合国伊拉克援助团发表的公报,1月至11月,伊拉克共有7157名平民和952名安全部队人员在恐怖暴力袭击中丧生。

6月10日,伊拉克东部迪亚拉省一个市场发生3起汽车炸弹袭击,共造成至少13人死亡、39人受伤。当天上午早高峰时段,迪亚拉省首府巴古拜市附近贾迪达舒特镇的一个蔬菜批发市场接连遭到3起汽车炸弹袭击,造成大量人员伤亡。

10月5日,伊拉克多地发生多起暴力袭击事件,造成200多人伤亡。10月6日上午,尼尼微省首府摩苏尔以西约70公里的泰勒阿费尔镇附近一个什叶派穆斯林聚居的村庄遭遇2起汽车炸弹袭击,其中一起发生在一所小学附近,爆炸使学校部分建筑物受损严重,另一起袭击针对的是一个警察局,共造成至少11人死亡、60人受伤,其中伤亡者大部分是儿童。

12月1日,伊拉克东部迪亚拉省发生一起路边汽车炸弹袭击事件,导致在附近参加葬礼活动的民众11人死亡、45人受伤。当时一位当地逊尼派部落长老正在为其子举行葬礼,该长老之子前一天晚上死于汽车炸弹袭击,而该长老曾与美军合作打击"基地"组织。12月19日中午,在巴格达南部朵拉区的一条公路上,大批什叶派穆斯林正步行前往卡尔巴拉参加宗教纪念活动,1名身穿炸弹背心的自杀式袭击者在人群中引爆炸弹,造成了17人死亡、35人受伤。

21. 2014年ISIS恐怖犯罪暴力案件。ISIS全称"伊拉克和大叙利亚伊斯兰国",前身是2006年在伊拉克成立的"伊拉克伊斯兰国",简称ISIS,是一个自称建国的活跃在伊拉克和叙利亚的极端恐怖组织,从属于本·拉登建立的基地组织的伊拉克分部。虽然ISIS从属于基地组织,但与基地谨慎的作风完全相反的是,无论是在什么地方,ISIS制造的爆炸案经常会伤及大量平民,其中还包括逊尼派人士,并且在其掌控的地区,ISIS禁止平民吸烟、骚扰不戴面纱的妇女、实施最严厉的惩罚行为——砍头。ISIS曾于伊拉克制造多起越狱事件,且规模越来越大,并将组织越狱视为组织的首要任务。

2014年1月4日,在经过数天激烈战斗后,ISIS攻占了伊拉克的安巴尔省重镇费卢杰,同时,安巴尔省首府拉马迪也发生激战,仅1月3日一天,费卢杰和拉马迪两地的死亡人数便超过100人。这是多年来安巴尔省遭受的最严重的暴力袭击事件,也是自2003年美国入侵伊拉克以来武装分子第一次对重要城市如此公开的控制。

2014年5月,该组织在代尔祖尔草率处死了3名阿拉维派教徒。阿拉维派是什叶派的一个分支,巴沙尔·阿萨德家族就属于这个教派。此外,ISIS甚至还开枪射杀那些抗议该组织残暴行为的叙利亚平民。

2014年6月17日,该组织公布了一段拍摄时期不详的视频,画面显示极端主义分子枪杀伊拉克政府军士兵。2014年以来,该组织战斗力猛增,已连续占领了伊拉克数个重要城市,俘虏及枪杀了大批政府军士兵。

2014年7月10日,ISIS在巴格达北部安巴尔的战斗中打败伊拉克政府军第9装甲师,政府军至少损失了2辆M1A1坦克、6辆M113装甲车及其他车辆。2014年8月3日,ISIS在和伊拉克库尔德武装交战中取得胜利,占领了伊拉克最大的水坝、1处油田和3座城镇。当天,ISIS兵分三路攻打伊拉克摩苏尔市北部地区,经过激烈交火,数十名库尔德武装人员被杀,数百人逃跑,留下了大量武器弹药和车辆。8月19日,ISIS发布一段视频显示,一名操英国口音的武装人员把一名人质砍头杀害,以报复美军对其进行空袭。而美国官方则已经证实,组织公布的录像是真实的,被斩首的是美国记者福利。此外,该组织还将魔抓伸向了当地妇女和儿童,据不完全统计,约有1500人沦为组织成员的性奴隶。

ISIS 的极端恐怖活动,还包括对伊拉克雅兹迪人的"种族屠杀"这一事件。2014 年是 ISIS 得势之年,其对伊拉克雅兹迪人的行为也变本加厉。他们在伊拉克北部的辛贾尔地区大肆处决雅兹迪人,斩首、活埋、钉十字架,无所不用其极。众多的雅兹迪族妇女被奸杀,超过 300 名妇女与女童被虏。数万雅兹迪教徒被围困在辛贾尔山,至少 56 名儿童脱水而死。ISIS 的"种族灭绝"迫使大批雅兹迪人背井离乡,离开伊拉克而沦为难民。

22. 2015 年伊拉克恐怖犯罪袭击案件。在 1 月份,发生在伊拉克境内的恐怖袭击和暴力冲突共导致 1375 人死亡,其中包括 790 多名平民,有 2240 多人受伤,其中包括 1469 名平民;此外,另有 585 名伊拉克安全部队成员遇袭身亡,770 多人受伤。伊拉克首都巴格达市所在的巴格达省的平民伤亡情况依然最为严重,1 月份共有 256 人死亡、758 人受伤,其他伤亡情况较为严重的省份分别是迪亚拉省、萨拉赫丁省、尼尼微省和基尔库克省。

2 月份,伊拉克境内暴力冲突和恐怖袭击导致 703 人死亡、1300 多人受伤。3 月份伊拉克的暴力袭击事件仍然频频发生。3 月 1 日凌晨,在巴格达以北约 170 公里的图兹胡尔马图附近,一伙武装分子闯入一个检查站,开枪打死了 6 名警察;1 日上午,伊拉克东部迪亚拉省首府巴古拜接连发生 3 起路边炸弹袭击,共造成至少 3 人死亡、5 人受伤,遇难者中包括 1 名儿童;巴古拜郊区也发生了其他 2 起袭击事件,造成 3 人死亡、1 人受伤;首都巴格达东北部的萨德尔城以及近郊马哈穆迪耶镇也分别发生了 1 起汽车炸弹袭击,造成至少 3 人死亡、13 人受伤。

4 月份,伊拉克境内(除安巴尔省)发生的暴力冲突和恐怖袭击导致至少 812 人死亡、1726 人受伤。5 月,伊拉克境内(不包括安巴尔省)发生的暴力冲突和恐怖袭击已经导致至少 1031 人死亡、1684 人受伤。

三、沙特的恐怖犯罪案件

(一)"9·11"事件之前的恐怖犯罪案件

1. 1996 年阔巴尔塔楼恐怖犯罪袭击案件。1996 年,沙特真主党为了向美国示威,制造了一起恐怖袭击,造成 19 人死亡、386 人受伤。

2. 1995 年 11 月 13 日利雅得美军训练中心恐怖犯罪爆炸案件。1995 年 11 月 13 日,利雅得美军训练中心附近的一个停车场发生大爆炸,造成 5 名美国人、2 名印度人遇难,60 多人受伤。

3. 1996 年 6 月 25 日霍巴尔城东美军营房加油车爆炸案件。1996 年 6 月 25 日,一辆加油车在霍巴尔城东的美军营房外爆炸,造成 19 名美军官兵死亡、400人受伤。

4. 2000年11月17日利雅得美军医院工作人遭恐怖犯罪汽车炸弹袭击案件。2000年11月17日,利雅得美军医院工作人员、英国工程师克里斯托弗·罗德威在利雅得街头遭遇汽车炸弹袭击,克里斯托弗被炸身亡,他的妻子也在事件中受伤。

5. 2000年11月22日沙特和美国波音公司合资的某公司雇员遭恐怖犯罪汽车炸弹袭击案件。2000年11月22日,沙特和美国波音公司合资的某公司雇员,包括2名英国男子、1名英国妇女和1名爱尔兰女子在利雅得遭遇汽车炸弹袭击受伤。

6. 2001年3月15日外国人遭恐怖犯罪爆炸案件。2001年3月15日,1名英国人和1名埃及人被1枚安放在一家书店外垃圾箱内的小型炸弹炸伤。

(二)"9·11"事件之后的恐怖犯罪案件

1. 2003年5月12日恐怖犯罪汽车炸弹袭击案件。2003年5月12日午夜,沙特阿拉伯首都利雅得东区接连发生4起爆炸事件,目标是当地的美国侨民和其他一些西方人居住的楼群以及一家美沙合资公司大楼。33名死者包括8名美国人和9名恐怖分子,此外有193人在该起事件中受伤。2002年6月26日上午,利雅得连环爆炸案的主要策划者法卡阿西·贾姆迪向沙特内政部自首,贾姆迪是"基地"组织在沙特的重要负责人。

沙特阿拉伯首都利雅得东北郊,副市长阿卜杜拉·布拉德私人拥有的杰达瓦、可多瓦、哈姆拉三个高档小区内分布着440幢别墅和公寓。由于小区内的建筑长期为西方人所租用,居民也几乎是清一色的西方人——跨国公司的美英籍职员、美军工企业的高级代表、美军国防合同商、中东石油的投资商以及沙特军警机构的军事顾问,当然也有少数享受特权的沙特人。由于沙特民间反西方情绪高涨,西方人屡屡成为激进组织袭击的目标,再加上美国政府动辄指控沙特人与"基地"组织颇有干系,因此这三个小区的保安异常严密:又粗又高的铁栅栏将整个小区围得严严实实,足以防止载重卡车撞击;武装警卫全天24小时巡逻;先进的电子监控系统布满小区。

23时30分,3辆小轿车突然向小区的后门驶来,没等保安反应过来,一伙儿手持"卡拉什尼科夫"冲锋枪的人从车中跳下来,先将保安打倒在地,然后强行打开铁门,紧接着3辆小轿车不约而同地向三幢居民楼撞去。只听"轰"的一声巨响,利雅得东边的夜空被映得亮如白昼,浓烟直冲云霄,整个利雅得市的居民们都能听到惊天动地的巨响。得手的枪手们随即与闻声赶来的武装警卫展开激烈的枪战,杀出一条血路后逃之夭夭。13日凌晨,利雅得再次响起了爆炸声,遭到袭击的是美国和沙特一家合资公司的总部,不过这起爆炸事件没有造成任何人员伤亡。

2. 2003年11月8日恐怖犯罪汽车炸弹袭击案件。2003年11月8日晚,制造利雅得连环汽车爆炸案的"基地"组织成员事先经过伪装打扮成沙特安全部队成员的样子,驾驶一辆装满炸药的汽车闯入利雅得一处住宅区,随后引爆了车上的炸药,造成20—30人丧生,另有100多人受伤。爆炸发生数小时后,住宅区仍有浓浓黑烟冲天而起。

3. 2004年4月恐怖犯罪汽车炸弹袭击案件。2004年4月21日,2枚汽车炸弹袭击了沙特安全部队的总部,最终造成4人死亡、148人受伤。"哈拉迈因旅"宣称对该事件负责,这次大爆炸导致沙特阿拉伯国内安全局行政管理大楼被严重损毁。

制造袭击事件的组织——"哈拉迈因旅",是一个与阿富汗"基地"组织具有密切联系的激进组织。爆炸当时,2辆汽车冲过安全线,直接冲向国家安全总局的一幢办公大楼,并在距离大楼不远处爆炸。爆炸致使附近一片狼藉,变电站也因此燃起大火。

4. 2004年12月6日美国驻吉达领事馆恐怖犯罪袭击案件。2004年12月6日,美国驻沙特阿拉伯吉达市的领事馆遭"基地"组织的武装分子袭击,造成领事馆建筑物着火,数名武装分子闯入领事馆,杀死了4名沙特警卫,并将18个领事馆工作人员劫持为人质。案发后,沙特安全部队前往营救,并与恐怖分子发生交火,最终3名"基地"成员被击毙,2名受伤被俘,人质得以解救。

5. 2015年沙特ISIS恐怖犯罪袭击案件。为了在中东地区挑起教派冲突,2015年5月22日,极端组织"伊斯兰国"(ISIS)在沙特阿拉伯东部一座什叶派清真寺制造了一起自杀式炸弹袭击,至少21人丧生。5月22日中午,沙特阿拉波东部的卡提夫省的一座什叶派清真寺正在进行集体礼拜,这时1名自杀式袭击者冲进人群并引爆炸弹,顷刻间清真寺内血流成河,地板上遍布玻璃碎片和残肢。事件发生后,一个ISIS在沙特的新分支机构在推特上声称对此次袭击负责。长期监测ISIS的美国情报集团SITE称,这是ISIS第一次声称对在沙特境内发生的恐怖袭击事件负责,ISIS还披露自杀式袭击者的姓名为阿布·阿马尔·纳吉迪。

四、印度的恐怖犯罪案件

（一）"9·11"事件之前的恐怖犯罪案件

1993年3月12日孟买恐怖犯罪爆炸案件。1993年3月12日，印度孟买的13个地区相继发生炸弹爆炸，共造成253人死亡、713人受伤。这是孟买首次遭到RDX炸药袭击，是由印度黑帮分子达沃德·易卜拉罕一手策划的，爆炸的直接原因是巴布里清真寺的拆除行动以及孟买城内的骚乱。爆炸事件发生后，印度教穆斯林策划了暴动，又造成300人死亡。

（二）"9·11"事件之后的恐怖犯罪案件

1. 2002年12月2日哈特考帕火车站恐怖犯罪袭击案件。2002年12月2日，在印度孟买的哈特考帕火车站外，一辆公共汽车发生强烈爆炸，造成2人死亡、31人受伤。事发当时，炸弹在公共汽车的尾部被引爆，该起恐怖袭击系印度伊斯兰学生运动（SIMI）组织制造，警方随后逮捕了涉嫌制造爆炸事件的恐怖分子。

2. 2003年印度恐怖犯罪袭击案件。2003年1月27日傍晚，印度的维拉-帕拉火车站遭到炸弹袭击，一枚放置在自行车上的炸弹在维拉-帕拉火车站外发生爆炸，爆炸弹出的钢钉造成至少30人死亡。这起恐怖袭击发生在傍晚时分，附近还有一家商店，在发生爆炸时所幸这家商店因节假日关门歇业，所以伤亡人数大大减少。

3月13日，印度孟买的穆兰德火车站在高峰时段发生炸弹爆炸，由于炸弹的威力巨大，造成11人死亡、65人受伤。此前遭到政府取缔的印度伊斯兰学生运动组织宣称对爆炸事件负责。由于印度政府取缔并逮捕了该组织的20余名成员，所以该组织决定以向国家发动战争的方式来进行抗争与报复。6月29日，印度孟买的一辆正在运营的公共汽车发生炸弹爆炸事件，造成3人死亡。

3. 2005年首都新德里恐怖犯罪爆炸案件。2005年10月29日，就在印度最大的传统节日"排灯节"即将来临之际，印度首都新德里的3个繁华市场于傍晚接连遭到炸弹袭击，共造成至少40人丧生、50人受伤。第一次爆炸于当地时间下午5点40分发生在新德里市中心火车站附近的一个市场。此后不久，新德里南部繁华的萨尔基尼商业区发生爆炸，第三起爆炸发生在南德里的另一个商业区。仅在萨尔基尼商业区，就有约30人死亡。爆炸发生后，医院里的太平间里已经没有存放尸体的地方，很多遇难者尸体只能停放在外面的走廊里。

在后续警方的调查中，被逮捕的新德里连环爆炸案主要嫌疑人塔里克·

艾哈迈德·达尔认罪,并招出了4名同谋。达尔本人供认了自己是印控克什米尔分裂组织"虔诚军"成员。当年8月,他接到了组织命令,并策划这起连环爆炸案。达尔于10月4日到6日在新德里会见其他同谋,最后敲定整个计划。但爆炸发生当天他不在新德里,具体实施工作由其他4人负责,其中3人为巴基斯坦人,另外1人为印控克什米尔人。

4. 2006年7月11日孟买恐怖犯罪连环爆炸案。2006年7月11日傍晚6点25分左右,印度重要城市孟买遭遇恐怖袭击,连续发生了7起火车车厢爆炸事件。当时,一列正在孟买城郊行驶的短途列车发生猛烈爆炸,在随后1小时的时间里,孟买的卡尔城区、蒙通加火车站等地接连发生行驶火车爆炸事件。强烈的爆炸使得列车车厢被炸成了碎片,很多乘客为了逃生被迫跳出车厢在轨道上爬行离开。这起恐怖袭击共造成了200人死亡,并有多达600人受伤。整个袭击是由基地位于巴基斯坦境内的"虔诚军"及其在印度的组织实施的。

5. 2007年8月25日海得拉巴恐怖犯罪袭击案件。2007年8月25日夜,印度南部特伦甘地邦首府海得拉巴发生4起恐怖爆炸袭击,造成42人死亡,50多人受伤。晚上8点,海得拉巴一处公园发生爆炸,造成至少10人死亡;15分钟后,当地一处商业中心也发生爆炸,造成至少24人死亡。发生爆炸的公园当时正在举行烛光晚会,而公园离海得拉巴政府秘书处所在地距离很近。无独有偶,2007年5月,海得拉巴麦加清真寺外发生爆炸并引发冲突,造成14人死亡。

两起爆炸发生后,海得拉巴市进入了高度警戒状态。当地警方随后在市中心的过街天桥和电影院等处发现定时炸弹,数量有16枚之多,如果这些炸弹都被引爆,整个海得拉巴市将会被炸瘫痪,伤亡人数难以估计。藏匿在孟加拉国的"伊斯兰圣战运动"涉嫌制造了爆炸事件,因为"伊斯兰圣战运动"还是当年5月海得拉巴麦加清真寺爆炸案的幕后黑手,而这次的作案手法与上次高度吻合。

6. 2008年9月13日新德里恐怖犯罪连环爆炸案件。2008年9月13日傍晚,印度首都新德里先后发生7起爆炸事件,共造成25人死亡、百余人受伤,一个自称为"印度圣战者"的组织已宣布对此次爆炸负责。

第一次爆炸发生于13日下午6点15分,爆炸的瞬间,卡罗尔巴喀市场数十人死伤。随后35分钟内,市中心多处地点相继发生爆炸,其中3起发生在位于新德里市中心的康诺特普莱斯市场——新德里最繁华的商业区和中心商务区,引发这3起爆炸的爆炸物被藏匿在垃圾箱中。另一方面,在新德里市中心,警察还发现了数枚没有引爆的炸弹,由于爆炸发生时正值周末,又是印度教徒庆祝象头神节和穆斯林教徒的斋月期间，因此在遭到袭击的商业区聚集了很多市民。

7. 2008年11月孟买恐怖犯罪袭击案件。2008年11月26日晚间到27日凌晨，孟买至少有8处地点遭遇恐怖袭击，造成195人死亡、295人受伤，袭击者先后攻击孟买南部市中心繁华区的豪华饭店、医院、火车站、知名餐厅和警察总部等场所，还在两处豪华酒店内绑架人质与警方对峙。

2008年11月26日21时15分，孟买市中心的市民开始听到枪声，利奥波德餐厅随后被疏散，此后，袭击在孟买南部多处地点发生。23时47分，2名袭击者藏身于奥贝罗伊饭店，另有2名袭击者在GT医院发动袭击。27日凌晨0时20分，袭击者向泰姬玛哈饭店投掷手榴弹，手榴弹在奥贝罗伊饭店外发生爆炸。0时30分，军队开始部署在孟买各处，200名特种队员乘飞机全速赶往孟买，警方准备向泰姬玛哈饭店和奥贝罗伊饭店内的袭击者发动进攻。0时37分，2名袭击者从卡玛医院开着一辆警车逃脱。0时41分，马哈拉施特拉邦议会大楼外再度响起枪声。0时48分，泰姬玛哈饭店一个圆顶内发生爆炸，冒出滚滚浓烟，稍后可见火苗蹿出，150名在饭店内开会的一家公司职员被困。0时57分，袭击者占据泰姬玛哈饭店360号房间和361号房间。1时5分，泰姬玛哈饭店和奥贝罗伊饭店分别发生爆炸。1时15分，拉马达饭店发生交火，至少4名警察不幸身亡。1时35分，号称孟买警方遭遇战专家的维贾伊·萨拉什卡在交火中丧生，孟买警方反恐部门负责人赫曼特·卡卡尔也因枪伤身亡，警方高级官员阿肖克·坎普特也死于枪战。1时55分，泰姬玛哈饭店内发生枪战。2时13分，一个名为"德干圣战者"的组织宣布对袭击负责，而这一组织此前几乎无人听说。2时30分，孟买北部郊区波里瓦利居民报告听到枪声，奥贝罗伊饭店内发生第二次爆炸。3时，军方人员进入奥贝罗伊饭店，特种部队进入泰姬玛哈饭店。5时59分，9名袭击者被捕。泰姬玛哈饭店和奥贝罗伊饭店发生劫持人质事件，至少上百人被困泰姬玛哈饭店，饭店顶层着火，几乎被烧得干干净净，双方仍在泰姬玛哈饭店交火。

最终，孟买恐怖袭击中的死亡人数高达195人，另有295人受伤。尽管有组织宣称负责，但印度方面坚持认为此次袭击案与基于巴基斯坦的"虔诚军"组织有直接联系。

8. 2010年印度恐怖犯罪袭击案件。2010年2月1日，印度西部城市普纳的一家饭馆遭到炸弹袭击，造成至少8人死亡，警方认为是"虔诚军"和"印度圣战者"组织所为。4月17日，"印度圣战者"组织在南部城市班加罗尔的一座板球场外实施爆炸,造成1人死亡、15人受伤。9月19日,在英联邦运动会召开前夕,首都新德里的贾玛清真寺外,1个乘坐摩托车的枪手向人群疯狂开枪,造成2名中国台湾游客受伤。11月7日,位于北部的印度教圣城瓦拉纳西恒河边的一座寺庙外发生爆炸,1名两岁女童被炸死、多人受伤。

9. 2011年7月13日印度恐怖犯罪炸弹袭击案件。2011年7月13日,对印度人来说,就像"9·11"于美国人一样,触动心灵。2011年7月13日晚7时左右,印度孟买三大商业区相继遭到炸弹袭击,造成20多人死亡、130多人受伤,这是2008年这座城市遭遇炸弹袭击后所遭受的又一次重大恐怖袭击。

恐怖分子把袭击时间选在人们下班的高峰时间段。第一起爆炸发生在7月13日下午6时45分左右,地点是印度金融中心孟买南部人流拥挤的扎维里市场;1分钟后,第二起爆炸发生于旁边的歌剧院附近;11分钟后,孟买中部火车站附近达达尔地区的一个公交站发生了第三起爆炸。扎维里大市场被引爆的炸弹藏在一把打开的雨伞下,歌剧院商业区的炸弹则被安装在下水道内,另外一枚被安放在路边电线杆上的电表下方。这些爆炸威力十分惊人,掀翻了路过的小轿车。3次爆炸过后,现场满目疮痍、一片狼藉,尤其在歌剧院附近的商业区,因为聚集了不少钻石和珠宝商铺,突如其来的爆炸使不少细小的碎钻四处飞散,带来了更大的杀伤力。仅对于附近商铺而言,爆炸便造成了高达2.5亿卢比(约合3600万元人民币)的损失。

这3起恐怖袭击与"印度圣战者"有着密切关系,孟买绝对不是一座安全城市。1993年以来,仅该地区遭受的恐怖袭击便已有10次之多。孟买屡遭袭击,有其自身的因素,作为印度的经济中心,这里人口超过1400万,在这样的地方发动恐怖袭击,显然能起到事半功倍的效果。

10. 2011年9月7日新德里高等法院遭恐怖犯罪炸弹袭击案件。2011年9月7日10时15分,一起炸弹袭击发生在印度首都新德里高等法院门口。当时,大约200人身处高等法院5号出入口外,等待进入法院办事,人群中也有不少律师。炸弹藏在一个手提箱内,放置在法院出入口安检处附近。新德里高等法院位于新德里的市中心,距离印度国会大楼和总理办公地并不远。而周三是法院的公众接待日,院内外人员较多,爆炸造成至少11人丧生、62人受伤。这是高等法院今年第二次遇袭,早在2011年5月25日,法院外停车场就遭遇了汽车炸弹袭击,引发民众恐慌,所幸当时没有人员伤亡。事后,巴基斯坦恐怖组织"伊斯兰圣战运动"组织声称对这起爆炸事件负责。

五、巴基斯坦的恐怖犯罪案件

（一）"9·11"事件之前的恐怖犯罪案件

1995年11月19日埃及驻巴基斯坦大使馆恐怖犯罪袭击案件。1995年11月19日上午10点40分左右，埃及驻巴基斯坦使馆发生爆炸，当场炸死17人、炸伤49人，死者中包括5名埃及人、1名阿富汗人，其余是巴基斯坦人，另外还有两具尸体因尸身不全无法辨认。一个名为"伊斯兰圣战"的组织是这次袭击的肇事者。

爆炸发生时，巨大的爆炸声传到了几十公里以外，距出事地点1公里以外的巴基斯坦国民议会大厦的玻璃也被爆炸产生的强烈冲击波震碎。事件发生后，埃及使馆一片狼藉，使馆大门口靠近里侧的地方被炸弹炸了一个直径约5米的大坑，一些炸碎的汽车残骸仍留在里面。距离这个大坑约20米左右的地方是使馆的停车场，停放在里面的6辆汽车被完全炸毁。埃及使馆周围的一些建筑物也都不同程度地遭到了毁坏。

爆炸袭击发生前，一辆汽车曾驶入埃及使馆。随后不久，便听到了一声惊天动地的爆炸声，而就在第一次爆炸的余波还未消失的时候，第二次爆炸声再度响起。第一颗炸弹在使馆的大门口爆炸，这很可能是一颗汽车炸弹；第二颗炸弹是在使馆办公大楼的一楼大厅爆炸的，当时在使馆里面大约有17个人。埃及大使的住所也在埃及使馆院内，距被炸的办公大楼仅仅10米之遥，所幸埃及大使诺曼·贾拉尔博士当时正在办公大楼里办公，而他的办公室在大楼的后侧，因此侥幸躲过了这致命的一击。

（二）"9·11"事件之后的恐怖犯罪案件

1. 2002年巴基斯坦恐怖犯罪袭击案件。2002年3月17日，一名塔利班袭击者在首都伊斯兰堡向使馆区的一所教堂投掷手榴弹，炸死5人，其中包括一名美国外交官的妻子和女儿。2002年5月8日，巴基斯坦南部城市卡拉奇希尔顿酒店外发生一起自杀性汽车炸弹袭击，14人死亡，其中包括11名法国工程师。2002年6月14日，美国驻卡拉奇领事馆外发生汽车炸弹爆炸，12名巴基斯坦人在炸弹袭击中丧生。

2. 2003年清真寺恐怖犯罪自杀袭击案件。2003年7月4日，巴基斯坦西南部城市奎达的一座清真寺发生一起自杀袭击事件，造成至少31名正在做礼拜的什叶派穆斯林死亡、50人受伤，另有60多人受伤，其中部分人伤势严重。

事发当天，数名塔利班及"基地"组织的恐怖分子袭击了奎达的这所属于什叶派穆斯林的清真寺。他们闯入寺内，向正在做礼拜的什叶派穆斯林疯狂射击,其中一名恐怖分子甚至引爆了身上绑着的手榴弹,共有3名袭击者在事件中丧生。这是奎达市在这一个月内发生的第二起针对什叶派穆斯林的严重袭击事件。6月上旬,一辆什叶派穆斯林警校学员乘坐的汽车遭枪手袭击,车上11名学员丧生,另有9人受伤。

3. 2003年12月25日穆沙拉夫遭恐怖犯罪袭击案件。2003年12月25日,巴基斯坦总统穆沙拉夫车队遭到自杀性爆炸袭击,所幸穆沙拉夫本人安然无恙。此前在12月14日,他已经逃过一次类似袭击。该起袭击发生在巴基斯坦的一个叫作拉瓦尔品第的城市。12月25日下午1时45分,一辆载有强力炸弹的货运卡车在拉瓦尔品第的一个警察局外爆炸。当时2名自杀袭击者分别驾驶两辆汽车撞向总统车队,造成车队中的3辆车被损坏,其中穆沙拉夫乘坐的奔驰装甲轿车的挡风玻璃也被震碎,2家加油站被炸毁,附近一些建筑物不同程度受损。爆炸是由事先放置的汽车炸弹引起的,爆炸地点靠近一个警察局,附近有一些重要的军事设施,穆沙拉夫的车队在爆炸前几分钟刚刚通过事发地点,而此次爆炸地点距离14日发生的针对穆沙拉夫总统的爆炸处仅仅数百米之远。这起谋杀与"基地"组织密切相关。事后,警方抓到犯罪分子并确定了身份,但拒绝公开信息。

4. 2004年10月9日巴基斯坦中国人质遭恐怖犯罪绑架案件。2004年10月9日,2名中国工程师在巴基斯坦西北部的一个建筑工地遭遇恐怖分子绑架,10月14日,其中1人不幸遇难。10月9日,中水电第13局的几位工程师如往常一样在当地警察的保护下前往施工地点,在进入工地转角时,忽然窜出的5名武装分子劫持了该车。在巴基斯坦安全部队的追踪下,绑架者被团团围在一个偏僻的房子中,此时绑架者声称人质身上已绑上炸弹,一旦安全部队发起攻击就同归于尽。随后,该地区的一个国际议员出面与绑架者谈判。22时,谈判取得一定进展,双方同意脱离接触,人质交由当地部落酋长看护,安全部队后撤。10日11时左右,双方代表开始了新一轮谈判,而就在双方谈判之际,塔利班成员阿布杜拉·马赫苏德发表声明,称绑架者是其手下,他要求政府释放关押的"基地"嫌犯。14日,由于双方难以达成一致,且阿布杜拉本人宣布不惜与部落为敌,致使整个谈判随即崩溃。12时,安全部队开始发动进攻,人质一人获救,但另一人不幸身亡。

5. 2007年12月27日贝娜齐尔·布托遭恐怖犯罪暗杀案件。2012年12月27日,在巴基斯坦的军事重镇拉瓦尔品第的一场集会上,巴基斯坦前总理贝娜齐尔·布托遭遇恐怖袭击,最终不治身亡。27日下午,巴基斯坦人民党在拉瓦尔品第市利亚卡特·巴格公园举行集会,人民党主席贝娜齐尔·布托到场发表讲话。演讲开始前,布托特意检查自己的妆容,并拿出随身携带的口红涂了起来。她没有想到,这竟是自己最后一次化妆。一切准备就绪,布托向上千人发表演讲,"我冒生命危险来到这里,因为我感到这个国家处于危险中","我呼吁你们投票支持我们,以挽救国家。在人民党执政后,没有人敢分裂国家或者从事恐怖和极端主义行为"。片刻后,演讲结束,这位巴基斯坦政坛的"铁蝴蝶"走下台阶,钻进一辆越野车。进入车后,布托本人将头伸出防弹汽车的天窗向支持者挥手致意,然而就在此时,一声枪响,这位夫人缓缓倒下。

当时2名枪手手持AK-47冲锋枪分别从不同方向突然接近贝娜齐尔·布托乘坐的汽车并向她开枪,随后这2名恐怖分子引爆了身上的炸弹,使周围的保安人员短时间内无法靠近贝娜齐尔·布托乘坐的汽车。据一名参加抢救布托的医生告诉媒体,一颗子弹损伤了贝娜齐尔·布托的脊髓,射进她的脑袋,这是她的死亡主因;另外,还有一颗子弹从她的后肩射入,从前胸射出。案发后,"基地"组织承认对这起暗杀事件负责。

6. 2008年9月20日万豪酒店遭恐怖犯罪袭击案件。2008年9月20日晚,巴基斯坦伊斯兰堡的万豪酒店遭遇恐怖袭击。当时,一辆装载着炸弹的卡车冲向酒店,并在酒店附近引爆,现场瞬间被浓浓的烟雾所包围,附近停车场的车辆也被波及,车窗玻璃皆被震碎,造成至少53人遇难、271人受伤。袭击发生后,一个名为"伊斯兰敢死队"的组织声称对事件负责,目的是为了迫使巴基斯坦政府与美国合作。

7. 2010年5月28日拉合尔恐怖犯罪袭击案件。2010年5月28日下午,巴基斯坦东部城市拉合尔发生了两起恐怖袭击事件,68人在这两起恐怖袭击中身亡,另有70多人受伤。28日下午1时45分左右,两伙全副武装并身穿炸弹背心的武装分子在同一时间分别对拉合尔市的两处祈祷地发动恐怖袭击,两处祈祷地分别位于拉合尔富人区的莫德尔镇和老城区的沙胡堡区,由于当时在两处祈祷的民众都在500人以上,因此成了一个屠杀的绝佳地点。

当时武装分子打死保安人员冲进两处祈祷地后对正在祈祷的人群开枪,向人群投掷手榴弹,并扣押了人质。恐怖袭击事件发生后,巴基斯坦警方迅速赶往现场同武装分子展开了激烈的枪战,经过近2小时的激战,警察首先攻下了莫德尔镇的祈祷地。2名武装分子受伤被擒,2名武装分子在用尽武器弹药后引爆炸弹背心当场死亡,另有2名武装分子乘摩托车逃离现场。随后,警察冲进祈祷地点解救了大批被扣人质。事发不久,巴基斯坦塔利班旁遮普省分部和"基地"组织旁遮普省分部分别宣称对武装恐怖袭击负责。

8. 2011年8月巴基斯坦恐怖犯罪袭击案件。2011年8月19日,巴基斯坦一座靠近阿富汗的清真寺遭遇恐怖袭击,值得注意的是自杀式袭击者居然是一个年仅15岁的少年。事发地点位于巴基斯坦开伯尔部落地区贾姆鲁德镇。事发前的14时左右,大约有500人聚集在这间伊斯兰教逊尼派清真寺内祷告,突然1个少年自杀式袭击者冲进清真寺内引爆了炸药,爆炸导致清真寺建筑完全倒塌,很多人被掩埋在废墟下。这是巴基斯坦本月初进入斋月以来发生的最为严重的恐怖袭击事件,造成至少53人死亡、127人受伤。

开伯尔地区一直是伊斯兰教极端恐怖分子的活动据点,也是驻阿富汗美军和北约盟军非武器性供给物资运输重要通道的一部分,针对驻阿美军的袭击在这一地域多次发生。

9. 2013年6月23日中国游客遭恐怖犯罪袭击案件。2013年6月23日,巴基斯坦西北部的吉尔吉特地区发生了一起枪击事件,9名外国游客在袭击中不幸遇难,这些外国游客包括2名中国人、5名乌克兰人和1名俄罗斯人。23日零点30分左右,一伙武装分子袭击了该国西北部吉尔吉特地区巴尔蒂斯坦省的一家旅店,开枪打死在酒店下榻的9名外国游客,1名当地导游也在袭击中遇难。事发后,逊尼派武装组织"真主旅"和巴基斯坦塔利班均宣称对此次事件负责。

10. 2014年6月8日巴基斯坦真纳国际机场恐怖犯罪袭击案。2014年6月8日深夜,卡拉奇真纳国际机场遭到塔利班武装人员袭击,造成包括袭击者在内的23人死亡。8日夜23时20分左右,塔利班10名武装分子强行闯入位于卡拉奇的真纳国际机场,放火焚烧了2架飞机,并向机场当时停落的另外4架飞机开火。随后,巴基斯坦军警赶赴现场,并与恐怖分子展开交火,8名武装分子被击毙,2名武装分子引爆了身上的炸药。死亡人员包括7名机场安全部队人员、1名警察、1名民航局雇员和1名巴基斯坦航空公司的机长,另有至少18名安全人员受伤。

11. 2014年12月16日巴基斯坦学校遭恐怖犯罪袭击案件。2014年12月16日上午10时30分左右,巴基斯坦西北部城市白沙瓦的一所军人子弟学校遭到巴基斯坦塔利班武装分子的袭击。当时,至少有6名装扮成军人的塔利班武装人员闯入白沙瓦陆军公立学校,一个教室接着一个教室的搜寻,向学生射击,并与安保人员发生了激烈交火。1名学校女老师被武装分子活活烧死,这名遇害者是巴基斯坦军方一名士兵的妻子,而其学生则被强迫观看这一过程。这起恐怖犯罪袭击案件造成至少141人死亡,其中包括132名学生和9名教职工,另有120余人受伤。

12. 2015年1月30日巴基斯坦清真寺恐怖犯罪袭击案件。2015年1月30日下午1时40分左右,在巴基斯坦南部的信德省希卡布尔地区,一座什叶派清真寺遭自杀式炸弹袭击。当时1名伪装成乞丐模样的男孩将一个装有炸药的袋子放在一处什叶派清真寺内的楼梯附近,这些炸药至少有5公斤重,由遥控装置引爆,爆炸造成清真寺房顶坍塌,多人被埋。由于事发时约有600人在清真寺做祷告,至少造成了54人死亡,另有50多人受伤。一个名为"真主旅"的逊尼派激进组织宣称制造了此次袭击,该组织曾于去年宣布支持极端组织ISIS。"真主旅"主要在伊朗、巴基斯坦、阿富汗交界地带活动,近年来已经实施了多起爆炸和绑架事件。

六、以色列的恐怖犯罪案件

（一）"9·11"事件之前的恐怖犯罪案件

1. 以色列早期的恐怖犯罪袭击案件。在以色列,早期出名的恐怖组织有"伊尔贡"和"斯特恩帮",其手段及其制造的一系列恐怖袭击令人瞠目结舌。它们的行动指南是把英国视为主要敌人,积极进行反英活动,积极倡导采取恐怖手段主动出击,反对"哈加纳"的消极防御策略。它们组织和实施了多起恐怖袭击,其中有些破坏性较大。1942年,"斯特恩帮"在特拉维夫制造了系列反抗英国委任统治的谋杀和恐怖袭击。1944年11月6日,英国中东事务大臣莫因勋爵被2名"斯特恩帮"成员暗杀。1945年12月27日,"伊尔贡"和"斯特恩帮"联合袭击了调查局大楼和机械厂,造成10名英国人死亡、12人受伤。1946年7月22日,"伊尔贡"成员摧毁了大卫王饭店,造成包括英军司令官和高级军官在内的共91人死亡、45人受伤,其中大多是平民。1947年年底,在耶路撒冷老城区,"伊尔贡"恐怖分子在等候公共汽车的人群中引爆了一个裹着炸药的油桶,炸死了17名阿拉伯人,数十人受伤。1948年4月9日,"伊尔贡"和"斯特恩帮"制造了骇人听闻的"代尔亚辛村"惨案,全村300名①阿拉伯人不幸遇难。

2. 以色列正规军制造的恐怖袭击案件。出于某种目的,在以色列,官方的正规军部队也曾实施过恐怖袭击。1953年,沙龙受命组建了"101"特种部队,该组织的主要任务就是通过制造恐怖气氛对付巴以边境的阿拉伯人,从而达到驱逐非犹太人的目的。1953年10月14日晚至15日晨,"101"特种部队近300名士兵携带爆破筒、迫击炮袭击手无寸铁的基卜亚村平民,杀死53

---

① 季国兴,陈和丰.第二次世界大战后中东战争史[M].北京:中国社会科学出版社,1986:59.

人,被害者中四分之三是妇女和儿童,这次行动还造成 30 多所房屋被损毁。组织领导人沙龙后来在其自传中也亲口承认了其领导的"101"特种部队所执行的这次惨绝人寰的屠杀行动。

1982 年以色列入侵黎巴嫩期间,在以色列的纵容下,黎巴嫩境内于当年 9 月 16 日到 18 日发生了一起惨无人道的针对阿拉伯平民的屠杀事件。当时同以色列结盟的黎巴嫩"长枪党"民兵奉沙龙的命令,在贝鲁特西郊的萨布拉和夏蒂拉两大巴勒斯坦难民营展开屠杀活动。据以色列情报部门统计,大约有 1000 名平民在这起屠杀事件中丧生,巴勒斯坦方面估计有 2000 人惨遭杀戮。

3. 1972 年 5 月 30 日特拉维夫机场赤军的恐怖犯罪袭击案件。1972 年 5 月 30 日,日本赤军组织在以色列特拉维夫机场制造了一起惨绝人寰的屠杀,声称是为了"崇高的巴勒斯坦人民解放斗争"。1972 年 4 月,奥平刚士主动向"人阵"总书记哈巴什请缨,为两年前丧生的"烈士"阿圭略报仇。阿圭略曾在 1970 年 9 月 6 日试图劫持从比利时起飞的一架以色列航空公司班机时被击杀。考虑到让黄种人卷入阿以冲突发动恐怖袭击会收到突袭之效,哈巴什表示愿意大力协助。经过十几天的筹划,"人阵"组织中负责海外行动的瓦迪·哈达德制定了代号为"迪尔·亚辛"的自杀式袭击行动计划,参与者是奥平刚士和另两名赤军成员安田安之、冈本公三。

在哈达德的安排下,3 人化装成游客,搭乘从罗马起飞的法航 132 航班前往特拉维夫。5 月 30 日,飞机抵达卢德机场(现更名为本-古里安机场)。由于这一机场曾多次遭受过袭击,以色列在此设置的安检力量相当强大,但他们忽视了这 3 名长着亚洲面孔、穿着保守、拿着细长小提琴盒的旅客。22 时 30 分,当从航班上下来的乘客进入海关检查通道时,3 名"日本游客"突然打开小提琴盒,组装好锯掉枪托的捷克造 Vz58 突击步枪,向在场的旅客和机场工作人员扫射,整个机场顿时陷入混乱之中。

扫射持续了 2 分钟,当以色列警察冲进大厅时,3 人的子弹已经所剩无几。奥平刚士在子弹打光后,用手榴弹将自己炸死,安田安之则手拿手榴弹,迎向以色列警察,结果在乱枪中被引爆。最后只剩下冈本公三,当他企图拉响手榴弹自爆时,被从斜向冲来的以色列航空公司的工作人员制服。在被按倒的一刹那,冈本公三高喊:"我们是日本赤军!"这次袭击共造成 26 人死亡,80 多人受伤,死难者中包括 16 名来自波多黎各的基督教朝圣者。

4. 1995 年 11 月 4 日拉宾遭恐怖犯罪暗杀案件。1995 年 11 月 4 日,时值犹太教的安息日,也是以色列的法定假日。平时,以色列国内的大部分交通工具都会停驶,许多娱乐场所和大小商店亦会关门歇业。夜幕降临后的特拉维夫却灯火通明,热闹异常,约 10 万市民沐浴着习习海风,从四面八方涌到市中心的"国王广场",在那里举行支持和平进程的盛大集会。此次集会是由"支持和谈结束以阿争端总委员会"组织的,这是 10 多年来特拉维夫规模最大的一次公众集会,集会的主题是:要和平,不要暴力。

拉宾总理、佩雷斯外长和许多以色列政要应邀出席了集会,一些知名演员还主动登台助兴,手持麦克风在拉宾和佩雷斯中间高唱和平颂歌。集会正式开始后,拉宾慷慨激昂地发表了决心继续中东和平进程的演讲,他说"只有和平才能解决以色列面临的各种问题。现在比以往任何时候都更有实现和平的机会,如此盛大的集会表明,以色列人民希望和平"。当地时间晚上 7 时 50 分,拉宾演讲完毕,在众人的簇拥下健步走下主席台,准备乘车离开广场。拉宾一边走,还一边同两旁的人握手。当他走近轿车正要抬腿迈入车里时,人群中突然窜出一个犹太青年,掏出手枪几乎贴着拉宾的身体从背后向他连开数枪。枪声响过,年过七旬的拉宾愕然失色,随即身体向前扑倒在地上,殷红的鲜血染透了他的衣服。两名保镖赶忙扶起拉宾,救护车火速将昏迷不醒的拉宾送往附近的伊奇洛夫医院进行抢救。拉宾在被紧急送往医院途中,司机还听到他喃喃地说:"这不可怕,这不可怕。"然后他才垂下了头。在医院急诊室,大夫们尽一切努力挽救拉宾的生命,但他终因伤势过重,在被送入医院后仅过了 19 分钟就离开了这个世界。经医生检查,拉宾身中 3 弹,其中一颗子弹打在腹部,另一颗致命的子弹正中他的胸腔。拉宾是以色列建国后被谋害的首位政治领袖。

这名蓄着黑色短发的凶手被当场抓获,经查明,凶犯名叫伊贾尔·阿米尔,27 岁,曾参与在约旦河西岸"违法扩建定居点"的运动,是一所大学的法律系学生。随后,有人向以色列电台打去匿名电话,声称一个名叫"犹太复仇组织"的团体对这一事件负责,并诅咒拉宾同巴勒斯坦人和解"背叛了犹太圣经,出卖了以色列人民"。

5. 1996 年以色列恐怖犯罪连环爆炸案件。1996 年,从 2 月 25 日到 3 月 4 日 8 天之内,以色列连续发生了 4 起重大爆炸事件,共有 55 人死亡,200 多人受伤。事后,反对巴以和平的巴勒斯坦抵抗组织"哈马斯"声明对上述 4 起爆炸事件负责,并称是为了纪念"哈马斯"炸弹专家阿亚什遇害和"希伯伦惨案"两周年。

2 月 25 日和 3 月 3 日的爆炸案都发生在耶路撒冷市中心的同一路公共汽车上,共造成了 41 人死亡、80 多人受伤,爆炸现场一片狼藉,惨不忍睹。而在 25 日当天,阿什克伦还发生了爆炸事件,造成 2 人死亡。3 月 4 日下午,第 4 起爆炸案发生在特拉维夫市中心的商场内,造成至少 12 人死亡、100 多人受伤。

6. 1997 年恐怖犯罪爆炸袭击案件。1997 年 3 月 31 日,在特拉维夫一家咖啡店发生一起自杀式爆炸袭击事件,袭击者将自己身上的炸弹引爆,杀死了 3 名妇女。7 月 30 日,2 名激进分子在耶路撒冷市中心一市场将自己引爆,造成 16 名购物者死亡。9 月 4 日,西耶路撒冷发生一起爆炸袭击,造成 8 人死亡,其中包括 3 名引爆炸弹的人,170 多人受伤。

7. 2000 年以色列恐怖犯罪袭击案件。2000 年 11 月 2 日,耶路撒冷市中心繁华地带的一家市场内发生了汽车炸弹爆炸事件,造成了至少 2 名以色列人死亡,这里是暴力事件经常袭击的目标,事后伊斯兰圣战组织声称对此事负责。11 月 22 日,以色列北部城镇哈代拉一汽车炸弹爆炸,爆炸发生在傍晚下班的高峰时间,事件造成 2 名以色列人死亡、55 人受伤。12 月 28 日,特拉维夫附近的一辆公共汽车上发生一起爆炸事件,事件造成了 13 名以色列人受伤。

(二)"9·11"事件之后的恐怖犯罪案件

1. 2001 年 10 月泽维遭恐怖犯罪暗杀案件。2001 年 10 月,作为对以色列清除"解放巴勒斯坦人民阵线"总书记穆斯塔法的回击,巴勒斯坦方面派人刺杀了以色列旅游部长泽维。随着以色列建国,国内恐怖组织或被清除,或被取缔编入正规军阵容,犹太恐怖组织基本在其境内消失。然而随着巴以冲突的愈演愈烈,因两国之间的纠纷而产生的恐怖袭击逐渐成为该地区恐怖活动的重头戏。

2. 2002 年 4 月 12 日以色列耶路撒冷遭恐怖犯罪爆炸案件。2002 年 4 月 12 日下午 4 时许,耶路撒冷市中心的一公交车站发生一起自杀性爆炸事件,当场死亡 6 人,伤 70 余人,有 2 名中国工人丧生、2 名中国工人受伤,2 位中国死者分别为 32 岁的蔡献阳和 34 岁的林春美。事后,黎巴嫩真主党游击队的电视台接到匿名电话,此人声称"阿克萨烈士旅"对耶路撒冷爆炸案负责,"阿克萨烈士旅"是阿拉法特领导的巴勒斯坦主流派法塔赫运动下属的军事组织。

3. 2002 年 7 月希伯来大学遭恐怖犯罪袭击案件。2002 年 7 月,以色列清除了哈马斯重要军事领导人谢哈德,这一行为激怒了巴勒斯坦的基金组织,诱发了 7 月底位于东耶路撒冷的希伯来大学文学院校园内发生的巴勒斯坦敢死队员施行的自杀式爆炸袭击,至少造成 7 人死亡、85 人受伤。

4. 2003年3月6日以色列遭恐怖犯罪爆炸案件。以色列军队于2003年3月3日逮捕了哈马斯创始人之一穆罕默德·塔赫和他的5个儿子,此次行动还造成8名巴勒斯坦人死亡,其中包括1名怀孕的妇女。行动结束后,哈马斯发言人警告说:"以色列将为这种罪行付出昂贵的代价。"事后第3天,即2003年3月6日,1名巴勒斯坦人在以色列北部城镇海法的一辆载满学生的汽车上引爆炸弹,造成至少15人死亡、数十人受伤。

5. 2004年10月7日以色列恐怖犯罪爆炸案件。2004年10月7日深夜,靠近以色列的埃及一间酒店和两处旅游度假村,连续发生3起汽车爆炸事件,造成至少35人死亡、100多人受伤,共有8至10名"基地"组织的恐怖分子参与了此次事件。当天下午,位于戈兰高地的以色列和黎巴嫩临时边境附近也发生了2起针对军方的爆炸袭击,其中一起爆炸造成2名以色列士兵受伤。2名受伤的士兵当时正在多夫山地区巡逻,一枚安装有远程引爆装置的炸弹在他们经过时爆炸。一个自称为阿里·哈桑烈士组织的真主党分支组织宣称制造了这一爆炸事件。

6. 2012年7月18日以色列恐怖犯罪公共汽车爆炸案件。2012年7月18日下午,一辆载有40名以色列游客的大巴在保加利亚东部城市布尔加斯机场遭炸弹袭击,造成至少7人死亡、30多人受伤。18日下午,1名打扮成普通游客的自杀性袭击者身穿深蓝色T恤、花格子短裤和运动鞋,背着一个包,手里拎着一个袋子,等到以色列游客大巴出现后实施袭击。此次针对以色列目标发动的袭击并不是个体行为,而是"收到了指令",发号施令的是黎巴嫩真主党,而真主党的最大资助者是伊朗政府,而此次袭击的动机就是报复伊朗核专家遇袭身亡。

7. 2015年1月恐怖犯罪袭击案件。2015年1月21日,以色列第二大城市特拉维夫发生了一起公交车袭击事件。1名巴勒斯坦青年持刀刺伤至少10人。21日上午7点早高峰时段,1名在以色列非法滞留的23岁巴勒斯坦青年登上在特拉维夫市中心行驶的40路公交车,上车不久就持刀行凶,连刺司机数刀并刺伤多名乘客。凶手作案后正准备逃之夭夭,这时刚好数名执行押送任务的狱警开车跟在公交车后面,狱警看到车上发生流血事件立即停车缉凶,最终开枪击伤凶手腿部,动弹不得的凶手被赶来的警察捉拿归案。

第二章 恐怖主义犯罪的形成

自冷战结束以来,恐怖主义犯罪的凸显,成为世界局势不稳定的一个重要因素。从20世纪90年代以来,几乎每年都要发生重大的恐怖事件。无论是原先稳定的国家,还是一直处于动荡之中的国家,都受到了恐怖主义犯罪的冲击。2001年发生在美国的"9·11"特大恐怖袭击事件是一个标志性事件,表明恐怖主义犯罪已构成了一种极其严重的全球性威胁。面对这种形势,世界各国别无选择,只能竭尽全力进行这场往往看不见犯罪者的"地下战争"。面对当代日益严重的恐怖主义犯罪威胁,有必要了解什么是恐怖主义犯罪,了解它的定性,了解它的起源,了解它的主要表现和特点。

第一节 恐怖主义犯罪的起源

一、恐怖主义犯罪的界定

(一)恐怖主义犯罪的概念

1. 外国对恐怖主义犯罪的定义。科学界定恐怖主义犯罪,是研究恐怖主义犯罪问题的逻辑起点,是确立对恐怖主义犯罪问题的正确立场和态度的基本前提。虽然国际社会普遍认为恐怖主义犯罪对当今世界的威胁越来越大,但对恐怖主义犯罪的界定,到目前为止仍无可为大多数人接受的定义。据专家统计,各国政府法律、专家学者对恐怖主义犯罪下的定义多达百余种[1],其中比较具有代表性的定义主要有以下几种。

其一为专家学者所下的定义。例如,卡尔·多伊奇认为,广义地说,恐怖主义犯罪是个人或集团使用暴力行动或威胁以改变某些政治进程的结局的策略。[2] 俄罗斯著名法学家,《俄联邦反恐法》的起草人之一——彼得里谢夫

---

[1] 李伟,杨明杰. 国际恐怖主义与反恐怖斗争[M]. 北京:时事出版社,2002:2.
[2] 卡尔·多伊奇. 国际关系分析[M]. 周启鹏等,译. 北京:世界知识出版社,1992:244.

博士对"国际恐怖主义"犯罪的定义作了概述:"国际恐怖主义"犯罪是指由一国或数国公民从事的旨在破坏某国宪法制度或总的国际秩序、国际关系的活动。国际恐怖主义犯罪不仅涉及一个国家的利益,而且还危及国际社会的安全。①

其二为国家法律或文件所下定义,又可分为国家文件所下定义、国家法律所下定义两种。文件所下的定义,例如美国国务院2000年4月公布的《全球恐怖主义模式——1999年》提出了这样的恐怖主义犯罪概念:"恐怖主义"犯罪一词意指国家集团或秘密代理人攻击非战斗人员的蓄谋的、具有政治动机的暴力行为,这种行为通常是为了影响公众。② 法律所下定义,例如英国1974年和1989年《预防恐怖主义犯罪法》中的定义:恐怖主义犯罪是指"为了政治目的而使用暴力,并且包括任何为了使公众或公众的一部分置于恐惧之中而使用暴力"③。

2. 我国对恐怖主义犯罪的定义。我国1997年《刑法》没有单列"恐怖主义犯罪",也未采用"恐怖主义"的称谓,而是采用"恐怖活动"的称谓,将有关恐怖活动犯罪行为分列在劫持航空器罪,暴力危及飞行安全罪,劫持船只、汽车罪,爆炸罪,组织、领导、参加恐怖组织罪等罪名中。可见,虽然我国《刑法》没有明确的恐怖主义犯罪的定义,但根据有关司法解释来看,用"恐怖活动"一词概称"恐怖主义犯罪",一般是指采取暴力如爆炸、暗杀、绑架人质、劫机等或恫吓等手段,旨在威胁政府、社会,危害社会公共安全即不特定多数人的生命、健康和公私财产安全的行为。④

笔者认为,基于种种因素,虽然目前国内外对恐怖主义犯罪仍无一致认同的定义,但在核心内容上也形成了一定的共识,即只要是"为了达到某种政治目的,对第三者使用或威胁使用暴力"的行为就属于恐怖主义犯罪的范畴,强调政治目的是为了把恐怖主义犯罪与普通犯罪相区别,强调对第三者使用或威胁使用暴力是恐怖活动不同于其他暴力活动的最突出特征。恐怖主义犯罪是集团性的共同犯罪,只能由一定的组织实施。只要是从事这种暴力活动的组织,就属于恐怖主义犯罪组织。一般而言,恐怖犯罪分子企图对合法的政治系统造成压力,以挑战该系统的政策。他们所采用的战略,并非传统

---

① 彼得里谢夫.恐怖主义札记[M].陈杰军,译.乌尔斯斯出版社,2001.
② 王逸舟,等.恐怖主义溯源(修订版)[M].北京:社会科学文献出版社,2010:7.
③ 胡联合.全球反恐论——恐怖主义何以发生与应对[M].北京:中国大百科全书出版社,2011:17.
④ 肖扬.中国新刑法学[M].北京:中国人民公安大学出版社,1997:340.

性的、正规性的游击战对抗正规部队的战术,而是使用非法手段去攻击一般大众,包括不在岗的军警人员,以达成其政治目的。

（二）恐怖主义犯罪的特点

在现代社会,现代大众传播系统对国际恐怖主义犯罪活动起到了刺激作用。大众媒体是影响恐怖主义犯罪的一个重要外部因素,它与恐怖主义的各自特点决定了它们之间存在着某种意义上的"伙伴关系"。某些媒体的报道在一定程度上推动了恐怖主义的发展,同时对政府开展反恐行动产生了消极影响。20世纪90年代以来,随着经济全球化、科学技术的发展和互联网的普及,恐怖主义犯罪出现了一些值得关注的新特点。

第一,恐怖主义犯罪国际化或全球化。随着经济全球化发展的不断加速,国际恐怖主义犯罪网络和活动也呈现出全球化趋势。在当今世界上,国际恐怖主义犯罪网络已经形成,尽管这个网络是松散的,但是国际恐怖主义犯罪把它的触角伸向了世界各地。恐怖主义犯罪国际化是伴随着全球化进程而出现的负面现象之一,恐怖主义犯罪的"国际化"含义有三点内容,其一是目标的国际化,其二是行动的国际化,其三是组织系统的国际化。另外,恐怖主义犯罪所依赖的经济来源日趋多元化、规模化,有从传统的走私、贩毒、绑架勒索等向新经济领域渗透的迹象。

第二,恐怖主义犯罪目的的政治性和思想的狂热性。恐怖主义犯罪活动的动机带有鲜明的政治性,恐怖犯罪活动的主要目的不是消灭和摧毁行动目标,而是要制造恐惧和惊慌以影响公众心理,造成特定的恐怖气氛和政治压力,从而对政府和特定的社会团体形成压力和威慑,迫使对方,通常是政府、社会团体做出让步,以便达到政治报复、破坏统治秩序或影响政府内外政策的目的。恐怖犯罪活动大多具有政治的或意识形态的动机,有着强烈的信仰支撑和精神动力。恐怖犯罪分子的行为动机与一般暴力犯罪不同,其行为特征也不相同,他们思想顽固、精神狂热、行为极端,根本不受法律、道德、传统和舆论的约束,具有反人类的特点。

第三,恐怖主义犯罪主体组织性。现代恐怖主义犯罪活动通常以严密的组织形式出现,恐怖犯罪组织分工明确、组织严密、活动诡秘,其人员的募集和训练、目标的选择、方案的制订、手段的运用、工具的使用、力量的组织以及逃跑的路线和方法,一般事前都经过精心准备和密谋策划。

第四,恐怖主义犯罪手段的高科技化。高科技的发展是一柄双刃剑,在给人类带来好处的同时,给恐怖犯罪分子提供了更有利的武器,从而给人类带来了更大的灾难。伴随着高科技的突飞猛进,恐怖主义犯罪也向高智能、高科技方向发展,以致传统的暗杀、爆炸、绑架、劫机、施毒等手段不断被使用的同时,利用生物化学武器、核武器、计算机网络等高科技进行恐怖犯罪活动也渐露苗头且有进一步发展之势,恐怖主义犯罪方式具有更大的暴力性、残酷性。

第五,恐怖主义犯罪对象的扩大化。当代国际恐怖主义犯罪的袭击范围和对象在不断扩大,这是一个极为危险的趋势。如果说传统的恐怖犯罪活动是"要更多的人看,而不是让更多的人死"的话,现在的恐怖犯罪活动则是"既要更多的人死,也要给更多的人看",大量的无辜人群成为恐怖犯罪分子大规模袭击的目标。以往的恐怖分子往往把矛头指向各国的政治领导人、外交官、军警人员、跨国公司的经理等,但当前的国际恐怖主义却出现了令人担忧的现象,他们抛却了传统的恐怖活动尽量不伤及一般平民的顾忌,而企图以大规模屠杀平民来向政府施加压力,或以此打击政府威信,或破坏其国际形象。

第六,恐怖主义犯罪目标的象征性。恐怖犯罪活动的袭击目标是经过精心选择的,之所以被选中,是因为他们的身份、所处的地点或者活动,象征着恐怖犯罪分子要反对、破坏或报复的制度、政权或秩序。但是,恐怖犯罪活动者与其具体侵害对象之间往往没有直接利害关系和现实关系。例如,以美国为目标的恐怖主义犯罪袭击愈演愈烈。冷战结束以后,将美国当作袭击目标的恐怖犯罪活动呈上升趋势。据统计,近年来美国遭到恐怖犯罪袭击事件占世界此类事件的比重分别是1996年的25%、1997年的30%、1998年的35%。2001年9月11日,国际恐怖主义犯罪组织发动了有史以来针对美国的空前严重的袭击。

第七,恐怖主义犯罪综合化。恐怖主义犯罪势力与民族分裂势力、宗教极端势力、邪教组织势力相互勾结,共谋"发展",恐怖主义犯罪组织有进一步联合、合作的倾向,基于民族或种族分离主义、宗教矛盾引发的恐怖活动异常活跃。冷战结束后,中东、南亚及欧洲一些国家的民族、宗教矛盾进一步激化,由此引发的恐怖犯罪活动出现了许多爆发点。有学者将与宗教矛盾或宗教极端主义有关的恐怖主义活动大致分为三类:一是与民族分离主义相结合的恐怖主义犯罪,历史最悠久而又最典型的就是北爱尔兰的恐怖主义犯罪活动;二是以宗教极端主义为主的恐怖主义犯罪,伊斯兰极端主义已成为当今世界分布最广、影响最大、危害最烈的恐怖犯罪活动,并且是国际恐怖主义犯罪的主要代表;三是宗教膜拜团体的恐怖主义犯罪,即邪教恐怖主义犯罪。

二、恐怖主义犯罪的起源

(一) 恐怖主义犯罪的生成

1. 恐怖主义

论及恐怖主义的由来,有的外国学者认为可追溯到两千多年前中国古代的军事家孙武,认为孙武明确提出了恐怖主义的原则,即"杀一儆百"。这种说法的根据大概是孙武指挥吴国宫女操练阵法的典故。历史记载,吴王阖闾读了孙武的十三篇兵法之后,为测试他的实际才干,选出 180 名宫女让他操练。在操练中,孙武为整肃军纪,杀掉了 2 个视军事命令为儿戏的吴王宠姬。① 现在看来,孙武的做法充其量只能算是执法过严,与一般意义上的恐怖主义是不相干的。

人们一般认为,比较确切的恐怖主义概念出现在法国大革命中。当时的雅各宾派为了消灭原来的权贵,采取了极其严酷的镇压措施,史称"红色恐怖"。其后,保王党得势,反过来屠杀革命党,又造成了"白色恐怖"。据拉考尔考证,恐怖主义概念最早出现在 1793 年 3 月至 1794 年 6 月之间,是"恐怖统治"的同义语。按照 1796 年出版的一本法语词典的说法,雅各宾派在谈论他们自己的时候,时常以积极的意义使用该概念。当时的革命领导人罗伯斯庇尔甚至把"恐怖"与"美德"和"民主"的理想联系在一起。他认为,"恐怖就是正义,它迅捷、严肃、坚定,因此它是美德的发扬光大"。他还说,"没有美德,恐怖就是罪恶;没有恐怖,美德就是无助的"。他相信,为了民主的胜利,在革命时期,美德必须与恐怖联系在一起。

1794 年 7 月 27 日发生的"热月政变",结束了雅各宾专政。罗伯斯庇尔等人被送上断头台之后,这个概念就被赋予了"滥用权力"的含义。不久,这个概念就在英语中流行起来,并开始被当作一个贬义词。英国政治理论家伯克在使这个概念流行中起了重要作用。他对法国大革命持明确的反对态度,并且把恐怖主义者称为"恶魔"。

在这里,我们看到"恐怖主义"一产生,就是个褒贬不一的概念。在以后的历史进程中,这个概念大体上经历了两种含义的转变:一种含义是指下层民众在进行共和主义、民族主义和反殖民主义斗争中所使用的暴力手段;另一种含义则是指上层统治者对下层民众进行统治所使用的暴力手段。有一种说法把这两种恐怖主义称为"政府恐怖主义"与"抵抗恐怖主义"。

---

① 孙子本传[M]//诸子集成:第九册.石家庄:河北人民出版社,1986:1.

在法国大革命之后,不时有一些进行反抗斗争的团体坦言自己是"恐怖主义者",宣称他们的策略是"恐怖主义"。在19世纪,意大利共和主义者卡尔洛·皮萨尔内提出了后来为许多恐怖主义组织所奉行的原则,即"以行动做宣传"。他认为,思想产生于行动而不是相反,人民受到教育并不会自由,他们自由才会受到教育。暴力之所以必不可少,不仅在于使事业吸引公众注意,而且也是为了在革命之后教育并最终集结群众。小册子、海报和集会都不可能有效地取代暴力的说教。

1878年一小群俄国立宪党人建立的民意党,为了反对沙皇的统治,就奉行"以行动做宣传"的信条。对民意党人来说,"以行动做宣传"的含义就是选择作为专制独裁国家体现者的特定个人作为攻击目标。他们认为,沙皇、王室主要成员以及政府高官等就具有这样的象征性价值。在这个团体中有一个内在的集体信念,即在追求目标的过程中,不应流一滴多余的血。然而,尽管他们极其小心和精心地选择目标,却仍然会遗憾地伤及无辜。1881年3月1日,该组织成功刺杀了沙皇亚历山大二世。在这一事件之后,该组织遭到了沙皇政府的残酷镇压,成员几乎全部被秘密警察逮捕、审判和处死,而他们的行动似乎也没有达到进行宣传的目的。

民意党人刺杀沙皇事件4个月后,一些激进分子在伦敦召开了一次"无政府主义大会"。大会支持以暗杀和诛杀暴君作为实现革命变革的手段。为了鼓励和协调世界范围的无政府主义者的活动,会议决定建立一个"无政府主义国际",即"黑色国际"。实际上,这个"国际"并没有做成任何事情,但它却造就出了某种与其实际效果不相称的恐惧。

19世纪80年代和90年代,反对奥斯曼帝国统治的亚美尼亚民族主义运动,也频频使用恐怖主义手段。通过反复打击殖民机构和安全部队,反抗者们一方面是要唤起本土人民的支持,另一方面也是为了得到国际社会的关注、同情和支持。在这个时期,马其顿革命组织也在今天的希腊、保加利亚和塞尔维亚等地区采取了行动。这些采取暴力形式的反抗斗争,都具有争取民族独立的内涵。

霍夫曼认为,到20世纪30年代,恐怖主义的含义发生了重要变化。在这个时期,它较少指革命运动或是指以政府及其领导人为目标的暴力,而是较多地用以描述专制主义国家对其人民的大规模镇压行为。当时,在德国和意大利等国就发生了这样的事情。德国纳粹党和意大利法西斯党就使用了这样的暴力。希特勒和墨索里尼动员和雇用以"冲锋队"和"黑衫队"为名的暴徒,在街头大搞暴力恐怖活动,恐吓政治反对者,造成了一种"恐怖的统治"。当时,墨索里尼面对恐怖主义的指责,把这种恐怖统治行为说成是"社会卫生学",认为对犹太人、共产党人以及其他"国家敌人"的广泛迫害,就像医生处理病菌一样。正是凭借着这样的恐怖统治,希特勒和墨索里尼都掌握了国家政权。

作为德国纳粹重要一员的赫尔曼·戈林,在1933年讲过这样的话:"任何法制想法都不能削弱我的措施。任何官僚机构都不能削弱我的措施。在这里,我不担心司法审判。我的使命仅仅是摧毁和消除。这一场斗争将是反对混乱的斗争,我不会用警察的力量来引导这场斗争。资产阶级的国家将做这一件事。毫无疑问,我将最大限度地运用国家和警察的力量。亲爱的共产党人,不要得出错误的结论。在这场生死斗争中,我将抓住你们的脖子,我将要引导的那些人就是褐衫队。"戈林的这番话清楚表明了恐怖统治的运作。

霍夫曼认为,从20世纪40年代开始,恐怖主义又同另外一种政治斗争相联系,这就是争取民族解放和反对殖民主义的暴力斗争。这种斗争遍及亚洲、非洲和中东。在以色列、肯尼亚、塞浦路斯和阿尔及利亚,都出现了以恐怖主义为手段的民族主义政治运动。对于这样的暴力斗争,站在不同立场上的人,自然会有不同的态度。被一些人称为"恐怖分子"的人,可能被另外一些人称为"自由战士"。在相当长的时间里,在第三世界国家与西方国家之间,就经常发生这样的争论。实际上,这种争论直到今天仍在继续。

2. 恐怖主义犯罪

1972年11名以色列运动员在慕尼黑奥运会上被恐怖分子杀害,该事件发生后,联合国秘书长瓦尔德海姆明确提出,联合国再也不能做默不作声的旁观者了,而应该对这种发生于世界各地的行为采取实际行动。在联合国中,大多数国家支持瓦尔德海姆的态度,但也有少数国家,特别是阿拉伯国家,也包括其他一些亚非国家持反对态度。这些国家认为,遭受外国压迫的人民,为把自己解放出来,有权按照自己的意愿采取包括暴力在内的各种手段。一些第三世界国家的代表在为自己的立场辩护时,强调了两个论点:第一,所有真正的解放运动全都被它们的斗争所反对的政权谴责为"恐怖主义",例如,纳粹就把反对德国占领的抵抗运动称为"恐怖主义者"。所以,如果联合国谴责"恐怖主义",那就是支持强者对于弱者的权力,支持已确立之实体对于挑战者的权力,因而成为现状的维护者。第二,问题的要点不在于暴力本身,而在于导致暴力的深层原因,即被压迫者的苦难、挫折、冤屈和失望。对于那些得不到基本人权、尊严、自由和独立的人,对于那些反对外国占领的国家,是不能用"恐怖主义"这个概念的。

在许多第三世界国家看来,参与反对殖民压迫或西方统治的斗争或运动的人,是"自由战士"而不是"恐怖主义者"。在1974年的联大辩论中,阿拉法特指出,革命者与恐怖主义者的不同点在于他们的战斗理由。对于基于正义的理由,为了使自己的国土获得自由和解放而对侵略者、定居者和殖民者进行斗争的人,是不能称之为恐怖主义者的。在阿拉伯世界的政治家看来,争取民族解放的斗争与恐怖主义是完全不同的两回事。法塔赫领导人阿布·伊亚德就表明过这样的态度:他反对恐怖主义,但是恐怖主义与政治暴力是两种不同的现象,决定因素是政治动机,目的可以证明手段的合理性。叙利亚前领导人阿萨德的态度是:他们支持的是民族解决运动而不是恐怖主义。他说:"我们永远反对恐怖主义。但是,恐怖主义是一回事,而反对占领的民族斗争则是另一回事。无论如何,我们都支持民族解决运动所发起的反对占领的斗争。"

1987年第五届伊斯兰首脑会议决议重申,绝对需要把由个人、团体或国家进行的残忍和非法的恐怖主义行为与受压迫民族反对外国占领的任何种类的斗争区别开来。神圣之法、人类价值和国际惯例认可这样的斗争。实际上,这就提出了恐怖主义犯罪的概念。1998年4月阿拉伯联盟的部长会议再次重申了这一主张。题为《反对恐怖主义斗争中的阿拉伯战略》的文件强调:目标在于"解放与自决"的交战行为,不属于恐怖主义。以上这些观点概括起来就是:只要是反对外国占领和争取民族解放,使用暴力就不是恐怖主义。目的的正义性可以证明手段的合理性。

西方学者对这种观点持两种态度。一种态度是通过区分恐怖主义与自由战士,证明恐怖主义者根本不是自由战士。例如,以色列前总理内塔尼亚胡就指这种态度。他的论证是:自由战士绝不故意攻击无辜,不会爆炸运载非战斗人员的公共汽车,不会绑架并屠杀学童、行人或外国访问者,但恐怖主义者却这样做。另一种态度认为根本不应区分恐怖主义与自由战士,做这样的区分就等于是接受了这样的命题。

在这里,我们看到,恐怖主义作为一个历史概念,曾长期伴随着政治性的争论,这个层面的争论所涉及的是暴力冲突背后的政治动因。争论的要点是受压迫者或谋求解放者反对不平等、不公正的政治秩序,无论是国内秩序还是国际秩序,是不是可以采用自己认为适当的手段。在这场争论中,人们的根本分歧实际上表现为目的与手段之争。一种观点关注的是恐怖主义的暴力形式,而另一种观点则关注的是它的政治内容。这种情况在很大程度上正是以民族解放斗争为背景的国际关系的产物。当然,我们也应该看到,尽管知道今日在国际关系中仍然存在强调斗争内容正义性的观点,但随着历史的发展,公开支持恐怖主义暴力形式的人已越来越少。恐怖主义滥杀无辜的残忍性、毁灭性与反人类性,特别是"9·11"事件对人们心灵的震撼,使得世界各国人民已形成了谴责与反对恐怖主义的一致态度。在今天,已没有国家再从积极的意义上肯定恐怖主义了,恐怖主义就是恐怖犯罪。这种变化可以说是人类社会历史进步的产物。人们对暴力,特别是滥用暴力已持日益反对的态度。

用历史的观点考察恐怖主义犯罪或恐怖犯罪,我们就要看到这样一种"主义"自产生以来,其内涵、历史角色、人们对它的态度、国际法对它的约束都不是一成不变的。最初,它曾表现为一种革命手段;其后,它有时表现为反抗斗争的手段,有时也可能是滥用的暴力。在今天,它所表现出和可能表现出的使用大规模杀伤性武器而具有的毁灭性,已明显构成了对全人类的威胁。从国际法的角度来说,对暴力手段的约束也经历了历史的变化。在《联合国宪章》确立以前,对国家使用暴力是不存在任何法律约束的。行使暴力无须得到任何国家机构的授权,也不需要事后得到正当性证明。国家完全可以使用暴力手段保护或推进其利益。但《联合国宪章》确立之后情况就不同了,国际法已对国家间的暴力行为做了严格约束,尽管未必得到遵守。自 20 世纪 60 年代开始,联合国各种反对恐怖主义的公约、决议也陆续推出,并逐步形成了反对恐怖主义的国际体制。在当今的国际关系中,恐怖主义作为一种暴力行为,无论就国家而言还是就非国家行为体而言,都是一种非法的手段,是犯罪行为。

(二)恐怖主义犯罪的发展阶段

1. 恐怖主义犯罪的萌生期

从 18 世纪末开始,资本主义国家内部、国家之间的利益冲突日趋激化。从法国大革命开始,工业革命及工业化运动的发展,自由主义及民族主义的兴起,还有帝国主义的侵略、压迫和掠夺,导致社会矛盾丛生以及世界范围内的民族矛盾不断产生,以至爆发了两次世界大战。在这充满矛盾、冲突和对立的历史时期,恐怖主义得到了极大的发展。一些无政府主义者、民族主义者纷纷以恐怖主义行动反抗整个资本主义体系和殖民入侵者,他们不仅将恐怖主义认定为解决矛盾和冲突的最快且有效的手段,并以许多理由使之合法化及神圣化。1881 年沙皇亚历山大二世遇刺、1914 年奥匈帝国斐迪南大公遇刺,是这一时期恐怖主义事件的代表。

2. 恐怖主义犯罪的形成期

从第二次世界大战结束到 20 世纪 60 年代末,恐怖主义行为真正形成气候。这一时期,一方面美、苏两个超级大国在世界范围内全面对抗,另一方面"极左"思潮与"极左"政治运动在全球范围内泛滥。在"冷战"的国际社会背景下,许多正在争取民族独立的殖民地、附属国或刚独立的民族国家,成了恐怖主义活动的多发地。在1968—1969年短短一年的时间内,全球发生了多起重大的恐怖主义事件,其中1968年发生了142起,1969年发生了214起,远远超过了以前的年代。明显增多的劫机、爆炸和绑架等,已经成为司空见惯的恐怖主义事件,恐怖主义活动袭击的目标和范围越来越具有国际性,其手段也日趋多样化、现代化,从而酿就了恐怖主义活动的大爆发。

3. 恐怖主义犯罪的猖獗期

进入20世纪60年代以后,恐怖主义犯罪活动的特点是动机复杂化、行动跨国化、形式多元化、手段技术化、长远目标模糊化和短期意图残酷化等。这一阶段是恐怖主义犯罪的猖獗期。20世纪60年代末至70年代末是世界各国恐怖主义犯罪活动迅猛扩张的阶段,恐怖主义活动增长速度最快,国际社会范围内恐怖主义活动发生率较高(平均每年发生496起);80年代以后又是恐怖主义活动持续泛滥的阶段,恐怖主义活动发生率最高(平均每年发生625起);90年代是恐怖主义活动缓慢回落的阶段,恐怖主义活动发生率最低(平均每年发生397起)。特别是冷战结束以来(1992—1997年),国际恐怖主义活动发展的特点是呈波浪式的大幅下降走势,年均下降率高达9.84%(以1991年为基数)。但是,21世纪的第一年(2001年),就发生了震惊世界的"9·11"事件。尽管2001年的恐怖主义活动数量并不多(346起),比2000年的426起减少了80起,但是恐怖主义活动的社会危害程度更为严重,影响更大。同时,由于有高水平科技人员加入到了恐怖主义组织中,恐怖主义分子采用更多的高科技手段实施恐怖主义行动。许多迹象表明,恐怖主义分子的视线已经开始转向核电站、能源基地、电脑网络等目标。

第二节 恐怖犯罪组织概况

一、恐怖犯罪组织的界定

(一) 恐怖组织的概念

1. 恐怖犯罪组织的刑法规定

作为恐怖主义犯罪的主体,恐怖犯罪组织的认定无疑是反恐怖工作中重要的乃至基本的环节,对恐怖犯罪组织做出科学的认定是打击恐怖主义犯罪和恐怖犯罪组织的前提,也是进行反恐立法和开展国际反恐合作的基础。但是,由于经济和科技的不断发展,恐怖犯罪组织的形式也变幻莫测,各国对恐怖犯罪组织的认定模式和认定标准也大不相同。我国《刑法》第120条规定了组织、领导、参加恐怖组织罪,第120条之一规定了资助恐怖活动组织而成立资助恐怖活动罪。然而,何谓"恐怖组织"却没有明确的法律规定予以确定。

2. 恐怖犯罪组织的认定

那么,如何认定恐怖犯罪组织呢？认定恐怖犯罪组织主要涉及认定模式和认定标准两个关键问题。在认定模式方面,国内学者主要有四种观点。其一,主张采用刑法修正案模式,刑法修正案对恐怖犯罪组织的含义做了明确规定。其二,主张采取刑法立法解释模式,以刑法明确恐怖犯罪组织的含义,为司法机关审判案件提供法律依据。其三,主张采取确认程序模式,即在法律上建构确认程序并予以公布。其四,主张采取立法解释与确认程序并行的模式。① 上述观点都是从刑事立法和司法的角度创设恐怖犯罪组织认定的模式,而赵秉志教授则认为这些认定模式的视野具有局限性,他提出我国事实上采取了司法认定和行政认定并存的双轨制——"我国对恐怖组织的司法认定与行政认定是并存的。但是,立法上并未明确这两种认定的范围、后果及相互衔接等问题,这就不可避免地给反恐怖工作带来冲突与矛盾"②。他还指出,"恐怖组织的认定机关应密切跟踪恐怖组织活动的变化,并根据国际形势的发展和我国反恐斗争的需要,及时调整认定的恐怖组织名单"。而在实践中,司法认定不适应恐怖犯罪组织多变的特征,因此,单轨制行政认定模式更符合我国的实际情况。

在认定标准方面,法律没有明确规定,而学界的看法则百家争鸣、歧见纷呈。对恐怖犯罪组织的认定标准关系到恐怖犯罪组织与黑社会以及犯罪集团的区别,严格区分这三个概念是认定此罪与彼罪的前提,因此至关重要。在众多观点中,根据主观要素是否认定恐怖组织的必要要素,分为"不要说"和"必要说"两类。其一为主观要素不要说,在这种界定方法中,恐怖犯罪组织成立的主观要素没有被表述出来,如有的学者认为恐怖犯罪组织是指一种

---

① 赵秉志.刑事法治发展研究报告(2003年卷·下册)[M].北京:中国人民公安大学出版社,2003:684.

② 赵秉志,杜邈.恐怖组织认定模式之研究[J].现代法学,2006,(3).

按照恐怖主义理论和系统建立起来的一个集合性群体。① 其二为主观要素必要说,根据主观要素的内容不同,大体上有以下五种见解。第一为"实施恐怖犯罪目的说",如有的学者认为恐怖组织是指三人以上为共同实施杀人、爆炸、绑架等恐怖性犯罪而组成的犯罪组织。② 有的学者认为,所谓恐怖组织是指三人以上,为了有组织、有计划地实施各种恐怖犯罪行为而建立起来的犯罪组织。③ 还有学者认为,所谓恐怖组织是指实行恐怖犯罪活动的非法组织,即具有严密的组织性、相对的稳定性,旨在实施恐怖活动而由多人组成的犯罪组织。④ 第二为"要挟、恐吓社会目的说",如有的学者认为,恐怖组织是指由三人或三人以上组成,以要挟、恐吓社会为目的,实施各种恐怖犯罪活动,制造恐怖气氛,危害公共安全,扰乱社会秩序的犯罪组织。⑤ 第三为"动机与目的说",有的学者认为,恐怖组织是指三人以上出于政治的或者其他反社会的动机,为在国内或国外实施一系列杀人、爆炸、绑架等恐怖性的犯罪而建立的具有一定稳定性的犯罪组织。⑥ 第四为"复合目的说",即不仅在恐怖组织的概念中列明恐怖犯罪行为的目的,而且也列出恐怖组织的成立目的。例如,有的学者认为,恐怖组织是指三人以上,出于政治或恐吓、要挟社会的目的,为实施恐怖活动而结成的具有一定稳定性的犯罪组织。⑦ 这里,"出于政治或恐吓、要挟社会的目的"其实是恐怖犯罪行为的目的;"为实施恐怖活动"的表述揭示了恐怖组织的成立目的。第五为"政治目的或其他目的说",恐怖组织是指由多人以较为严密的形式组织起来的,意图通过实施恐怖性犯罪活动在社会上制造恐怖气氛从而影响或操纵政府的行为以实现自己的政治或其他目的的一种危害特别严重的犯罪组织。⑧

(二) 恐怖犯罪组织的特点

1. 强烈的国际化倾向

目前,恐怖主义犯罪活动范围已从西欧、中东、拉美三大热点地区向全球各地区和国家蔓延,已有100多个国家不同程度地受其危害。在1968—1997

---

① 王传.关于恐怖主义、恐怖行为和恐怖组织的若干研讨[J].浙江公安高等专科学校学报(公安学刊),2004,(2).
② 赵秉志.刑法新教程[M].北京:中国人民大学出版社,2001:480.
③ 王政勋.刑法修正论[M].西安:陕西人民出版社,2001:333.
④ 钊作俊,钊连生.组织、领导、参加恐怖活动组织罪[J].河南省政法管理干部学院学报,1998,(4).
⑤ 赵秉志.惩治恐怖主义犯罪理论与立法[M].北京:中国人民公安大学出版社,2005:568.
⑥ 王作富.刑法[M].北京:中国人民大学出版社,1999:264.
⑦ 陈家林."恐怖活动组织"界定问题初探[J].法律科学,1998,(2).
⑧ 王德育.恐怖活动组织概念初探[J].现代法学,2000,(3).

年期间,国际恐怖犯罪活动的三大热点地区依次是西欧、中东、拉美,这些地区发生的恐怖主义犯罪事件占全球总数的四分之三以上,著名的恐怖犯罪组织有意大利的"红色旅"、法国的"直接行动"、美国的"地下气象组织"、"北爱尔兰共和军"、西班牙的"埃塔"等。

东亚国家当时发生恐怖活动的数量较少,从事恐怖活动的主要有日本的"赤军"等左派激进组织,以及东南亚的印尼、菲律宾、泰国的一些伊斯兰极端势力和分离组织。但从80年代开始,亚洲国家的恐怖活动大幅度增加并有继续发展的趋势,国际排名从第五位上升到第四位,20世纪90年代仍保持这一地位,但到了2001年,亚洲已排第二名,占全球恐怖活动总数的19.54%。

2. 恐怖主义犯罪组织同民族分裂主义和宗教极端主义交织在一起

在世界上的很多地区,这三股恶势力相互重叠,集中表现为国际恐怖主义,其具体活动是反社会、反人类,以绑架、暗杀、爆炸等极其残忍的手段制造大规模的恐慌。同时,还与毒品买卖、武器走私、贩卖人口等跨国有组织犯罪相联系,成为一些国家和地区长期动乱的主要原因。

二、恐怖犯罪组织的分类及其特点

(一) 恐怖犯罪组织的分类

1. 极端宗教恐怖主义犯罪组织

近年来,来自伊斯兰社会的原教旨主义活跃分子发起的恐怖主义犯罪活动日益增多,影响日益广泛。这些以极端仇视西方为主的人所设立的组织始终认为西方社会是洪水猛兽,并对西方文化渗透到伊斯兰国家感到极端仇恨,屡屡以西方,特别是美国为袭击目标,在全球各地或在某一区域发起恐怖主义犯罪行动。例如,本·拉登所领导的"基地"组织,就被指控曾在世界各地策划了多起针对美国人的恐怖主义爆炸行动。这些原教旨主义分子所组成的恐怖主义犯罪组织大多分布在一些以信奉伊斯兰教为主的国家中。例如,在阿尔及利亚,该国的极端阿拉伯组织不断掀起恐怖暴力浪潮,以迫使政府下台;在中东,阿拉伯人中的许多基金组织出于对以色列士兵的报复而不断制造自杀性恐怖爆炸事件。日本臭名昭著的奥姆真理教也属于这种类型,它既是一个恐怖主义组织,也是一个邪教组织,该组织于1995年制造了震惊日本乃至全世界的东京地铁毒气泄漏案。

2. 极右翼恐怖主义犯罪组织

极右翼恐怖主义犯罪组织主要活动在欧洲,特别是西欧地区,还包括美国和拉美地区,是奉行信法西斯主义和极权主义、种族主义和反国家主义的恐怖主义犯罪组织。美国的俄克拉荷马联邦大楼爆炸案的实施者就属此类组织,美国退伍老兵麦克维和他的同伙以反对联邦、反对国家主义为由,炮制了这起震惊美国的恐怖事件。

3. 极左翼恐怖主义犯罪组织

以推翻政府为目的的极左翼恐怖主义犯罪组织主要分布在拉美地区、日本以及其他发达地区的资本主义国家,意大利的"红色旅"、日本的"赤军"组织等都属于这一类型。不过,近年来,这些极左翼的恐怖主义犯罪组织正在逐步退出历史舞台,有的已经不复存在,如日本的"赤军"在2001年4月14日宣告结束其历史使命。但是,在拉美地区,如哥伦比亚、秘鲁等国,少数左翼游击队仍不时袭击当地的村民和政府军士兵,成为当地局势不稳定的主要因素。

4. 极端民族主义恐怖主义犯罪组织

以极端民族主义分子组成的恐怖主义犯罪组织几乎分布在世界各地,不论是发展中国家还是西方国家,都面临着由极端民族主义分子挑起的恐怖犯罪事件带来的社会问题。在中亚地区,这样的恐怖主义犯罪组织近年来有不断上升的势头。这些恐怖主义犯罪组织的主要目的,或者是建立一个完全独立的国家,或者是要取得完全的自治。

5. 黑社会型恐怖主义犯罪组织

这是由黑社会分子组成的恐怖主义犯罪组织,它们制造恐怖犯罪活动的目的一般与商业暴力、贩毒以及企图垄断卖淫业有关。例如,在意大利西西里岛一带活动的"黑手党"、哥伦比亚的卡里贩毒集团以及美国的"三K党"等。

(二) 恐怖犯罪组织活动的特点

当代国际恐怖主义犯罪组织的活动都具有反政府、反人类、反社会、滥施暴力、残害无辜的共性。恐怖主义犯罪分子一般有自己的政治性"信仰",并有严密的组织机构。他们在极其秘密的环境下,既接受"信仰"的强化训练,又接受严格的技能训练,从而逐步形成一个具有特殊意识的群体,漠视无辜生命的价值,思想上淡化乃至完全忽略其恐怖手段的非法性,并能在受命时坦然采取激进行为而不计任何后果。因此,国际恐怖主义犯罪组织在行动上呈现出"三性和四化"的特点,即:规模的相对有限性、巨大的间接破坏性、手段的血腥残忍性,以及国际化、专业化、高技术化、背景复杂化等特点。

1. 恐怖犯罪规模的相对有限性

国际恐怖犯罪活动是暴力行为,但不是国家之间的战争行为,无论从恐怖犯罪组织的大小、参与恐怖犯罪活动的人员数量,还是从恐怖活动袭击的目标多寡,以及造成的直接后果来看,其规模都不能与一场传统意义上的战争相比,但是也应看到当代国际恐怖主义犯罪活动的规模较之前有明显扩大。美国"9·11"事件中,恐怖犯罪分子同时对美国的纽约世贸大厦、华盛顿的五角大楼等多个目标发起攻击,造成的损失甚至超过了美国在珍珠港被袭的损失,这在国际恐怖活动史上是没有先例的。可见,恐怖犯罪行动已经不再局限于地面、海上或空中的某一单个地点,国家最重要的政治或经济目标都可能成为袭击对象。

2. 恐怖犯罪打击目标不断扩大

恐怖犯罪打击的目标已由外交、军事、政府机关扩展到商业、一般平民和公共设施。尤其是"9·11"后,美国发动针对伊斯兰教极端势力的全球性反恐战争以来,东南亚穆斯林聚居地区的人民反美情绪高涨,针对西方人的恐怖犯罪袭击事件不断增多,严重影响一些国家及本地区的政治稳定和经济发展,成为国际社会密切关注的地区安全问题之一。

3. 恐怖犯罪巨大的间接破坏性

恐怖主义犯罪活动造成的灾难远非夺命伤财,更重要的是由于它们制造"骇人听闻"的事端,给一些国家和人民带来挥之不去的巨大精神痛苦和心理恐惧,直接引发金融动荡、社会混乱,进而对国家政局稳定、经济发展等造成巨大的负面影响,并进一步恶化地区乃至世界环境。例如,中东地区的恐怖活动,不仅会直接引发石油危机,甚至引发政治危机直至爆发战争。例如,发生在美国的多起恐怖犯罪袭击事件,使该国已经出现的经济衰退雪上加霜,股市狂泻、金融混乱、失业剧增、航空业一片萧条,甚至可能影响世界经济。

3. 恐怖犯罪手段的血腥残忍性

过去的恐怖活动(如暗杀、定时爆炸等)大多数都有比较明显的对象,现在的恐怖分子在无法正面同敌方交手的情况下,不惜以第三者——平民百姓的生命为代价,使众多平民成为牺牲品,如中东地区屡屡发生的"肉弹"爆炸事件。更有甚者,恐怖分子为了制造轰动效应,他们杀害平民百姓的手段极其残忍、令人发指。袭击纽约世界贸易中心大厦,造成数千人死亡的惨痛事件表明,恐怖分子的残酷与疯狂几乎达到了登峰造极的地步。其恐怖手段更加多样,由传统的绑架、劫持人质与暗杀等方式到使用爆炸、袭击、劫持以及生化武器和网络恐怖主义犯罪等,这归因于当前恐怖主义犯罪活动的策略也在不断变化,手法越来越野蛮残暴,以至于不择手段。

4. 恐怖活动日趋国际化、专业化

冷战结束后,中东、南亚及欧洲一些国家的民族、宗教矛盾更加激化,由此引发的恐怖活动与日俱增,并且又出现了许多新的爆发点。这些恐怖活动的区域范围日益扩大,跨越国界、洲界。以美国"9·11"为例,据美、英、德等国政府举证,该次恐怖袭击活动就是由前沙特富翁本·拉登及其"基地"组织在德国、西班牙等国境内精心策划,而由早已潜伏在美国的"基地"组织成员一举实施成功的。这表明当代国际恐怖组织的行动范围已跨越国界,特别是在情报收集、人员培训、策划组织和袭击行动的具体实施能力等方面,正向国际化、专业化方向转型。

5. 恐怖犯罪技术"高智能化"

近年来,随着高新科学技术的迅猛发展,国际恐怖分子也更多地采用高新科技手段为其恐怖活动服务,恐怖犯罪技术呈现出"高智能化"的特点。其一是利用高科技手段进行袭击。从美国1995年发生在俄克拉荷马城的爆炸案到2001年的纽约、华盛顿的恐怖袭击,恐怖主义行动的规模屡屡升级,使用的作案工具或器材更为尖端、先进。从日本东京发生的"地铁沙林事件"以及从本·拉登在阿富汗的巢穴中搜缴的生物化学试剂和制造核武器的有关文件更充分证明,目前有些国际恐怖主义组织及其成员已经具备了制造和使用高新科学技术装备的能力。不难想象,恐怖主义分子在将来完全有可能进行生化恐怖袭击或核恐怖袭击。其二是以高科技系统及设施为目标的恐怖袭击。恐怖主义组织最早的作案手段由简单的暗杀、小规模爆炸,或者绑票勒索,后来逐步发展为劫持或破坏汽车、轮船、飞机等交通工具,制造重大爆炸或武装恐怖袭击。现代高新科技及信息技术的迅猛发展,特别是国际互联网络的快速发展,使整个世界的联系越来越紧密,为人们的通讯与交流提供了极大方便,但同时也为国际恐怖组织及恐怖分子所利用,被开辟为恐怖活动的新领域。可以说,利用网络进行恐怖活动或以网络为袭击目标的"电脑恐怖主义"将会迅速增多。其三是一些高科技人员成为恐怖组织成员。当前国际恐怖活动虽然并不雷同,但却有着一个共同的特征,即一些高学历、高智商的知识分子加入到恐怖组织中。他们不仅具有一般的技能,而且对高科技了如指掌。例如,制造东京地铁毒气恐怖袭击事件的奥姆真理教就以研制化学药品为名,设立了专门从事毒气研究与开发的"化学班",其成员中相当一部分是从东京大学、大阪大学等日本一流大学毕业的学者、医生、电脑专家,实际上组成了一支实力雄厚的"化学部队"。

6. 恐怖组织及其活动的背景复杂化

国际恐怖组织从产生、发展到引人关注,既与国际政治、经济、文化的发展有着复杂的关系,也与当前宗教冲突加剧、民族矛盾激化、国际贫富不均、社会不公正等内外因素有重大关联。此外,它还需要有强大的财力支持。而组织卖淫、贩毒、人口拐卖、军火走私等正是筹措资金"便捷而有效"的手段。据媒体披露,涉嫌策划美国"9·11"事件的嫌疑人本·拉登及卡伊达"基地"组织就曾多次参与塞拉利昂的"血腥钻石"走私活动,从中牟取暴利,为恐怖活动聚敛资金。总之,当代恐怖主义组织正越来越与上述犯罪形式紧密结合。此外,一些富翁、犯罪集团、黑社会组织、基金组织甚至个别国家的政府,也通过提供资金、训练和庇护场所等手段,操纵控制恐怖组织,为己所用,加剧了恐怖主义背景的复杂性。

第三章 国际社会的反恐对策

第二次世界大战结束以来,国际恐怖主义犯罪逐步成为困扰世界各国的突出问题。尤其是"9·11"恐怖袭击事件之后,为了应对国际恐怖主义犯罪,联合国制定了一系列的反恐公约,世界各国也都十分重视反恐立法,通过缔结多边条约的方法以及强化国内反恐立法的方式来促进惩治国际恐怖主义活动的法治化。

第一节 国际社会的反恐立法

一、联合国反恐立法

(一)国际反恐公约

1. 国际反恐立法概述。联合国是当今世界上最大、最重要的国际政治组织。自1945年10月24日成立以来,联合国在维持世界和平和发展方面发挥了重要作用。长期以来,联合国一直致力于架构能有效处理恐怖主义犯罪问题的全面法律框架,以推动世界各地区和各国反恐立法的全面发展。在联合国的积极努力下,一系列以打击国际恐怖主义犯罪为内容的公约不断涌现,为国际反恐斗争提供了坚实的国际和国内法律基础。20世纪60年代以来,联合国等国际组织相继制定了一系列国际反恐公约,主要有13项,根据主持制定的主体,这些反恐公约可分为两类。

一类是联合国制定和通过的全球性反恐公约,共5个:即1973年的《关于防止和惩处侵害应受国际保护人员包括外交代表的罪行的公约》,1979年的《反对劫持人质国际公约》,1997年的《制止恐怖主义爆炸事件的国际公约》,1999年的《制止向恐怖主义提供资助的国际公约》,2005年的《制止核恐怖主义行为国际公约》。另一类是联合国专门机构即国际民用航空组织、国际海事组织和国际原子能机构三个专门机构所制定和通过的全球性反恐公约,共8个:即1963年的《关于在航空器内的犯罪和犯有某些其他行为的公约》,1970年的《关于制止非法劫持航空器的公约》,1971年的《关于制止危害民用航空安全的非法行为的公约》,1979年的《核材料实物保护公约》,1988年的《制止在国际民用航空服务机场进行非法暴力行为的议定书》,1988年的《制止危及海上航行安全非法行为公约》,1988年的《制止危及大陆架固定平台安全的非法行为议定书》,1991年的《关于注标塑性炸药中添加识别剂以便侦测公约》,其中有些条款规定了某些恐怖主义犯罪。2005年,国际社会还对其中三个公约做了实质性修改,特别将恐怖主义威胁纳入其中;同年7月8日,各国通过了《核材料的实物保护公约修正案》,并于10月14日在《制止危及海上航行安全非法行为公约2005年议定书》和《制止危及大陆架固定平台安全的非法行为议定书之2005年议定书》方面达成一致。

13项国际反恐公约或议定书构成了国际反恐立法的主干[1],在全球反恐斗争中发挥了不可或缺的作用。可以说,国际公约在确立打击国际恐怖主义的国际规则上已经取得了一系列重大突破,但是作用的发挥有赖于各国对公约的签署、加入和实施。已签署的各种反恐合作协议真正得到落实的仍然较少,在执行过程中又往往大打折扣[2],所以,如何真正发挥它们的实效值得重视。同时,已有的公约还存在着种种不足,比如除对义务做出规定外,各公约并没有对成员国不履行义务的法律后果做出明确规定,导致各成员国在适用公约上的随意性。况且,"由于迄今对恐怖主义尚无一个统一的定义,也缺乏一个综合性的反对国际恐怖主义的国际公约,因而给国际社会对国际恐怖主义活动采取一致行动以及各国在反对恐怖主义进行有效合作等方面造成了不利的影响"[3],制定一部打击国际恐怖主义的全面的国际公约呼之欲出。

2. 联合国的具体反恐立法。国际恐怖犯罪活动以"9·11"美国恐怖袭击事件为标志,据此可以把国际恐怖犯罪活动划分为两大时期,以"9·11"为分界线,联合国的反恐立法也可以相应地划分为这两个时期。

第一,"9·11"之前的联合国反恐公约。在1963年9月14日,国际民用航空组织在日本东京制定《关于在航空器内的犯罪和犯有某些其他行为的公约》(Convention on Offences and Certain Other Acts Committed on Board Aircraft),通常简称《东京公约》,于1969年生效。该公约第一次提出了"非法劫持航空器"的概念,主要规定了航空器的法律地位,并确认了缔约国的权利和

---

[1] 张智辉. 国际刑法通论[M]. 北京:中国政法大学出版社,1999:211-215、221-222.
[2] 李湛军. 恐怖主义与国家治理[M]. 北京:中国经济出版社,2006:303.
[3] 引自我国代表于1996年就《联合国反对国际恐怖主义措施议题决议》所作的解释性发言;转引自赵秉志. 国际恐怖主义犯罪及其防治对策专论[M]. 北京:中国人民公安大学出版社,2005:305.

义务等内容。我国政府于1978年11月14日向国际民航组织秘书长交存该公约的加入书。

在1970年12月16日,国际民用航空组织于荷兰海牙制定《关于制止非法劫持航空器的公约》(Convention for the Suppression of Unlawful Seizure of Aircraft),通常简称《海牙公约》,于1971年10月14日生效,主要对劫持飞机行为进行了详细规定,并确立了不引渡即起诉原则。《关于在航空器内的犯罪和犯有某些其他行为的公约》虽然对"非法劫持航空器"进行了规定,但这仅仅是一个普通概念的定义而非规定为犯罪行为。《关于制止非法劫持航空器的公约》在"非法劫持航空器"概念的基础上,明确了"劫持航空器罪"的定义,在对劫机犯罪的认定、管辖和责任追究等方面进一步明确化、规范化,很大程度上便利了各国对国际劫持航空器的犯罪进行惩处。我国政府于1980年9月10日向美国政府交存该公约的加入书,该公约于1980年10月10日对我国生效。

在1971年9月23日,国际民用航空组织于加拿大蒙特利尔通过《关于制止危害民用航空安全的非法行为的公约》(Convention for the Suppression of Unlawful Acts against the Safety of Civil Aviation),通常简称《蒙特利尔公约》。由于该公约主要是规制非法劫持航空器之外的其他非法危害民用航空安全的行为,故联合国官方也将其简称为《民航公约》。该公约对劫持航空器以外的其他危害国际航空安全的犯罪行为做了明确规定,使所惩治的罪行范围由狭义的"空中劫持"扩大为广义的危害航空安全的犯罪,不仅包括"飞行中",而且还包括在"使用中"的航空器内所犯的罪行;不仅涉及针对航空器的犯罪,而且还涉及针对航空设备的犯罪,并授权犯罪发生地国、航空器所属国、航空器降落地国、航空器永久经营地国可以对此种犯罪进行管辖。我国政府于1980年9月10日加入该公约,该公约已于1980年10月10日对我国生效。

在1973年12月14日,第二十八届联合国大会第2202次全体会议做出第3166号决议一致通过《关于防止和惩处侵害应受国际保护人员包括外交代表的罪行的公约》(Convention on the Prevention and Punishment of Crimes Against International Protected Persons, including Diplomatic Agents),于1977年2月20日正式生效。该公约是在恐怖主义犯罪猖獗,特别是针对外交机构和外交代表以及其他应受国际保护人员所进行的恐怖主义犯罪活动急剧增加的情况下制定的,这是一部专门针对国家元首、政府首脑、外交代表以及其他应受国际保护人员进行保护并对侵害上述人员的犯罪行为进行惩处的多边国际公约。该公约有20个条文,主要内容涉及侵犯应受国际保护人员的犯罪界定,国家对此类犯罪的管辖与惩罚义务,以及各缔约国在引渡、司法协助方面的义务等。这个公约对于维持国际和平与稳定,促进和发展国家间的友好关系及其合作,预防、制止和惩处国际恐怖主义犯罪活动以及保障应受国际保护人员的人身安全和自由,保证他们有效执行公务,有着非常重要的意义和作用。该公约是对原有的预防、禁止与惩治该项罪行的国际刑法原则、规则、制度的编纂和发展,奠定了国际刑法规范中侵害应受国际保护人员罪的立法基础。1987年6月23日,我国第六届全国人民代表大会常务委员会第二十一次会议通过了《全国人民代表大会常务委员会关于我国加入〈关于防止和惩处侵害应受国际保护人员包括外交代表的罪行的公约〉的决定》,同时声明对该公约第13条第1款予以保留,不受该条款约束。1987年8月5日,我国正式交存公约加入书,并于1987年9月4日对我国正式生效。

　　1979年12月18日,第三十四届联合国大会第105次全体会议的第34/146号决议一致通过《反对劫持人质国际公约》(International Convention Against the Taking of Hostages),于1983年6月3日正式生效。该公约共有20条,具体规定了劫持人质的犯罪行为的构成要件、管辖原则、扣留措施以及起诉义务与引渡责任,是国际社会对劫持人质犯罪进行惩治的重要法律文件。公约对劫持人质罪及其惩处的明确规定,为在国际范围内通过广泛、密切的刑事合作,反对和制裁劫持人质的恐怖主义犯罪活动提供了国际刑法依据。需要指出的是,尽管该公约并未以"恐怖主义"为标题,但其序言明确指出制定该公约是为了"防止作为国际恐怖主义的表现的一切劫持人质行为",因而它也是一部惩治恐怖主义犯罪的重要国际公约。1992年12月28日,我国第七届全国人民代表大会常务委员会第二十九次会议通过了《全国人民代表大会常务委员会关于我国加入〈反对劫持人质国际公约〉的决定》,同时声明对第16条第1款予以保留,不受该款约束,该公约已于1993年1月26日对我国生效。

　　1979年10月26日,国际原子能机构在奥地利维也纳通过《核材料实物保护公约》(Convention on the Physical Protection of Nuclear Material),于1987年2月8日正式生效。该公约主要对违反输出核原料的规定的各犯罪行为进行界定,并对核材料实物保护和惩处核材料犯罪等问题做了具体规定,规定了"非法获取和使用核材料罪",并要求缔约国进行刑事管辖。我国政府于1988年12月2日向国际原子能机构总干事交存该公约的加入书,同时声明不受该公约第17条第2款所规定的两种争端解决程序的约束,并于1989年

1月2日对我国生效。

1988年2月24日,国际航空器组织通过《制止在为国际民用航空服务机场进行非法暴力行为的议定书》(Protocol for the Suppression of Unlawful Acts of Violence at Airports Serving International Civil Aviation),这是对1971年《蒙特利尔公约》的补充规定,通称《蒙特利尔议定书》。由于该议定书主要是规制非法劫持航空器之外的其他非法危害民用航空安全的行为,故联合国官方也将其简称为《机场议定书》。《蒙特利尔公约》主要是保护国际民用航空的"机场上"的人员和设施以及降停在机场上的飞机的安全,而该议定书明确将危害国际民用航空机场安全的暴力行为规定为一种国际犯罪,对发生于机场的危害航空安全的暴力犯罪行为和破坏机场设施的犯罪进行管辖。我国政府作为该议定书的第一批签字和批准国,在该议定书在国际上生效的同时,即1989年8月6日对我国生效。

1988年3月10日,国际海事组织于意大利罗马签订《制止危及海上航行安全非法行为公约》(Convention for the Suppression on Unlawful Acts Against the Safety of Maritime Navigation),这是专门针对在船舶上发生的恐怖活动而制定,并于1992年3月1日正式生效。该公约在"认识到防止危及海上航行安全非法行为方面需要所有国家严格遵守一般国际法的规则和原则"的基础上,把历史上有关海盗的习惯法纳入其中,并较为详细地规定了有关危害航海安全的罪行及其相关管辖与处罚问题,对"危害海上航行安全罪"做出了较为明确的界定。1988年10月25日,我国驻英国大使冀朝铸代表我国政府签署了该公约,同时做出了"有待批准"和不受该公约第16条第1款规定约束的声明;1991年6月29日,我国第七届全国人民代表大会常务委员会第二十次会议通过了《全国人民代表大会常务委员会关于批准〈制止危及海上航行安全非法行为公约〉及〈制止危及海上航行安全非法行为公约议定书〉的决定》,同时声明不受该公约第16条第1款约束;1991年8月20日,我国政府向国际海事组织秘书长提交批准书。我国作为该公约的首批签署国和批准国,该公约已于国际生效的当日,即1992年3月1日对我国生效。

1988年3月10日,国际海事组织于意大利罗马通过《制止危及大陆架固定平台安全的非法行为议定书》(Protocol for the Suppression of Unlawful Acts Against the Safety of Fixed Platforms Located on the Continental Shelf),并于1992年3月10日正式生效。该议定书条文比较简短,规定了"危害大陆架固定平台安全罪"、固定平台的定义及司法管辖的相关内容。1991年6月29日,我国第七届全国人民代表大会常务委员会第二十次会议通过了《全国人民代表大会常务委员会关于批准〈制止危及海上航行安全非法行为公约〉及〈制止危及海上航行安全非法行为公约议定书〉的决定》;1991年8月20日,我国政府向国际海事组织秘书长提交批准书,该议定书于国际生效的当日,即1992年3月1日对我国生效。

1991年3月1日,《关于注标塑性炸药中添加识别剂以便侦测公约》(Convention on the Making of Plastic Explosives for the Purpose of Detection)签订于加拿大蒙特利尔,并于1998年6月21日正式生效。该公约没有直接规定何种行为是国际恐怖主义犯罪,主要是针对利用可塑炸药实施国际恐怖活动,要求各缔约国开展国际合作,以共同预防此类恐怖主义事件的发生。公约的内容涉及"炸药""探测元素"等概念,缔约国的责任和义务,"炸药技术国际委员会"的组成和职责以及公约《技术附件》的修正等。由于各种原因,到目前为止,我国政府尚未签署或者加入该公约。因此,该公约对我国亦不生效。

1997年12月15日,第五十二届联合国大会第72次全体会议通过第52/164号决议,通过《制止恐怖主义爆炸事件的国际公约》(International Convention for the Suppression of Terrorism Bombings),并决定1998年1月12日至1999年12月31日在纽约联合国总部开放该文书供签署。该公约由序言和24条正文组成,于2001年5月23日正式生效,是人类历史上第一个专门用于打击恐怖主义爆炸活动的国际法律文件,主要有五项内容:一是界定了恐怖主义爆炸罪的定义,要求各缔约国在其国内法中明确规定恐怖主义爆炸行为;二是要求各缔约国对发生在其领域内的或者由其国民所实施的恐怖主义爆炸行为,或者危害其国民的恐怖主义爆炸行为,行使刑事管辖权;三是各缔约国应当尽最大努力相互提供司法协助,共同打击恐怖主义爆炸行为;四是各缔约国应对在其国内发现的实施恐怖主义爆炸行为的犯罪嫌疑人采取"或引渡或起诉"的原则;五是对恐怖主义爆炸罪不适用政治犯不引渡原则。2001年10月27日,第九届全国人民代表大会常务委员会第二十四次会议通过了《全国人民代表大会常务委员会关于加入〈制止恐怖主义爆炸事件的国际公约〉的决定》,同时声明对该公约第20条第1款予以保留,不受该款约束。2001年11月13日,我国加入该公约,该公约于2001年12月13日对我国生效。

第二,"9·11"之后的联合国反恐公约。2001年"9·11"事件后,联合国立即做出强有力的反应,2001年安理会第1373号决议确定了其会员国反对恐怖主义的义务,即所有政府都有义务不组织、唆使(怂恿)、资助或参加反对另一个国家的恐怖主义活动,这一决议成为"联合国反恐斗争的基石"。"9·11"事件一方面推动了一部分公约的生效与制定,如《制止向恐怖主义提供资助的国际公约》的迅速生效;另一方面,面对日益严峻的反恐形势,联合国专门机构也对原公约进行了修改,以适应形势发展的需要。

早在1999年12月9日,第五十四届联合国大会第76次全体会议以第54/109号决议的形式,通过了《制止向恐怖主义提供资助的国际公约》(International Convention for the Suppression of the Financing of Terrorism),并于2002年4月10日正式生效。该公约由28条正文和1个附件组成,规定了"资助恐怖主义罪"的定义,并要求缔约国采取相应的立法、司法、执法及金融监管措施,对资助恐怖主义犯罪行为予以预防、打击;规定了缔约国对资助恐怖主义犯罪行使管辖权的法律依据;规定了缔约国应当就惩治资助恐怖主义犯罪开展引渡和刑事司法协助方面的国际合作;规定了缔约国发生争议时的解决途径;规定了该公约的批准、生效和退约程序。该公约要求每一缔约国应根据其本国法律原则采取适当措施,以识别、侦查、冻结或扣押用于实施或调拨以实施恐怖主义罪行的任何资金及犯罪所得收益,并予以没收;该公约还对金融机构如何采取措施制止恐怖活动的资金流动,以及有关移送犯罪嫌疑人出国作证、引渡、司法协助等方面进行了比较具体的规定。可见,这是专门为了切断恐怖主义活动资金来源而制定的国际法律文书,不仅为国际社会打击资助恐怖主义的行为提供法律依据,而且为打击恐怖主义行为创设了一项新的措施,即通过控制恐怖分子的资金来源控制恐怖主义犯罪。2001年11月13日,我国签署了《制止向恐怖主义提供资助的国际公约》。2006年2月28日,第十届全国人民代表大会常务委员会第二十次会议通过了《全国人民代表大会常务委员会关于批准〈制止向恐怖主义提供资助的国际公约〉的决定》,同时声明不受该公约第24条第1款约束。2006年4月19日,中国常驻联合国代表王光亚大使向联合国秘书长交存了该公约的加入书,该公约已于2006年5月19日对我国生效。

2005年4月13日,第五十九届联合国大会第91次全体会议以第59/290号决议的形式一致通过《制止核恐怖主义行为国际公约》(The Convention on the Suppression of Acts of Nuclear Terrorism),并于2007年7月7日正式生效。该公约共28条,涉及"放射性材料""核材料"以及"核设施"和"装置"等定义,"核恐怖主义罪"的界定,"国家使用核武器"问题,司法管辖、引渡以及其他国际合作,涉案核物品的处理,公约的修改等内容。可见,该公约是目前为止应对核恐怖主义犯罪活动的专门国际公约,首次界定了核恐怖犯罪行为的定义，填补了现有反恐公约体系的空白，完善了国际反恐法律框架，为预防和惩治核恐怖犯罪提供了法律依据。2005年9月14日，我国政府签署了《制止核恐怖主义行为国际公约》；2010年8月28日，第十一届全国人民代表大会常务委员会第十六次会议批准加入了该公约。

　　由于国际形势的变化，世界范围内涉及核材料非法交易的事件时有发生，国际恐怖主义和宗教极端主义分子的活动日益猖獗，因此，如何防止核材料扩散和防止核设施被蓄意破坏成为国际社会关注的热点。而《核材料实物保护公约》适用范围已不能满足形势发展的需要，希望通过修订公约以加强国际核材料实物保护机制。2005年7月8日，国际原子能机构召开《核材料实物保护公约》修订大会，与会的89个缔约国代表以协商一致的方式通过了旨在进一步加强核设施与核材料保护的公约修订案，公约保护范围增加了核设施保护的内容，标题也改成了《核材料和核设施实物保护公约》(Convention on Physical Protection of Nuclear Material and Facilities)。公约首次明确规定，缔约国要在保护核材料安全、防范核恐怖主义方面进一步加强国际合作，以迅速采取措施，查明和追回被盗或被走私的核材料，减少任何放射性后果或破坏，并预防和打击相关犯罪。公约目的在于防范团体或个人非法获取、使用或扩散核材料，保护核材料在国际运输中的安全，并在追回和保护丢失或被窃的核材料、在惩治或引渡相关犯罪人员领域加强国际合作，对公约范围内规定的犯罪建立普遍管辖权，以达到防止核扩散的危险发生，同时加强核设施的保护。

　　2005年10月14日，国际海事组织召开外交大会，审议并通过了《制止危及海上航行安全非法行为公约议定书》[①]及《制止危及大陆架固定平台安全非法行为议定书》。"9·11"事件发生后，国际海事组织大会通过了第A.924(22)号决议，要求修改现有国际法律和技术措施并审议新措施，以防止和打击针对船舶的恐怖主义和加大船上和岸上的保安，从而减少船上和港区旅客、船员和港口人员、船舶及货物的风险。为了加强海上安全，《制止危及海上航行安全非法行为公约议定书》将利用船舶作为手段实施恐怖犯罪行为的行为、明知各种材料是为了实施恐怖犯罪行为之目的而将被用来造成或威胁造成死亡或严重伤害或破坏却用船舶运输此种材料的行为、利用船舶运送已实施恐怖行为者的行为规定为刑事犯罪，并对公约的适用范围、船旗国及船

---

① 危敬添.制止危及海上航行安全非法行为公约2005年议定书简介[J].中国远洋航务，2007：(1).

长的责任和义务、引渡和司法协助问题做出修改,实际上也扩大了"危害大陆架固定平台安全罪"的适用范围。

(二)《关于国际恐怖主义的全面公约(草案)》

1.《关于国际恐怖主义的全面公约(草案)》的拟定。为了加强国际反恐的全面合作,充分发挥国际合作在打击恐怖主义方面的积极作用,联合国在1994年12月9日第四十九届联合国大会第八十四次全体会议通过的第46/60号决议所附的《消灭国际恐怖主义措施宣言》指出"深信需要经常审查有关打击一切形式和面貌的恐怖主义的现有法律规定的范围,以期确保有一个全面的法律框架来防止和消灭恐怖主义"。决议首次提出"打击一切形式和面貌的恐怖主义"需要有"一个全面的法律框架"。1996年12月17日,第五十一届联合国大会通过第51/210号决议,联合国大会在该决议中做出了一个非常重要的决定:"设立一个对联合国所有会员国或者各专门机构或国际原子能机构成员开放的特设委员会……接着再研究如何进一步发展一个对付国际恐怖主义的综合性公约法律框架。"由此,制定一项关于国际恐怖主义的综合性公约法律框架就列入了联合国的工作规划。

1998年12月8日,第五十三届联合国大会第八十三次全体会议以第53/108号决议的形式通过了《消除国际恐怖主义的措施》,在该决议中联合国强调应当加强国际反恐合作并就起草制定一项有关国际恐怖主义的全面公约进行了安排,将制定和审议有关国际恐怖主义的全面公约正式列入联合国的工作计划。1999年12月9日,第五十四届联合国大会第七十六次全体会议以第54/110号决议的形式通过了《消除国际恐怖主义的措施》,在该决议中专门就全面公约(草案)的起草和审议做出了具体的时间安排。根据联合国大会第53/108号和第54/110号决议的要求,联合国大会第六委员会如期召开会议,并于2000年9月25日第二次会议设立了一个专门工作组,由该工作组负责有关国际恐怖主义全面公约的起草和审议工作。2000年9月25日至10月6日,该工作组共举行了9次会议,在工作组的第一次会议上印度代表团介绍了题为"关于国际恐怖主义的全面公约(草案)"的工作文件,工作组根据印度提出的草案开始拟定关于国际恐怖主义的全面公约。根据各国代表团就国际恐怖主义全面公约(草案)提出的修正案和提案以及工作组的一般讨论情况,2000年10月6日在工作组的第九次会议上,工作组决定建议第六委员会以工作组各次会议的工作成果为基础,继续进行关于国际恐怖主义的综合性公约草案的拟定工作。自此,联合国《关于国际恐怖主义的全面公约(草案)》的起草和审议工作正式拉开了序幕。

2001 年至今,联合国大会特设委员会在每年 2—3 月份均召开专门会议,讨论、修改和继续拟订《关于国际恐怖主义的全面公约(草案)》。而且,在每届联合国大会期间,联合国大会第六委员会也成立了一个专门工作组,负责《关于国际恐怖主义的全面公约(草案)》的讨论、修改和继续拟订。在 2010 年 4 月 12 日至 4 月 16 日,联合国大会特设委员会在第十四届会议提交的《报告》指出,"各代表团重申重视公约草案的早日缔结","关于公约草案的未决问题,多个代表团强调必须包含有关于恐怖主义的明确定义"。但是,由于受到各种因素的影响,在《关于国际恐怖主义的全面公约(草案)》的个别条款上,各国仍存在分歧,由此导致国际社会至今仍未能就《关于国际恐怖主义的全面公约(草案)》达成完全一致的意见,该全面公约(草案)也未能获得联合国大会的审议通过。2010 年 4 月 16 日,特设委员会的第四十六次会议决定,建议第六委员会在大会第六十五届会议上设立一个工作组,以完成关于国际恐怖主义的全面公约(草案)的定稿,并继续讨论大会关于在联合国主持下召开一次高级别会议问题的第 54/110 号决议列入其议程的这一项目。但是,由于《关于国际恐怖主义的全面公约(草案)》的个别条款存在分歧,该全面公约(草案)至今仍然处于协商、谈判和拟订修改阶段,未能在国际社会生效。①

　　2.《关于国际恐怖主义的全面公约(草案)》的主要内容。经历多次修改,最终出现了 2010 年最新版本的《关于国际恐怖主义的全面公约(草案)》。全面公约(草案)正文共计 27 条,第 2 条第 1 款规定:本公约所称的犯罪,是指任何人以任何手段非法故意致使:(1)人员死亡或人体受到严重伤害;或(2)包括公用场所、国家或政府设施、公共运输系统、基础设施在内的公共或私人财产或环境受到严重损害;或(3)本条第 1 款第 2 项所述财产、场所、设施或系统受到损害,造成或可能造成重大经济损失,而且根据行为的性质或背景,行为的目的是恐吓某地居民,或迫使某国政府或某国际组织实施或不实施某一行为。② 该定义从主体、手段、对象、目的等方面对恐怖主义进行了概括,这是国际社会第一次对恐怖主义犯罪行为做出的一般性定义,无疑是个巨大的进步。

　　该全面公约(草案)作为现有国际反恐文书框架的补充,吸纳了最近的反恐公约内已存在的主要指导原则:将恐怖主义侵害定为犯罪,并通过法律进

---

① 马长生,贺志军. 国际恐怖主义及其防治研究:以国际反恐公约为主要视点[M]. 北京:中国政法大学出版社,2011:235 – 240.

② 联合国文件 A/C. 6/6. 5/L. 10. 消除国际恐怖主义的措施. (2010).

行制裁,且要求起诉或引渡犯罪者;首次明确规定了"不给予难民身份",以防止借"难民身份"拒绝引渡嫌疑犯;必须废除依据政治、哲学、思想、种族、民族、宗教或类似背景免除将恐怖行为定为犯罪的立法;强烈要求各成员国采取行动防止恐怖行为;强调各成员国在防止、调查和起诉恐怖行为的方面,需开展合作、交流信息并相互提供最佳援助措施;强调"法律实体的责任"不仅适用于打击向国际恐怖主义提供资助的行为,而且将适用于一切形式和领域的国际恐怖主义行为。在管辖权、引渡、国际合作以及嫌疑犯的权利保障等许多方面,《关于国际恐怖主义的全面公约(草案)》借鉴了已有的 13 项国际反恐公约的宝贵立法经验,在立法技术上日臻成熟。

总之,《关于国际恐怖主义的全面公约(草案)》,无论是在内容上还是在形式上,都是一次重大的飞跃和突破。虽然该全面公约(草案)现在还未能获得通过,但是随着国际反恐合作的进一步加强,国际社会打击恐怖主义的全面合作已是势不可挡的历史潮流,是不以少数国家的意志为转移的大势所趋。①

二、其他国家的反恐立法

(一)德国的反恐立法

1. "9·11"之前的反恐立法。德国现行《刑法典》是在 1998 年 11 月 13 日公布、1999 年 1 月 1 日起生效的,将恐怖活动犯罪规定在分则第七章妨害公共秩序犯罪中。对于恐怖犯罪,《刑法典》只独立规定有"建立恐怖组织罪",而将具体的恐怖活动按照其目的、性质等不同,分别规定在各类不同的犯罪中。根据德国《刑法典》第 129 条 a 规定,行为人建立其目的或者活动旨在实施恐怖行为的组织的,或者作为其成员参加这种组织的,处以 1 年至 10 年监禁;行为人是领导者或者幕后者时,判处不低于 3 年监禁;行为人援助恐怖组织或者为其宣传的,处 6 个月至 5 年监禁。在司法实践中,判处刑罚的前提是恐怖组织应当至少在德国存在分支机构,换言之,只有在德国境内从事恐怖活动的组织或个人才会受到刑罚惩罚;而对于在德国境内生活的国外恐怖组织的成员,《刑法典》则无能为力。②

2. "9·11"之后的反恐立法。在打击国际恐怖主义犯罪的形势下,2001 年 9 月 19 日,德国内阁向议会提交了《第一个一揽子安全立法》并获得通过,

---

① 马长生,贺志军.国际恐怖主义及其防治研究:以国际反恐公约为主要视点[M].北京:中国政法大学出版社,2011:235-247.
② 刘仁文.刑事法治视野下的社会稳定与反恐[M].北京:社会科学文献出版社,2013:411-413.

该法主要涉及对德国《刑法典》的修改,规定对创建恐怖组织的行为进行刑罚惩罚,将德国《刑法典》第129a条扩大到适用于国外的恐怖组织和犯罪组织,参与或支持此类组织也被视为刑事犯罪;禁止在德国境内参与任何犯罪组织,即使经过谋划的犯罪行为发生在德国境外;取消对具有宗教基础的极端组织犯罪指控的豁免,极端宗教组织也能基于与其他极端组织同样的理由而被禁止。2002年8月22日,德国通过了《第34号刑法修订法》,并于2002年8月30日生效。该法在刑法典中增设了第129b条,扩大了成立恐怖组织的刑事犯罪范围,包括成立、参加和资助恐怖组织等,以便处理国际恐怖主义犯罪带来的新型威胁。此外,第129b条还对长期没收和查抄资产做出规定。根据该法第1条第7款的规定,以《刑法典》第129条组织犯罪集团罪和《刑法典》第129a条第43款支持恐怖组织罪,包括外国的恐怖组织以及为此类组织招募人员,取代《刑法典》第261条第1款中的洗钱或隐藏非法所得资产之前的各项罪行。

在《刑法典》之外,德国联邦政府于2001年11月7日提出了第二套反恐法案,即《反国际恐怖主义法》。联邦众议院于2002年1月9日通过了该法案。该法不是一个含有全新内容的独立法典,而是由立法机关根据反恐斗争的需要,对原有的《联邦宪法保卫法》《军事反间谍局法》《联邦情报局法》《安全审查法》等21部法律进行修改的结果。这些修正令共同构成一部新法律,为惩治恐怖活动犯罪提供了强有力的法律武器。这部新法的目的在于增加安全机构在预防恐怖主义犯罪上的职权,促进各个机构之间必要的数据信息交流,阻止恐怖犯罪分子进入德国境内,提高识别能力以确认已经进入德国境内的极端分子,授权在德国飞机上部署空中警察,加大德国边界的控制力度,对于在重要设施和关键国防设施工作的人员实施安全检查,为在护照和身份证中加入生物数据提供法律基础等。

(二)英国的反恐立法

1. "9·11"之前的反恐立法。英国没有综合性的刑法典,其惩治恐怖活动犯罪的规定只存在于有关反恐的专门立法中。早在20世纪初期,针对北爱尔兰和不列颠岛上发生的暴力恐怖活动,英国分别于1922年和1939年制定了《北爱特别权力法》和《预防暴力活动(暂行规定)法》,但这些法律没有专门性的反恐内容。英国在1973年颁布《北爱紧急权力法》,这是针对北爱尔兰恐怖主义的第一部反恐法。该法废除并取代了1922年的《北爱特别权力法》。由于该法案是临时性的,因而需要草拟与该法大体一致的法律议案提交国会审议,这样就有了后来的1975年、1978年、1987年、1991年和1998

年《北爱紧急权力法》。1974年《预防恐怖主义活动(暂行规定)法》是英国第一部针对大不列颠境内恐怖主义犯罪的法律,该法废止并取代了1939年的《预防暴力活动(暂行规定)法》。该法同样是一部临时性立法,并且在1976年、1984年、1989年和1996年进行了续订。① 由于二十多年来制定和适用"临时"反恐立法积累了一定的经验,英国政府认为制定永久性反恐法的时机已经成熟,于是在1998年出台了《刑事审判(恐怖分子及共犯)法》,该法保留了《预防恐怖主义活动(暂行规定)法》中的大部分条款。尽管英国较早采取了打击恐怖主义犯罪的广泛立法措施,但随着国内外形势的变化,原有立法显然难以满足实践的需要。进入21世纪之后,英国把反恐提高到了新的战略高度,相继颁布了五部反恐法,从而形成了较为完备的反恐法体系。

下面简介《2000年反恐怖主义法》(Terrorism Act 2000)。英国于2000年7月20日通过了《2000年反恐怖主义法》,该法属于永久性立法,取代了临时性的《北爱尔兰(紧急规定)》和《预防恐怖主义(暂行规定)法》。《2000年反恐怖主义法》创设了预防和打击恐怖主义犯罪的刑法措施,构成了英国反恐刑法的基本框架,强化了原有的反恐权限,界定了"恐怖主义"的概念,规定了资助恐怖主义的若干罪名,包括认定和禁止恐怖组织、确立有关恐怖主义资产的犯罪以及警方的调查权力等内容。

2. "9·11"之后的反恐立法。为应对日益严峻的国际恐怖主义,英国决定加强现有刑法,于2001年12月19日通过了《2001年反恐怖主义、犯罪和安全法》(Anti-Terrorism ,Crime and Security Act 2001),确立了预防和打击恐怖主义的基本法律框架。该法在《2000年反恐怖法》的基础上进行了修改,增加了新条款,具体包括反恐怖和安全、对恐怖组织的财产冻结、关于移民和庇护、对病毒病菌的控制、记录通讯资料、实施欧盟协定第6条及相关目标的条款。该法的主要宗旨是为了在多方面增强法制,确保政府有足够的能力对付日益逼近英国的威胁,最终禁止从事恐怖活动的境外组织将英国作为基地,从事非法筹款、煽动民族宗教仇恨、制造暴力等活动。

在2005年3月11日,英国通过了《2005年预防恐怖主义法》(Prevention of Terrorism Act 2005),主要规定了对恐怖犯罪分子嫌疑人的人身控制令,设置了违反控制令义务的若干犯罪与刑罚,以制约包括英国或外国公民在内的恐怖犯罪分子嫌疑人。"控制令"包括一系列限制措施,如禁止使用电话或互联网,限制行动和出行,限制与指定人的交流,使用电子佩戴器监视禁止外出

---

① 刘美珍.英国反恐立法初探[D].湘潭:湘潭大学,2004.

的执行情况等。

在2005年7月伦敦发生两轮连环恐怖爆炸后,英国政府开始调整其反恐政策,出台了一系列应急措施,并根据形势的变化对反恐立法进行修订。2006年3月30日,英国通过了《2006年反恐怖主义法》(Terrorism Act 2006),把鼓励、纵容恐怖主义的行为规定为犯罪,其范围包括颂扬恐怖主义、传发恐怖主义刊物、准备计划或协助他人的恐怖主义活动、指导或接受恐怖主义培训和参加恐怖主义训练营等。根据2006年该法的规定,核基地属于特定地区,未经许可非法侵入被视为恐怖主义犯罪,同时将审判前拘留恐怖嫌疑人的期限由14天延长至90天。

在2008年11月26日,英国通过了新的反恐法《2008年反恐怖主义法》(Counter-Terrorism Act 2008),贯彻严厉打击恐怖主义的立法精神,对原有数部反恐法进行补充完善。《2008年反恐怖主义法》涉及情报收集和共享、讯问恐怖分子嫌疑人、警察的告知义务以及限制涉恐资产的程序等内容,禁止对警察或军事人员拍照,以防止恐怖分子窥探重点目标。

在2011年12月,英国通过了《2011年恐怖主义预防与侦查措施法》(Terrorism Prevention and Investigation Measures Act 2011),废除了"控制令"制度,以针对恐怖主义犯罪嫌疑人的预防性人身控制体系为核心内容,通过"恐怖主义预防与调查令"的具体实施,并围绕"恐怖主义预防与调查令"的适用,分别阐明其适用对象和条件、限制措施的类型、适用前的司法审查、适用中的变更、事后权利救济程序等。《恐怖主义预防和侦查措施法》还是一部带有"日落条款"(Sunset Clause)的法令,有效期为5年。除非经议会批准延长,到期将会自动失效,以确保这一法令是针对恐怖主义威胁的"临时性对策"。在有效期内,政府还应定期向议会提交"评估报告",就法律的实施状况进行独立评价,以确保合理、富有成效的法律效果。

鉴于面临空前的恐怖威胁,英国政府从2014年11月26日开始,实行新的反恐法,即《2014年反恐怖主义法》,以进一步加强对恐怖活动的防范和打击力度。该法内容包括各类学校要采取措施避免学生被宗教极端化;实施临时驱逐令,禁止涉嫌参加恐怖活动的英国公民回国;赋予警方在英国边境临时没收涉恐人员护照最长30天的权力等。新法也对英国的航空、通信、保险公司等提出了明确要求,如航空公司要更加快捷有效地提供乘客信息,通信公司必须按要求提供指定时间内使用电脑和移动电话的人员信息,禁止保险公司向恐怖活动支付赎金等。

(三)法国的反恐立法

1."9·11"之前的反恐立法。1986年9月9日,法国《刑法典》设置了独立的恐怖主义行为罪,并配置较重的刑罚。恐怖主义行为的概念,一般是以开列在一份限制性清单上的一种普通刑法犯罪为基础,加上"单独或集体进行,目的是以恐吓或恐怖手段对公共秩序造成严重干扰"的表述。

1992年通过、1994年3月1日起生效的现行《刑法典》,在第四卷"危害民族、国家及公共安宁罪"中,以第二编专门规定了恐怖活动罪。根据法国《刑法典》第421-1条规定,恐怖活动罪是指实施故意杀人、故意伤害、绑架、非法拘禁、劫持交通工具等侵犯人身犯罪,或者盗窃、勒索、破坏、毁坏、损坏财产等侵犯财产犯罪以及计算机信息方面的犯罪,在其同以严重干扰公共秩序为目的,采取恐吓手段或恐怖手段进行的单独个人或集体性攻击行为相联系时所构成的犯罪。第421-2条还规定,在空气中、地面、地下或水里,其中包括在领海水域,施放足以危及人、畜健康或自然环境之物质的多种行为,如其与以严重扰乱公共秩序为目的采用恐吓或恐怖手段进行的单独个人或集体性侵犯行为相关联,也构成恐怖活动罪。第421-3条、第421-4条则分别确立了恐怖活动罪轻重不同的刑罚,最高可判处无期徒刑并科以500万法郎的罚金,还就恐怖活动罪的犯罪停止形态、共同犯罪形态、外国人犯罪、法人犯罪等问题做了专门规定。

除《刑法典》外,法国还颁布了专门的反恐怖法,分别于1994年和1996年增加了有关打击"生态恐怖主义"和"恐怖主义组织"的法律条文。法国反恐怖法在界定恐怖主义时有意避开了政治因素,顺应了国际上将恐怖分子与政治犯区别对待的立法潮流,如言论和针对共和体制的违法犯罪,有利于引渡恐怖分子。1996年7月22日,法国颁布了《第96-647号法》,规定了一项新犯罪,即具有恐怖主义性质的共谋罪。该法将《刑法典》第421-2条修订为:参加为通过一项或多项实际行动准备从事上述恐怖主义行为而设立的团体或订立的协议则构成恐怖主义行为,这条规定对防止利用法国领土针对第三国或其国民发动恐怖袭击是十分必要的。

2."9·11"之后的反恐立法。"9·11"事件后,为解决《刑法典》规定的不足,法国逐渐加快了刑法完善的步伐。2001年11月5日,法国颁布了新的立法以促进反恐斗争。该法在《刑法典》中增设了第421-2-2条即资助恐怖主义行为罪,可被判处10年徒刑和150万法郎罚金;在《货币和金融法典》第465-1条规定了与恐怖主义活动有关的内幕交易罪,可被判处7年徒刑和150万欧元罚金;在《刑法典》第421-1-6条规定了与恐怖主义活动有关的洗钱罪,可被判处10年徒刑和500万法郎罚金,罚金数额可增加到被清洗资产或资金的50倍;该法还在《刑法典》第422-6条和第422-7条规定一项附加刑,即允许没收恐怖主义罪犯的全部资产,所得资金可以储备为恐怖主义行为赔偿基金。

2004年3月9日,法国制定了关于"针对犯罪发展情况采取新司法手段和反恐怖主义的法律",对刑法典第421-5条第2款进行修订,将领导和组织犯罪团伙以准备实施恐怖主义行为专门定为刑事犯罪,可处20年徒刑及50万欧元罚金;对于贩卖和制造武器(包括生物武器)及爆炸物,如系有组织团伙实施的行为,刑罚增至10年徒刑;除专业用途之外,泄露以火药或爆炸物、核生化材料或其他任何家用、工业用或农用产品制造破坏性装置的工艺,被定为新的罪行,可处1年徒刑。如通过通信网络泄露工艺,增至3年徒刑(刑法典第322-6-1条);在食品或食品成分中投放危害人畜健康或自然环境的物质,被定义为一种新的生态恐怖主义罪行(刑法典第421-2条)。

2006年1月23日,法国通过了《反恐怖主义、安全与边境管制法》,严厉惩治为恐怖主义目的结成犯罪集团的行为。该法第11条规定,在《刑法典》第421-5条后面,加入第421-6条的规定,即"第421-2-1条所规定的集团和串通预备下列行为的,刑罚为20年徒刑和35万欧元的罚金:(1)对第421-1-1条所涉及人员进行一次或多次伤害犯罪的;(2)以可能引起一人或多人死亡的时间或地点的条件下得以实现的,第421-1-2条所涉及的爆炸物或放火方式进行一次或多次破坏的;(3)从事第421-1-2条所规定的能够引起一人或多人死亡的恐怖活动的。领导或组织该集团或串通的,处以10年徒刑和50万欧元罚金。"①

(四) 日本的反恐立法

1. "9·11"之前的反恐立法。日本《刑法典》没有专门的反恐条款,只是规定了大量发挥反恐职能的条款。根据日本刑法的规定,如果日本依据国际条约有义务惩罚犯有《刑法典》所涉罪行的人,日本法院便可审判这些罪犯,不论其国籍为何或住在何处,也不论犯罪地点在何处。因此,对于谋杀、人身伤害、非法监禁、绑架、抢劫或纵火等重罪都可加以惩罚,即便事发地点是在日本领土之外。除了《刑法典》规定外,相关刑法条款还存在于行政管制法规的罚则以及独立于刑法典的特别刑法之中。这些立法包括1952年《颠覆活动防止条例》,1991年《暴力团员不正行为防止法》,1995年《因沙林毒气等导致人身伤害防止法》,1999年《组织犯罪处罚及犯罪收益规制法》,1999年《对施行无差别大量杀人团体的规制法》。

---

① 杜邈.反恐刑法立法研究[M].北京:法律出版社,2009:86-87.

1952年《颠覆活动防止条例》用于镇压以协会身份实施暴力革命破坏活动的社团,公共安全检查委员会可以下令解散危险组织,用刑罚惩罚叛乱和外国侵略引诱犯罪的暗示和煽动等行为。1991年《暴力团员不正行为防止法》(1991年第77号法律),禁止被公共安全检查委员会指定的暴力团员实施法定的行为,违法者由公共安全检查委员会发出中止令或再发生防止令,如果违反这些命令,将处以相应的刑罚,该法分别于1993年和1997年做了修订。1995年《因沙林毒气等导致人身伤害防止法》(1995年第78号法律),是以奥姆真理教恐怖袭击为契机制定的法律,禁止制造、持有沙林毒气等用以大量杀伤的有毒物质,用刑罚惩罚散发此类有毒物质的行为。1999年《组织犯罪处罚及犯罪收益规制法》(1999年第138号法律)规定,如果作为一种团体活动由组织来实施故意杀人等犯罪,对实施犯罪者加重处罚;在关于不法收益的规定方面,除设置了对用犯罪收益来支配法人等事业的行为、洗钱行为的处罚规定之外,还强化了对犯罪收益的没收和追缴。1999年的《对施行无差别大量杀人团体的规制法》(1999年第147号法律),是为了对付在恐怖袭击发生后仍未被解散的奥姆真理教团设立的,规定了公共安全检查委员会对以团体活动形式实施无差别大量杀人活动进行观察处分,以防止惨剧再次发生;如果该团体的成员违反禁止性规定,应受到相应的刑罚处罚。

2. "9·11"之后的反恐立法。"9·11"事件后,在2001年10月,日本国会通过了有效期为两年的《反恐特别措施法》,为日本向海外派兵提供了法律依据。随后,日本向印度洋派遣海上自卫队舰艇,日本国会于2003年、2005年和2006年三次延长《反恐特别措施法》。该法虽然是日本历史上的首次反恐法,但其主要内容是为了支持英、美等国对阿富汗塔利班武装采取军事行动,允许日本海上自卫队派驻印度洋,向在该地活动的多国海军舰船提供燃料及后勤保障服务,并不涉及犯罪与刑罚的内容。

2002年《关于惩罚资助公共恐吓罪行法》(2002年第67号法律),作为执行《制止向恐怖主义提供资助的国际条约》的措施,对为以威胁公众为目的的犯罪提供资金的行为设置了新的罚则。2004年2月,日本政府向国会提出了"以对付犯罪的国际化、组织化为目的的刑法修正案",对以团体活动的形式实施一定的重大犯罪的组织新设了共谋罪,其特点是不把犯罪的"实行"作为要件,而具有预备、阴谋罪的性质。由此可见,立法者认识到当今社会存在许多根本价值观不同于一般市民的犯罪组织、邪教团体、政治集团,为了保护社会市民的生活利益,必须尽早对这些组织的活动进行刑事规制。所以,日本近几年来刑事立法的主题之一是基于有组织犯罪集团的存在及其活动而进行的犯罪化与重罚化。①

第二节 美国的反恐政策

一、美国的反恐立法

（一）美国的反恐立法概况

1．"9·11"之前的反恐立法。针对反恐问题，主要由美国联邦政府制定法律来应对，但一些州所通过的针对无政府主义者和共产主义的法律以及针对种族歧视的法律也可适用于一切恐怖行为，同时美国加入的反恐国际公约也起到了重要作用。早在20世纪80年代，美国就开始进行一系列的反恐立法，主要有1983年《关于国际恐怖主义活动的总统特别令》，1984年《人质拘禁之防止及处罚法》《反破坏飞机法》《禁止支援恐怖主义活动法》《提供恐怖主义活动情报奖励法》，1986年《外交安全与反恐怖主义法》，1995年《反恐怖主义法》等，这些法律规定的主要内容有六项。第一，组建专门的反恐机构，如设立特警队和人质营救队等。第二，扩大有关机构的司法权，美国联邦调查局和司法当局可以侦控、追诉劫持美国人质的恐怖主义分子，即使外国人也是如此。第三，严惩恐怖主义分子，对其量刑高至死刑。第四，奖励反恐有功人员，建立"提供反恐活动情报奖励基金"，总数为500万美元，奖励那些提供反恐情报或抓获恐怖分子的有功人员。第五，提供预防恐怖主义活动的措施，加大保护美国外交设施和人员安全的力度，积极培训外交官员反恐的能力。第六，打击帮助恐怖主义分子的国家，授权美国总统对任何支持或为恐怖主义分子提供住所、训练地、资金、物质或武器的国家进行军事打击或经济封锁与制裁等。②

1995年俄克拉荷马大爆炸以后，美国联邦政府开始关注国内恐怖犯罪，制定了一些法规专门规定跟踪和调查国内恐怖主义犯罪。1996年4月，美国通过了《反恐怖主义与有效死刑法令》（Antiterrorism and Effective Death Penalty Act），补充和修订了《美国法典》中有关对恐怖活动的定义以及其他一些相关事项的许多部分，这是美国迄今为止在国际反恐斗争方面制定得最为充分的法律，是美国进行反恐斗争的主要刑事措施。《反恐怖主义与有效死刑

---

① 日本刑法典[M]．2版．张明楷译．北京：法律出版社，2006：6．
② 杨正鸣．中外反恐立法分析[J]．《犯罪研究》增刊《犯罪研究新论》，2002年。

法令》包括几个主要内容:一是对恐怖主义国家的诉讼管辖,给予外国恐怖主义受害者以更大的权限;二是对恐怖主义受害者的援助,这部分又称为《恐怖主义受害者公正待遇法案(1996年)》,包含了对国际恐怖分子筹款的禁令、对援助恐怖主义国家的禁令以及对恐怖主义国家的制裁;三是外国恐怖分子和罪犯的遣送与驱逐,增加了遣送和驱逐涉嫌恐怖主义的外国人的权力;四是对核武器、生物武器、化学武器的限制;五是《关于在可塑炸药中添加识别剂以便侦测公约》的履行;六是对刑法的反恐修正令,美国政府通过修改移民程序和刑法,把参与恐怖活动的外来移民和本国国民通过美国的法律来审判。对刑法的反恐修正令中,刑法领域的改变主要有四个方面:监控措施的改变;通过司法系统追捕恐怖分子嫌疑犯,对恐怖分子嫌疑犯适用美国的审判系统;扩大针对恐怖主义的刑事审判权,加重对恐怖活动配合行为的惩罚;对特殊武器装备的控制,制定了有关枪支管理、核材料、爆炸装置或类似的爆炸装置的措施。

2. "9·11"之后的反恐立法。"9·11"事件震惊全美国,美国国会在事件发生后一周内迅速通过"授权使用武力"的决议,并于同年10月26日通过《美国捍卫与加强本土安全采取防范与打击恐怖主义举措的法令》(Uniting and Strengthening America by Providing Appropriate Tools Required to Intercept and Obstruct Terrorism Act),简称《爱国者法令》("USA PATRIOT ACT")。该法令旨在防范与打击美国境内和世界各地的恐怖主义活动,加强执法调查权力以及服务其他相关目的(如明确授权截听无线电、言谈和电子通讯中有关恐怖犯罪的信息),共156个条款,分为10个部分,主要有增加国内反恐安全、增强监视手段、2001年消除国际洗钱和反恐资金法案、边界保护、为调查恐怖主义扫清障碍、公共安全官员及其家属的恐怖袭击受害补偿、为保护关键设施而增加情报共享、强化反恐的刑事法律、改善情报机构以及其他规定。《爱国者法令》首次正式提出"国内恐怖主义行为"的概念,任何人只要"在美国境内旨在以威胁或强制方式影响政府……实施违反刑法危害他人生命"的行为,均构成国内恐怖主义行为罪。并且,扩大了1996年《反恐怖主义与有效死刑法案》中有关"实质性支持"恐怖主义的犯罪,这种支持可以是金钱资助,也可以是"提供专家咨询或帮助"的方式。①《爱国者法令》作为美国政府反恐利器,备受推崇。但反对者认为其赋予政府太大权力,公民自由无法得

---

① 虞平.美国刑事法发展动态[C]//赵秉志.全球化时代的刑法变革——国际社会的经验及其对中国的启示[M].北京:中国人民公安大学出版社,2007:85.

到保障。

2002年6月12日,美国总统布什签发《2002年公共卫生安全和生物恐怖防范应对法》,以提高美国预防与反生物恐怖主义以及应付其他公共卫生紧急事件的能力,包括国家对生物恐怖和其他公共健康紧急事件的应对措施,加强对危害性生物制剂和毒素的控制,确保食品和药物供应、饮用水的安全保障等内容,规定了一些相应的罪名与刑罚。

2005年12月14日,为了更加有效地应对恐怖主义,美国修改并增补2001年《爱国者法令》,通过了《2005年爱国者法增补及再授权法》。该法加强了判处恐怖分子的死刑力度,增设了对暴力破坏航海、放置毁灭性设备的犯罪制裁,增加了运输危险品及恐怖分子、破坏干扰船舶及航海设施、用船舶及航空器偷渡等罪名,加强了对恐怖融资、洗钱行为的刑事制裁。

2006年3月9日,美国通过了《2006年爱国者法令附加授权修正案》,再次修正2001年《爱国者法令》,将《爱国者法令》中即将到期的关键条款中的14项永久化,另外两项即"漫游窃听条款"和"搜查记录条款"由于争议最大,只延长4年。该法主要规定个人受到国家安全令后的保密义务以及对图书馆有线通信或电子通信服务的限制,基本不涉及刑法内容。

(二)《爱国者法令》的相关法律制度

1. 刑事法律制度。《爱国者法令》的相关法律制度中,刑事法律制度主要是司法令状的软化,增进部门间的情报披露,扩大警方的搜查、逮捕、窃听权。

司法令状是指在进行强制性处分时,关于该强制性处分是否合法以及是否必要,必须由法院或者法官予以判断并签署令状;当执行强制性处分时,原则上必须向被处分人出示该令状[①],《爱国者法令》有明显软化令状的倾向。其一,有关搜查令的全国适用。美国《联邦刑事诉讼法》第41条规定,要搜查任何财产,必须取得财产所在街区法庭颁发的搜查令,而《爱国者法令》授权法庭有权颁布搜查令,直接搜查任何电子证据,而无须电邮服务商主机所在地的司法机构的介入。另根据《联邦刑事诉讼法》规定,在某一辖区获得的搜查令其适用范围就只能限于该辖区。而《爱国者法令》规定,只要是为了侦查恐怖主义犯罪,在任何一个司法辖区获得的搜查令可以在全国适用。其二,扩大了某些司法令状的适用范围。按照旧的法律规定,某一地区法庭颁布的

[①] 宋英辉.刑事审判前程序的理念与原则——兼谈我国刑事诉讼制度改革面临的课题[C]//陈光中,江伟.诉讼法论丛[M].北京:法律出版社,2001:12.

司法令状,只能适用于该法庭的管辖区域,超过此区域的必须申请新的令状。而《爱国者法令》授予法庭发出的上述令状具有普适性的效力,即任何辖区法庭发出的令状都可以在美国领土内的所有司法辖区适用。为有效获得上述信息,提高侦查效率,《爱国者法令》扩大了电信记录传票的适用范围。如果调查人员出示传票,服务商必须提供其客户的基本信息。

关于增进部门间的情报披露。一般来说,减轻情报披露的限制,促进部门间的信息交流,对于提高反恐效率是非常必要的,但有违保密原则和对公民隐私权的尊重。《爱国者法令》在增进部门间的情报披露方面,做得比较突出。其一,旧有法律不允许电讯营运商主动披露其客户的通讯及相关记录信息,即使这些信息显示即将发生严重的伤亡事件也不得披露。而《爱国者法令》规定,只要营运商能够合理相信可能出现紧急伤亡事件,并且需要及时披露相关的通信信息来制止这一伤亡事件,就可以立即主动向有关机构报告相关的通信信息。其二,《爱国者法令》第203条对《联邦刑事程序法则》第6(e)(3)(c)做了修改,规定以下内容可以在大陪审团面前披露:①当法庭预先指示要求披露的或者与司法程序有关的;②法院应被告的要求允许披露的,以显示可能存在提议撤销起诉的证据,在大陪审团面前进行有关事件的披露;③当检察官代表政府向另一联邦大陪审团披露时;④法院应政府检察官的要求,允许披露以显示这类事情可能向适当的州或地方的执法官员披露触犯州刑事法的行为;⑤当案件涉及外国情报、反恐情报和外国情报信息时,需向联邦执法机构、情报机构、人员保护机构、移民局、国防部和国家安全机构的官员披露相关信息,以便帮助这些官员利用有关信息履行其职责。但该条同时又强调,如果法院命令必须在大陪审团面前进行披露,这种披露应当按照法院指示,采取恰当的方式在适当的时间和适当的条件下进行。任何联邦官员披露的上述第五种信息,只有当履行职责期间认为有必要时,方可利用。但其行为仍应受禁止披露这些信息的规定的限制。在这种披露后的一段时间内,政府检察官应以密封件的形式通知法院,说明这类信息可对哪些部门、机构或团体进行披露。

关于扩大警方的搜查、逮捕、窃听权。《爱国者法令》第203条"授权交流电子通讯、无线电和言谈截听信息"(Authority to Share Electronic, Wire, and Oral Interception Information)对《美国法典》第18篇第一部分第119章第2517条做出了修改,其结尾处增补下列条文:任何调查官员、执法官员、政府检察官,依据本章条款的授权,对所知悉的任何无线电、言谈和电子通信中的信息以及由此衍生的证据,可以向任何其他联邦执法机构、情报机构、人员保护机构、移民局、国防部和国家安全机构的官员透露一定程度的信息,这类信息包括反间谍情报和外国情报信息,以便帮助这些官员利用有关信息履行其职责。任何联邦官员按照本条款接收的情报,只有当履行职责期间认为有必要时方可利用,但仍应受禁止披露这些信息的规定的限制。

2. 金融法律制度。加强金融领域的监管,打击恐怖组织的洗钱活动,是《爱国者法令》的重要内容。金融法律制度主要有交易报告制度、扩大洗钱"上游犯罪"的范围、加强对域外账户的监管和扩大反洗钱的司法管辖。

关于交易报告制度。美国《银行保密法》规定,银行或其他金融机构应提交1万美元以上的"大额交易报告""货币或金融票据转移报告""外国银行账户报告"以及"可疑交易报告",除银行、金融机构以外的其他商业机构或者个人,应当承担报告自己收到1万美元以上货币或特定金融票据交易行为的义务。而《爱国者法令》对此又做出修改,要求财政部在年底前发布规定,要求证券经纪人也实行大额现金交易报告和可疑交易报告制度,并将可疑交易报告制度适用到其他非银行金融服务领域,还提高了对违反国际反洗钱法律的金融机构的罚款额。《爱国者法令》第365条"对非金融交易和交易中接受现金的报告"规定:"任何从事贸易与商业而接受超过1万美元的钱币与现钞者,必须按照财政部制定的有关规定,在适当的时间、以适当的方式向防止金融犯罪实施网络中心递交一份符合要求的有关此次交易(或相关交易)的报告。"

关于扩大洗钱"上游犯罪"的范围。美国关于洗钱的"上游犯罪"的规定本来很宽泛,《爱国者法令》进一步扩大洗钱的"上游犯罪"。该法案规定,下列因素可构成认定存在"初步洗钱牵连"的理由:①有证据表明有组织的犯罪团伙或国际恐怖主义分子在有关法域从事过经济活动;②有关法域或者位于该法域的金融机构为该法域的非居民提供特殊的银行保密保护或者特别的金融监管优待;③有关法域在银行监管和反洗钱立法方面表现出明显的薄弱;④发生在有关法域的金融交易数量明显超过该法域的经济水平;⑤有关法域被可信的国际组织或者多边专家团体认定为从事离岸银行业务的地区或者属于秘密金融避风港;⑥在有关法域与美国之间不存在司法协助关系,并且美国的执法机构和金融监管机构很难从该法域获取有关的情报;⑦有关法域存在着严重的腐败问题。

关于加强对域外账户的监管和扩大反洗钱的司法管辖。加强对域外账户的监管工作和扩大反洗钱的司法管辖,甚至不惜违背国际司法管辖的惯例,成为《爱国者法令》的一大特征。兹举几例:除了该法案第311条规定外,

第321条专门针对外国金融机构或者外国人在美国设有的代理行账户或私人银行账户规定了特殊的监控措施,提高了有关反洗钱监管方面的"最低标准",不仅要求美国境内的金融机构记录和核查开户外国人的身份,还进一步要求核查转存资金的来源。对于以"外国高级政治人物或者外国高级政治人物的直接家属成员或者亲密随从人员"的名义或者代表上述人员开设的账户,美国境内的金融机构有义务进行更加严格的监控。第317条规定,在美国对发生在境外的洗钱等违法活动行使全面司法管辖权时,美国法院可以针对被告人在美国境内银行账户中的资金以及在美国境内拥有的一切财产采取预防性保全措施加以冻结或扣押,以保障有关判决的实际执行。第319条明确规定,如果有关资金存放在某一境外的外国银行账户中,并且该外国银行在美国境内的金融机构中设有银行账户,该资金可以被视为存放在后一个账户当中,因而美国主管机关可以直接针对该账户采取冻结、扣押和没收措施。与此相联系,第316条还针对有关资产追缴活动的证据规则确立了例外情形,即如果美国法院认为某项证据"是可信的,并且遵循《联邦证据规则》有可能损害美国的国家安全利益",可以不顾《联邦证据规则》的法定标准而采纳该证据。

3. 移民法律制度。加强对本国移民法律制度的修改,强化出入境管理,防止恐怖分子通过边境进入国境,是很多国家反恐立法的重要内容。《爱国者法令》概莫能外。《爱国者法令》中的移民法律制度主要涉及无限拘留制度、生物特征身份识别制度。无限拘留制度是一种可以未经审判即对外国恐怖犯罪嫌疑人长期拘留的制度。《爱国者法令》的初稿曾考虑授予美国司法部门至高无上的权力,如美国联邦调查局只要认定非美国公民涉嫌恐怖活动,不通过审判就可以将其永久性拘押,并且不得驱逐出境。修改后的法案规定,司法部长必须每隔6个月审查所有非美国公民在美国的关押情况,并向国会提出书面报告。当然,如果司法部长认为某人对美国有威胁,便有权命令联邦执法机构将其永久性拘押。

生物特征身份识别制度就是将证件持有人的身份生物特征(一般是手指、手部或脸部的生物特征)数字化后采用密码技术加密并存入证件当中,政府凭该密码对持证人的身份进行识别的一种身份识别制度。《爱国者法令》第414条"签证的完整与安全性"规定了生物测定技术在签证的身份识别上的应用:①司法部长在与国务卿咨商后,应该以最快的速度和最大的可能,充分实行1996年的《非法移民改革及移民责任法》的110节所规定的机场、海港和陆地港必须具备完整进出境资料系统;并且,司法部长在与国务卿、商务部长、财政部长和国内安全办公室咨商后,应该依据 2000 年的《移民归化服务数据管理改进法》第 3 节的规定,立即开始成立完整进出境资料系统这一任务需要的力量部署。②应完整进出境资料体系的发展。司法部长和国务卿应特别关注生物测定技术的使用以及发展入境口岸所需的识别涂改证件的技术。③与执法机构数据库的联合。为方便联邦执法机构的使用,以发现和阻止可能对美国国家安全构成威胁的人进入美国,本部分所述进出境资料体系应与执法机构数据库联合。④关于荧光屏筛选信息的报告。在本法实施的 12 个月之内,国内安全办公室应该向国会提交一份关于所有美国国家机构需要的,以便能有效筛选签证申请者和入境申请者,识别出与恐怖组织有关或可能对美国安全构成威胁的人员资料的报告,其中包括当下美国国家机构收到的信息类型和该类信息定期呈送国务卿和司法部长的情况。《爱国者法令》还规定,司法部长在与国务卿和交通部长协商后,研究在海外领事机构和美国国内各入境口,通过金融联邦调查局的联合指纹鉴别系统,使用生物测定鉴别扫描系统的可行性,目的是使国务院和移民官员在签发签证或入境许可之前,能够鉴定出那些与美国或国外的犯罪或恐怖调查有关的外国人。

二、美国的反恐政策

(一)"9·11"前的美国反恐政策

1. 美国早期的否定性威慑政策(20 世纪 60 年代至 70 年代末)。早在 20 世纪 60 年代末,美国政府尤其是司法部,一般倾向于把政治恐怖主义看作是一种犯罪行为,认为对它的处理应由恐怖主义事件发生的所在国来进行。当时,恐怖主义事件大多发生在美国国土以外,没有涉及美国的国内政治,故而美国政府的关注并不是那么迫切,但也是从这个时候起,美国政府开启了应对来自海外的恐怖主义的历史。1969 年美国大使查尔斯·艾布里克(Charles Elbrick)在巴西遭恐怖分子绑架,国务卿威廉姆·罗杰斯(William Rogers)请求巴西政府满足恐怖分子的要求以换回人质。当查尔斯·艾布里克生还后,美国政府向巴西政府表达了感谢。① 第二年,美国国际发展部顾问丹尼尔·米里蓉(Daniel Mitrione)被乌拉圭帕玛罗城市游击队绑架,在这次事件的处理上,美国政府态度变得强硬,拒绝和恐怖分子谈判,结果十天后丹

---

① Richard W. S. Media coverage and political terrorism: a quantitative analysis[M]. New York: Praeger, 1992.

尼尔·米里蓉惨遭杀害。可见,这一时期美国对恐怖主义的应对还没有形成完整的政策体系,政府也还没有成立正式的专门机构来处理这些恐怖主义危机事件,基本上具体事件具体解决。随着事态的发展,美国政府逐渐形成了以实施强硬路线为特点的反恐政策,也就是说在面临恐怖分子威胁时不进行赎金谈判,不向他们妥协。

70年代初期,由于美国客机经常遭到劫持,海外的外交官和美国公民经常遭到袭击,现代国际恐怖主义对美国日益构成威胁,美国政府也逐步开始密切关注恐怖主义问题,真正让美国改变对恐怖主义态度的是1972年9月5日在德国慕尼黑发生的袭击奥运村和屠杀以色列运动员的恐怖事件。这一血腥事件令全世界为之震惊。作为一名运动爱好者,美国总统尼克松对此反应更是剧烈,立即指示美国政府采取措施,加强对恐怖主义的防范。9月6日和7日,国务卿威廉姆·罗杰斯相继指示助理国务卿约瑟夫·希克斯(Joseph Sisco)和副国务卿威廉姆·马克博(William Macomber)成立两个专门委员会,研究国际恐怖主义问题并提出防范建议。9月25日,根据两个委员会的建议,尼克松签署了一个总统备忘录,批准由国务卿罗杰斯负责建立一个反恐的内阁委员会和工作小组。10月2日,该委员会召开第一次也是唯一一次全体会议,以促进美国制止恐怖主义与提高美国迅速应对国际恐怖主义的能力。这一机构是美国第一个防范恐怖主义的专门机构,它的建立是美国政府针对国际恐怖主义意义重大的一项举措,所以在某种程度上,可以说是美国反恐政策缘起的标志。[①]

在创建反恐机构的同时,美国政府也逐渐形成了系统的反恐政策。这两者都涉及对恐怖主义的威慑(deterrence)。亚历山大·乔治(Alexander Gorge)等曾把威慑看作一个过程,也就是使对手确信不能再实施某种行为,因为成本和风险大于收益,通过提高行为的成本和风险的威慑被称之为惩罚性威慑(deterrence by punishment);通过减少行为的收益的威慑被称之为否定性威慑(deterrence by denial)。据此理论,在此时期,美国采取了强硬的否定性威慑的反恐政策。正如基辛格所认为的那样,"如果恐怖主义组织认为他们可以通过迫使美国政府和他们谈判,获取对他们要求的默认,那么我们就会为救一些人而使另外更多的人丧命。……我们的政策是美国的大使和官员决不会和恐怖分子谈判,以求得受害者释放"[②]。

[①] 李治国. 美国反恐政策的演变[J]. 现代国际关系,2001,(12).

[②] Richards W. S. Media coverage and political terrorism: a quantitative analysis[M]. New York: Praeger, 1992:155.

2. 美国80年代的惩罚性威慑政策(1980—1989年)。1983年10月23日,美国驻贝鲁特的海军营地遭到汽车炸弹的袭击,伤亡241人,这一事件推动里根政府对其反恐政策进行了深入检讨和反思,使美国的反恐政策从原来的否定性威慑决定性地转向了惩罚性威慑政策,也就是使用军事武力手段对恐怖分子实施报复性的惩罚。这一政策推行的标志是1984年4月3日美国138号国家安全令(National Security Decision Directive 138,简称NSDD138)的签署与颁布,使得美国反恐的惩罚性威胁政策更加突显,并在原则上决定用武力反对恐怖主义。这是一种积极的反击战略,主要由四个部分组成:第一部分为一个国家在国内采取行动,使恐怖组织得不到他们所需要的物资、组织及心理上的支持;第二和第三部分为在国外进行隐蔽或者公开的行动,旨在向其他国家和政府施加压力,来迫使他们不支持恐怖主义或者对恐怖分子进行制裁;最后一部分是从事欺骗或假情报活动,以达到在恐怖组织内部引起猜疑、分裂和冲突,或者是引发恐怖组织之间的冲突行动。

美国《138号国家安全令》的签署与颁布,表明美国政府的反恐立场越来越强硬,更为重要的是表明了美国政府将更多地使用单边方法,而不是像以前历届政府那样使用多边、双边等方法来解决针对美国的恐怖主义问题。在美国政府内部,许多高层人士开始主张将使用军事武力手段对恐怖分子实行报复性惩罚,舒尔茨是其中的首要代表。1984年10月,他建议美国采取植根于"积极的预防,先发制人,进行报复"原则的反恐战略。他断言:"我们的目标是预防和威慑未来可能发生的恐怖主义行为。多年的经验告诉我们,对恐怖分子最好的威慑方法是迅速地报复参与恐怖事件的恐怖分子。我们应该采取措施完成上述目标。"同年12月9日,舒尔茨在耶鲁大学发表了题为"权力的伦理"的演说,认为如果美国不采取一定的措施,在是否对恐怖主义进行打击这个问题上犹豫,美国政府就会使美国成为"民族的哈姆雷特,整天担心是否或如何应对恐怖主义"。菲利普·吉林(Philip Geyelin)将之称为"舒尔茨主义"。"舒尔茨主义"(Shultz Doctrine)的提出更使美国对恐怖主义的报复性惩罚升级,强化与肯定了这一时期美国反恐的惩罚性威慑政策。正是在这种报复性惩罚理念的支配下,美国于1986年对利比亚进行了打击。但是由于袭击利比亚既没有确凿的证据又造成了巨大的平民伤亡和财产损失,其有效性及正义性受到了人们的质疑。这种袭击在国际法上的合理性更是引起争议。

值得指出的是,里根政府时期反恐政策带有明显的意识形态偏见,美国一直坚持认为:"尽管花了许多力气来控制恐怖主义,恐怖主义暴力行为发生数量依然居高不下。造成这种现象的原因很多,但其中最重要的是这与苏联的纵容、鼓励甚至援助是分不开的。"因此,里根政府时期,美国政府上下都将矛头对准了苏联,指责苏联援助并参与了国际恐怖主义。1981年1月14日,即将就任国务卿的黑格(Haig),以自己在当北约指挥官时于1979年被人企图暗杀为例向参议院外交关系委员会指出,"莫斯科正在继续通过代理人来援助恐怖主义和战争……使国际恐怖主义发生数量日渐增长","这是一个底线,苏联应该对今天国际恐怖主义的增多和血腥行为负更多的责任"。1981年2月,国务院还发表了一份白皮书,指责苏联、东德及其盟国支持萨尔瓦多反叛者,违背萨尔瓦多人民的意愿,建立共产主义政权。这些指责当然遭到了苏联的强烈反对,指出是美国而不是苏联支持了恐怖主义,导致世界各地充满低度冲突和混乱。里根政府时期,美国的反恐政策并未能制止针对美国的恐怖主义事件,并且在很多方面都遭到了人们的质疑与指责。比如反恐怖主义立场言行不一,决不向恐怖主义妥协,但却多次以交换为代价换取人质;反恐怖主义问题上有强烈的意识形态色彩,缺乏对恐怖主义类型的认识等。随着后冷战时期的到来,美国的反恐政策又进入了一个重大的调整期。

  3.美国后冷战时期的预防性攻击政策(1990—2000年)。1998年8月,美国驻坦桑尼亚和肯尼亚两个大使馆遭到恐怖袭击,造成200多人死亡和数千人受伤。由此,8月20日美国单方面以巡航导弹轰炸了阿富汗和苏丹境内的恐怖分子据点。而美国这次因使馆被炸而发动的空袭行动,其理由不是对事件本身进行报复,而是"为捍卫美国人民抵御无时不在的来自恐怖分子的威胁"。这一声明标志着冷战后美国克林顿政府反恐战略的新变化,即由惩罚性威慑战略转变为新的"预防性攻击"战略。前美国总统老布什的特别助理和国家安全理事会的高级顾问理查德·N.哈斯曾就"惩罚性攻击"和"预防性攻击"两个概念做了详细区分,他认为"惩罚性攻击就是使用武力来制造痛苦和增加花费,也就是说要让敌人为自己的行为付出代价。他们不能将敌手所做的事情完全翻转,而是因为直接使用武力看起来不会有利,或者恢复原状的条件还不够成熟"①,而"预防性攻击"即"预防性使用武力,就是要阻止另外一个具有威胁性的国家或者集团开发军事能力,或者在拥有这种能力之后对其进行阻挠和破坏。众所周知,对于被选定为攻击目标的国家,预防性攻击就是突然袭击"②。可以说,"惩罚性攻击"的主动权在对方手中,而

---

① 理查德·N.哈斯.新干涉主义[M].北京:新华出版社,2000:54–55.
② 同上。

"预防性攻击"则将主动权掌握在自己手中。

"预防性攻击"实际上是为解决"非对称攻击"(asymmetric attack)或"非对称威胁"(asymmetric threat)这一问题提出的对策。"非对称攻击"是美国针对冷战后国家安全所面临的现实威胁,对其军事战略中心进行重新调整后提出的新理论。克林顿总统在1994年的《参与和扩展的国家安全报告》中第一次提到"非对称攻击"这一概念,即指实力不对称的国家采取非常规手段攻击对手的要害,以最小代价获取最大成果。美国参议院联合会主席沙利卡什维利上将在1997年《国际军事战略报告》中指出:"面对美国的军事优势,某些国家或非国家主体可能会诉诸非对称性手段或方式,运用某些非常规途径或廉价手段,使美国军事实力陷于无用武之地,利用美国的弱点或者使用美国不能使用的方法与美国抗衡。其中,恐怖主义使用或威胁使用大规模毁灭性武器和信息战尤其令人担忧,敌人运用这三种手段直接威胁美国本土和美国人民,很可能使美国无法使用关键性的海外基础设施。此外,敌人可能利用商用或外国航天能力,威胁美国的天基系统,阻碍关键信息的流通,使美国无法获取战略资源,以及破坏环境等活动,也对美国提出了挑战。敌人可能单独使用上述手段,也可能与常规军事力量相互配合使用,这些非对称性挑战理应在军事上加以关注。"

后冷战时期,美国的反恐政策同前两个阶段相比,在反恐怖问题上的强硬立场始终未变,但是在意识形态上的偏见逐渐减弱,更加注重反恐国际合作。此外,更突出的是"非对称性攻击理论"和"预防性攻击和抵御"为"新干涉主义"提供了借口。美国按照自己的标准将一些国家列入支持恐怖主义的国家名单,"美国过去的威慑战略是针对苏联的,由于苏联不复存在,这一威慑战略就转移到针对所谓无赖国家了,诸如伊拉克、利比亚、古巴和朝鲜"。美国认为一旦自己感到可能受到来自上述无赖国家的威胁,就可以对他们进行预防性攻击。如此推论,美国将不再受到国家主权的限制,在它认为需要的地方就可以进行有限的军事手段,反恐在一定程度上成为美国袭击别国领土、侵犯别国主权的借口。①

(二)"9·11"后美国的反恐政策

1. 军事打击政策。"9·11"事件作为影响世界局势的具有划时代意义的重大国际事件,不仅开启了国际恐怖主义的新时代,也使美国把打击恐怖主义作为其国际战略的中心任务。从此,美国和整个世界进入反恐时代。到

---

① 李治国.美国反恐政策的演变[J].现代国际关系,2001,(12).

目前来看,主要包括布什政府时期的反恐战略和奥巴马政府的反恐战略。

第一,布什政府时期的反恐战略。"9·11"之后,美国打击恐怖主义的政策发生了重大转变,在国家安全战略上由苏联残余势力和中国威胁论转变为把恐怖主义定义为国家的主要威胁,由此反恐成为美国对外战略的首要任务。美国不仅把反恐升级为全面战争,而且提出了打击恐怖分子、应对大规模杀伤性武器与先发制人的三部分反恐战略规划,并付诸实践——发动了阿富汗和伊拉克战争来验证这一理念。布什政府通过阿富汗战争和伊拉克战争有力打击了"基地"组织在阿富汗的有生力量,推翻了塔利班和萨达姆政权,并着手在阿富汗和伊拉克建立民主制度,美国的反恐政策进入了一个全新的历史时期。

其一,重组反恐机构。"9·11"事件使美国在防止恐怖袭击以及国土安全方面的问题逐渐暴露,美国国土安保体系的改革被提上议事日程。2001年10月,国土安全办公室成立。2002年9月20日,美国发布历史上第一部《国家安全战略报告》,该报告对美国保卫国土安全的方针、政策、措施和机构进行了系统阐述,进一步指出"恐怖主义与大规模毁灭性武器的结合是美国国家安全的主要威胁"。2003年1月25日,美国国土安全部正式成立,同时成立了由多个部门组成的恐怖主义威胁协调中心。国土安全部成为美国国家机关中最大的一个部门,也是自1947年以来对美国行政机构的最大强化,而且国土安全部被赋予了重要的反恐使命,即"发展与协调相应的国家安全战略的实施","发现、阻止并预防美国境内发生的恐怖袭击活动以及与此有关的准备、反应和重建恢复工作","保护美国免受恐怖主义活动的威胁或袭击"。[①]

其二,反对大规模杀伤性武器战略。在反恐进行过程中,布什政府认为恐怖主义中威胁最大的是激进主义与技术的结合,由此断定反扩散必须与反恐挂钩。因此,在反恐战争中,如何应对大规模杀伤性武器成为重点。2002年12月,布什政府在《反击大规模杀伤性武器国家战略》中指出:"敌对国家和恐怖分子拥有大规模杀伤性武器,即核生化武器,是美国面临的重大挑战之一。"实际上这是对2002年《国家安全战略报告》的扩充和完善,是对"9·11"之后一系列反扩散政策的总结。报告指出,由于支持恐怖主义的国家或恐怖分子谋求获得或已经获得大规模杀伤性武器,他们一旦掌握大规模

---

① 中国现代国际关系研究所反恐研究中心.世界主要国家和地区反恐怖政策与措施[M].北京:时事出版社,2002:1.

杀伤性武器,并非作为最后手段而是军事上可选择的武器,能够抵消美国在常规力量方面的优势。而且,报告确立了美国的三大对策:一是采取反扩散行动制止大规模杀伤性武器的使用;二是加强不扩散行动,制止大规模杀伤性武器的扩散;三是采取后果处理措施,对大规模杀伤性武器的使用做出反应。由于反扩散与反恐怖主义挂钩,这三大对策都与反恐怖主义紧密相联。

其三,军事打击恐怖主义。在"9·11"事件后不久,布什总统发表声明指出,"要么和我们(美国)站在一边,要么和恐怖分子站在一边",并以此为基本理念展开了其反恐战争。2001年10月7日,美国发动了阿富汗战争,吹响了美国全球反恐战争的号角,这次军事行动的代号为"持久自由行动"(Operation Enduring Freedom)。"持久自由行动"这个代号也预示着美国的这次军事行动"将不会速战速决,而是要花费数年的时间"。通过阿富汗战争,美国虽然轻易地推翻了塔利班政权,但军事打击的目标则是他认为支持恐怖主义的更多国家。随后,美国打着伊拉克谋求大规模杀伤性武器的旗号,欲借助"倒萨",以"先发制人"理论重整中东政治版图,打击恐怖主义。2003年3月20日,在未经联合国授权的情况下,对伊拉克发动了战争,行动代号为"自由伊拉克行动"(Operation Iraqi Freedom)。

2002年12月美国公布的《反击恐怖主义国家战略》,侧重于在威胁进入美国国境之前发现并消除之,与《国家安全战略报告》侧重防范在美国国内的恐怖袭击相配合,一起构成防范与打击相结合的反恐政策体系。针对全球恐怖主义组织多为松散的网络组织这一现实,美国认为击败恐怖主义的最佳途径是将其活动孤立在局部地区,然后通过密集、持续的行动将其摧毁。这就需要打击恐怖组织使其丧失策划与行动的能力,然后通过与地区伙伴合作采取协调一致的行动,对它们加紧钳制和孤立。由此,"以军事手段打击恐怖主义"的合法性在美国反恐政策体系内得到明确确认。实事求是地讲,美国发动的阿富汗战争、伊拉克战争以及对美国认定的支持恐怖主义的国家所采取的军事威胁,都是实现该战略意图的具体步骤。虽然取得了阿富汗战争的阶段性胜利,也凭借其超强的军事势力以极短的时间结束了在伊拉克境内的主要军事行动,但由于美国的反恐超出了应有的界限,不仅使得美军深陷战争泥潭,也激起了包括伊斯兰世界在内的各国民众普遍的反战浪潮。

其四,强化民主和联盟以推进反恐。随着伊拉克战争的深入,美国开始意识到任何一个人都不能单独对抗恐怖主义,对这个全球性的威胁必须有全球性的回应,协同行动至关重要。如果没有其他国家的协同,美国就无法取得反恐胜利,这一现实使其反恐中"强势进攻"计划开始有所收敛,反恐理念从过去以军事行动为主要形式的"硬反恐"开始向以推行美国民主自由为主要形式的"软反恐"过渡,并开始重视国际合作。2004年2月初,布什政府开始大力修复自2001年以来被逐渐损坏的国际同盟关系,并对单纯依靠武力反恐的行为进行检讨,进而推出了"大中东民主改革计划",认为只有中东成为自由民主之地,才不会成为恐怖主义滋生的温床。传播自由民主是反恐战略极其重要的组成部分。同年6月9日,在美国佐治亚州"海岛"举行的八国首脑会议上,美国政府推出了"面向进步和共同未来伙伴关系计划",该计划得到了与会各国首脑的赞同。

2005年开始,美国的反恐战略开始进一步修订,取得了初步成果,并重新界定反恐对象。2005年8月1日,五角大楼制定的《国家反恐战争军事战略计划》将"主要敌人"确定为"利用伊斯兰达到其政治目的的逊尼派和什叶派极端分子",将针对美国的恐怖威胁定义为"伊斯兰极端主义",目标对准20多个组织,而不单是"基地"组织。这较早期将反恐重点只放在"基地"及其领导人身上的做法有了很大的变化。可见,美国反恐理念进一步发展成为意识形态冲突理念、文明冲突理念和民主冲突理念。2006年3月,鉴于国际反恐形势的发展需要,小布什政府又推出第二份《美国国家安全战略报告》。报告回顾近四年来美国反恐的经验教训,并根据反恐形势变化对美国反恐战略的手段和途径进行适度调整。其继续奉行对恐怖主义"先发制人"的军事打击策略,由于大规模杀伤性武器袭击的潜在危险,美国不能坐视其变成现实,"先发制人"仍是美国国家安全战略的首选。开始重视多边合作,以共同应对恐怖主义的挑战。美国的反恐实力不仅来自雄厚的军备力量,而且取决于同强大同盟、友好国家和国际组织的合作,这就要求美国在制定反恐战略时,务必考虑加强与盟国的关系,尤其要赢得北约和联合国的支持;针对大规模杀伤性武器和恐怖主义的威胁,美国更倾向运用外交途径加以解决。积极协调与大国间的反恐立场,报告肯定中国对全球繁荣做出重要贡献,认为美中的共同利益可以指引两国在反恐、防扩散等方面进行合作,美国还期望俄罗斯、印度等国在反恐领域发挥重要作用。

第二,奥巴马政府时期的反恐战略。2009年,奥巴马任美国总统以后,秉承"新政"理念,对美国的内政外交进行了一场自冷战结束以来最为深刻的调整,并将"巧实力"战略思维融入美国国家安全战略中。2010年5月,奥巴马政府发表《国家安全战略报告》,对美国反恐战略做出调整,将美国对外战略的目标概括为促进美国的安全与繁荣,推广美国价值观,建立符合美国利益的国际秩序。这次调整有诸多明显变化。其一,淡化对恐怖主义"先发制人"的军事打击。武力打恐具有必要性,但对动用武力进行更多限制,强调慎用武力、争取国际社会支持的重要性,明确提出军事打击只是作为美国外交努力无效情况下的最后手段。其二,深刻反思恐怖主义的本质,放弃"全球反恐战争"的提法,避免使用"圣战分子""伊斯兰分子"等敏感术语,重申美国反恐目的不是摧毁一种抽象的意识形态,而是消灭具体的恐怖分子,即"基地"及其附属组织。把美国境内的恐怖分子活动纳入国家安全范畴,指出美国本土所面临的恐怖主义危险不亚于基地组织的威胁,本土反恐至关重要,建议美国情报部门加强与居民社区的协同配合,防范本土恐怖主义的蔓延。其三,积极推进"全面接触"的反恐策略,一方面要巩固与传统盟国的关系,深化同中国、印度、巴西等新兴经济体的反恐合作,保持同"敌对国家"的密切接触,促进其转变对恐怖主义的态度;另一方面要加强与世界各国民众的接触,发挥非政府组织在反恐中的独特作用。其四,注重反恐的制度化建设,国际恐怖主义的扩张已呈现出多元化和分散化的趋势,必须通过国际反恐合作渠道,建构多边框架内的国际反恐机制来分担国际反恐责任,共同抵御恐怖主义威胁。①

在2011年5月,"基地"组织头目本·拉登在巴基斯坦被美国特种部队击毙后,奥巴马政府加紧实施"退出"战略。2011年6月22日,奥巴马宣布从阿富汗分阶段撤军计划。该撤军计划只是美军从阿富汗完全"退出"的初始阶段,随着美军逐步向阿富汗方面移交安全职责,美军将继续稳步撤离,在阿富汗的主要任务也将从作战转为支持。奥巴马还提出了多边综合性反恐的思路,主张军事打击与更加持久的经济、外交和文化手段结合起来。6月29日,奥巴马政府公布了《国家反恐战略报告》,首次对美国的反恐战略进行重新定义,这是奥巴马政府对2006年以来美国反恐战略进行的全面更新。面对国内外困境和反恐新形势,在对美国十年反恐战争进行反思、对恐怖主义威胁理解逐渐加深的基础上,秉持自由主义战略思维范式的奥巴马政府对反恐的性质、战略框架和实现途径等进行再思考,摒弃了扩张性的反恐战略模式,其目标具体、明确,反恐重心回归美国本土,海外反恐主战场东移,转向威慑性防御态势,总体上表现为"以退为进"。② 其基本内容主要包括以下几

---

① White House. The national security strategy of the United States of America[R]. Washington: White House, 2010.

② 孙逊,卓华. 奥巴马政府国家战略评析[J]. 和平与发展,2012,(1).

个方面:其一,明确界定美国面临的恐怖主义威胁,"基地"组织及其分支和追随者是美国面临的最突出最直接的安全威胁;其二,美国反恐战略的根本目标在于打击、瓦解和击败"基地"组织及其分支和追随者;其三,确定美国反恐行动应遵守的基本原则,指导和规范美国未来的反恐行动;其四,重新规划美国反恐的地缘重点,明晰反恐关注对象。①

波士顿爆炸案发生之后,美国国内民众的不安全感再次被激起,这种不安全感不仅是对人身安全的担忧,也包括对个人权利和隐私权可能遭受侵害的焦虑,共和党保守势力也借机对美国的反恐战略展开了猛烈的批判。针对国内外的质疑和批判浪潮,2013年5月23日,奥巴马在美国国防大学发表了被视为2001年以来美国新时期的反恐战略,再次全面阐述了美国反击恐怖主义的战略,对实施了近两年的反恐战略进行了评估与微调,提出了以无人机精准打击、有效力的伙伴关系、外交接触和援助为主要内容的全面反恐战略,并表示美国将结束已进行了十余年的"无休止的全球反恐战争"。同时,奥巴马在演讲中还宣布了提高无人机打击恐怖行动的门槛、关闭关塔那摩监狱和废止《武力使用授权法案》等新政策。② 这实际上是对2011年6月《国家反恐战略报告》的延伸和补充,并非否定之前的国家反恐战略,而是对反恐战略目标和手段的再修正,主要目的是平息国内民众与媒体对美国反恐行为的质疑与批判。

2014年6月,"在伊拉克和叙利亚的伊斯兰国"组织在伊拉克骤然发力,严重冲击伊政权,威胁美国在伊利益。如任由"伊斯兰国"肆意妄为,美国不仅丧失中东反恐成果,并可能降低对中东的掌控力。为此,8月7日,奥巴马在白宫发表重要讲话,授权美军定点空袭伊拉克恐怖组织"伊斯兰国",此举标志着美国的新反恐政策初露端倪;8月8日,美国启动对伊拉克境内"伊斯兰国"目标的空袭;截至2014年11月,已投下1700多枚炸弹和导弹。起初,空袭主要集中在"伊斯兰国"聚集的伊拉克北部地区,随着战事升级,空袭范围和规模不断扩大,不再局限于伊拉克一国,叙利亚境内的"伊斯兰国"目标也被列入空袭范围。同时,奥巴马政府设定了军事介入的底线,即不派地面部队重返伊拉克。奥巴马认为,军事手段无法解决伊危机,唯一的解决办法是伊拉克国内政治力量和解,组建自己强大的安全部队。2014年9月10日,奥巴马就"伊斯兰国"问题发表全国讲话,全面阐释美国利用综合性手段全方

---

① 孙逊. 奥巴马政府国家反恐战略评析[J]. 外交评论,2013,(4).
② 严帅. 美国反恐战略的新调整及其前景[J]. 当代世界,2013,(9). [2013-05-23]. http://www.whitehouse.gov/the-press-office/2013/05/23/remarks-president-national-defense-university.

位打击"伊斯兰国"的反恐新政策,并专门为"伊斯兰国"定性,指出它既不是国家也不是伊斯兰穆斯林,因为没有宗教允许杀戮,遭受"伊斯兰国"残害的是穆斯林群众,它是彻头彻尾的恐怖组织。这番言论打破了自叙利亚危机以来美国对叙利亚不动武的既定政策,在叙利亚问题上美国一致采取慎战、避战策略,叙利亚即便逾越了奥巴马设定的化学武器的红线,美国亦未对其动武。美国此次对伊、叙同时动武,其中既有对突然出现的"伊斯兰国"的被动应对,也有主动塑造中东力量新格局的战略考量。

面对恐怖主义极端势力的强势进攻,美国最终从幕后走向前台,出台新政,希望"削弱并彻底摧毁在伊拉克和叙利亚的伊斯兰国"。新政具有广泛的综合性,实施以空袭为主的军事介入,将叙利亚危机嵌入反恐战争之中,同时组建新反恐国际联盟网络,开展人道主义援助等。可以说,由于"伊斯兰国"等恐怖组织的崛起,奥巴马政府对伊拉克政策做出颠覆性调整,经历了从"撒手"到"重返"的转变。这其中既有美国延续反恐、维护自身及盟友利益的需要,也映射出美国主导中东局势、保持领导力的实质。但在奥巴马接下来的任期内,美国不会大幅调整其中东政策,而是会出现从克制、收缩到进取、干预政策的小幅回摆。①

2. 刑事司法制度。"9·11"事件以前,美国在反恐实践中对从事恐怖活动的嫌疑人采取的是传统的警察追捕方式,将抓获的国际恐怖分子交由法庭实行刑事审判,适用的是打击恐怖主义犯罪的平时刑法。美国前总统里根曾经解释说恐怖分子具有且应该具有犯罪分子的身份和地位,恐怖分子并非战斗员。但自"9·11"事件以来,美国却挑战甚至突破了传统的做法,任意扩展对武装突击法的解释,以武装冲突法打击国际恐怖分子,对已经被拘押的国际恐怖分子采用军事审判程序定罪。②

2001年11月13日,布什总统签署了《反恐战争中对某些非公民的拘押、待遇与审判的军事命令》。该份命令出现了有关"扩大拘押权"的证据:恐怖嫌疑人将被送上军事法庭,并被拘押在军事监狱——不论嫌疑人是在何处被抓获。拘押的理由是一个自然人的社会关系而非一个人的行为或其所处的事实状况。这是主张武装冲突特权的新理由。布什的军事命令,根本没有提到过武装冲突义务,也没有提到其他国家是否也享有相同的权利,即可将恐怖嫌疑人视为敌国战斗人员。具体运作上,"敌方战斗人员身

---

① 郑东超. 美国反恐新政策解析[J]. 和平与发展,2005,(1).
② 黄小喜. 美国惩治国际恐怖分子的法律选择问题[J]. 时代法学,2012,(6).

份鉴定庭"的专家组由三名委派军官组成,这些官员负责对涉及每一战斗人员身份进行鉴定和其相关的分类或公开证据的审核,并以多数票方式予以表决。尽管被关押的人员在某些过程中被允许出席,但是他们在鉴定庭对分类材料进行考虑期间是被排除在外的。代表被关押人员的证人们也只有在被认为是"合情合理"时才被允许出庭。这种标准导致了许多可能会证明被关押人员无罪的证人被排斥在外。这些受审理的被关押人员只能向"战斗人员身份鉴定庭"的庭长提起针对他们裁决的上诉,庭长是负责召集会议的权威。在"战斗人员身份鉴定庭"的运作规则之下,每一名被关押人员都配备了一名个人代表,该代表为受委派的军官。该军官代表会在某一被关押人员的听证会上向该被关押人员予以适当的建议。除此以外,其他的法律代表是不被允许的。然而,某一军官代表与当事人之间并不存在机密的联系,甚至会向其负责辩护的某一被关押人员说明,在听证会上作为辩护代表,他有可能不得不隐匿一些当事人已经向他陈述的信息。相较之下,某一被关押人员并没有选择指派给他个人代表的选择权,也不能选择"战斗人员身份鉴定庭"针对他的其他一些审理过程。华盛顿特区的联邦法院也认为"战斗人员身份鉴定庭"的处理规则程序在好几个方面都与美国的宪法原则不相符合。①

2002年1月,关塔那摩监狱曝光。此后十多年间,大约有来自40多个国家的779名"基地"组织成员、塔利班武装分子以及其他恐怖嫌疑人先后被关押在关塔那摩监狱。他们大多没有受到任何正式的起诉或审理,只有1人在2008年因恐怖主义罪行被判处无期徒刑;一些人死于狱中;大部分人则被遣返回到他们自己的国家;目前仍有约155名囚犯被拘禁在关塔那摩监狱。②之所以选择关塔那摩关押"恐怖嫌疑人",是因为关塔那摩是一个享有治外法权的美国海军基地,其主权属于古巴,法律地位既不同于美国本土各州,也不同于美属领地,这意味着它不必向任何国家的法庭报告其活动。关塔那摩监狱成为可以规避美国本土法律管辖的"灰色区域",可以羁押那些无法用美国法律惩戒的恐怖嫌犯,同时限制他们质疑羁押行为的能力。嫌犯关在这里没有罪名,也不能请律师或是进入司法程序。

从2004年开始,不断有国际组织和媒体爆料关塔那摩监狱存在大量虐囚现象。为了回答美国使用酷刑侦讯是否有效的问题,中央情报局总检查员

---

① 曹琳琳,李敢.国际人权保障公约实施中的困境——以美国对关塔那摩"在押人员"处置为例[J].社科纵横,2012,(3).
② 王孔祥.美国在关塔那摩监狱的法律分析[J].法治研究,2014,(4).

于 2004 年 5 月完成一份秘密报告,披露了 2001 年至 2003 年的反恐怖主义羁押和侦讯活动。这份报告中提到的酷刑侦讯手段包括:威胁对羁押人员家属实施性侵犯、使用枪支或电钻进行死亡威胁以及水刑等。羁押人员不仅不享有美国宪法对犯人规定的权利,而且享受不到与关押在美国本土监狱囚犯所享有的同等待遇。入狱前,这些被俘人员先被刮去胡子、剃光头,然后蒙上头套、戴上手铐,还要穿着橘黄色长袖连身囚衣。他们不能看报纸电视,不能交谈,不能听广播,更不能随便活动,无论洗澡还是上厕所,都要被缚住双手。在盛夏,房间温度高达 32 摄氏度,牢房只有 2.5 平方米,远低于美国牢房的面积标准。为了让他们开口,美国政府从联邦调查局、中央情报局和美国军方情报部门精心挑选专家负责审讯,这些囚犯每天就这样在提审、早餐、午餐、晚餐和 5 次祈祷中度过。许多囚犯因不堪忍受无休止的审讯和狱中恶劣的条件便自杀以求得解脱,有些囚犯曾多次企图自杀。2002 年 1 月到 2003 年 3 月初短短的一年多时间里就发生了 21 起企图自杀事件,这些囚犯的人权状况可想而知。此外,关塔那摩监狱的三角洲部队特种兵有一个令几乎所有囚犯都感到可怕的小分队,人称"惩罚小分队",其主要工作就是虐待战俘。虐待战俘的方式十分特殊,把胡椒粉喷到囚犯脸上,由于受不了胡椒粉的刺激,囚犯就开始呕吐;随后,猛地将该囚犯踢倒猛打,然后还将手指戳进他的眼睛里。紧接着,这些特种兵将该囚犯拖到厕所,把他的头塞到马桶内,开始用水冲洗。一些特种兵们还将囚犯像捆绑动物一样捆起来,用一条铁链子把他拖倒在空地上,其余的看守一起在囚犯身上猛踢,跳到他的身上踩,并用拳头打他。每次囚犯被虐待的时候,总有一个人手持数码相机,将虐待的过程记录下来。可见,美军是在有组织、有计划地虐待囚犯。①

从 2005 年 7 月 21 日开始,关押在该基地的囚犯就集体绝食,抗议监狱的恶劣状况和未经审判却被无期限关押。2006 年 6 月 10 日就发现有 3 名囚犯死于狱中。从 2008 年 12 月以来,虐囚事件不仅没有停止,反而更加严重。囚犯膝盖、肩膀和拇指都被看守打得关节错位。看守将绝食的囚犯固定在椅子上强制喂食,包括喂入泻药,由此引发囚犯慢性腹泻。有的囚犯患痔疮时,卫生纸都被喷了胡椒粉。② 2013 年 4 月,许多关塔那摩监狱的囚犯再次以绝食抗议美国政府长期关押他们,却遭到美方从其鼻腔强迫喂食的待遇。对此,人权组织和外国政府提出严厉批评,谴责美国政府对囚犯所实施的军事

---

① 王志亮.美国监狱囚犯的人权状况[J].法治论丛,2010,(2).
② 王志亮.美国监狱囚犯的人权状况[J].法治论丛,2010,(2).

审判无法保证公正性。他们表示,关塔那摩的机制既不能使有罪者得到惩处,也不能确保无辜者得到释放,还为严重侵犯人权行为打开了方便之门。它不仅不合法,而且在刑事司法程序方面也不具有效力。①

---

① 王孔祥.美国在关塔那摩监狱的法律分析[J].法治研究,2014,(4).

第四章 上海合作组织概况

冷战结束,世界格局发生巨大变化,中国与苏联的西段边界变成了中国与俄罗斯、哈萨克斯坦、吉尔吉斯斯坦、塔吉克斯坦等四国的边界。和平与发展成为时代的主题,五国均意识到加强邻国互信合作的重要意义,这就为"上海五国"会晤机制的形成提供了契机。从"五国两方"的边界谈判发展成"五国"的全面合作,在"上海五国"会晤机制成熟的基础上接受乌兹别克斯坦,升格为新型区域合作组织——上海合作组织。上海合作组织成立的十几年间已经取得了丰硕成果。

第一节 上海合作组织的成立

一、上海合作组织形成的背景

（一）成员国的自身发展需求

1. 中国

自改革开放以来,中国将经济建设放在首要位置,经济发展意味着能源消耗。中国虽然幅员辽阔,资源丰富,但人口众多、人均资源不足是一个基本国情。在国家的发展过程中,资源消耗非国内资源所能负担,尤其是石油资源。随着石油资源的消耗越来越大,我国自1993年起由石油出口国成为石油净进口国,与世界上其他石油进口国一样,当时石油供应源主要以中东、东南亚以及非洲等地区为主,然而这些地区时常出现政治动荡,且进口成本较高,依存它们也非长久之计。实际上,这些中亚邻国都有着丰富的石油天然气资源,处理好相互之间的关系无疑等于开辟了又一石油供应源,可以保证国家发展所需。在国家统一安全方面,一些在中亚地区活跃的恐怖组织已经渗透到我国新疆地区,旨在挑起民族分裂,并制造多起恐怖事件,严重影响新疆地区的安全和经济发展。加上"疆独"势力与中亚的大本营相勾结,要从根源上打击这股势力必然需要获得中亚各国的支持与合作。

2. 俄罗斯

俄罗斯是苏联国际法主体地位的继承者,苏联解体,加盟共和国成为独立国家,原有政治、经济格局被打破,本就是多民族多宗教国家,面对这样的政治剧变,出现了一些少数民族分裂国家的情况;此外,宗教矛盾加深,恐怖主义威胁越发加重。无论是拯救被破坏的经济体制还是打击国内日益猖獗的"三股势力",与中国和中亚各国走向合作是俄罗斯的不二选择。从外部来看,尽管苏联解体,两极世界终结,然而以美国为首的北约依旧活跃在世界政治舞台并依旧不松懈对俄罗斯的防范,加之中亚国家各国又有丰富的矿产石油资源,北约不断东扩压缩了俄罗斯西部的对外空间,同时美国不断向中亚各国示好,俄罗斯的"后院"面临美国势力的渗透,腹背受敌的俄罗斯在进行国家建设维护国家统一的同时也加紧了修复与亚欧其他国家的关系的步伐,尤其是与中国的关系逐渐紧密。

3. 中亚各国

苏联政治危机加重以致解体,哈萨克斯坦、吉尔吉斯斯坦、塔吉克斯坦以及乌兹别克斯坦等中亚国家"被独立",没有广泛的群众基础,没有完整的独立思想指导,没有政治组织基础,如此背景下刚独立的中亚随即陷入混沌状态。① 而且,中亚各国都是多民族多宗教国家,无论是国家之间还是国家内部,民族矛盾、宗教矛盾都威胁着国家稳定。这一问题的起源可以追溯到中亚五国的组建,仅依据民族特征、国界划定、忽略历史地理客观规律的做法,造成同一民族分属不同国家。加之不合理的民族政策,主体民族之外的其他民族的对立情绪被分裂主义利用,以维护某一民族或某一宗教利益为借口,煽动国家分裂妄图建立新的国家。"三股势力"用尽各国刚刚独立百废待兴的天时以及与周边就已存在诸如基地组织等恐怖犯罪集团的地利而迅速发展,不仅危害中亚的稳定,更危害周边国家的安全与和平。面对这样严峻的国家安全问题,中亚各国不仅需要暂时抛下相互间的历史问题同仇敌忾,还要寻求周边国家的帮助;除了国家安全,经济建设也是中亚各国独立后面临的重要问题,以前中亚的经济发展一直依附苏联,独立后重构曾经稳定的经济是俄罗斯和中亚各国的共同利益诉求。另一个邻国——中国的迅速崛起也成为中亚各国经济发展的又一期待。

(二)国际社会的发展趋势

1. 和平与发展的时代主题

冷战结束,和平与发展虽然成为时代的主题,但是地区冲突、民族冲突和

---

① 李葆珍.上海合作组织与中国的和平展望[M].北京:新华出版社,2011:27.

宗教冲突依然威胁世界和平。尤其是随着中亚地区五个独立国家的出现,其独特的地缘政治和地缘经济战略地位需要恢复,冷战后的大国都企图将势力覆盖至此。由于是非民族解放战争而取得的国家独立,因而这些新独立国家因缺乏思想理念指导国家各项制度的重构而陷入混乱之中,致使恐怖主义、民族分裂主义、宗教极端主义趁机频繁活动。大国的博弈以及国家内部矛盾的凸显,安全与稳定对中亚各国的发展尤为重要。中国和俄罗斯,也都面临着不用程度的发展问题。此外,经济全球化给各国带来机遇和挑战,区域一体化趋势下地区性国际组织蓬勃发展。避免中亚成为下一个"中东"地区,应对全球化的挑战,营造长期稳定的和平环境是中国、俄罗斯和中亚国家的共同诉求。

2. 经济全球化的迅速发展

20世纪90年代,以知识经济为基础的经济全球化迅速发展,带动了生产一体化、贸易自由化、金融国际化,世界逐渐缩小为"地球村"。经济全球化过程中,越来越多的国家被纳入全球市场,国家间的依赖程度加深。然而,经济全球化在带动世界经济生产力发展的同时也造成了贫富两极分化。发展的主动权掌握在发达的西方国家手中,无论是对中国这样的发展中国家、俄罗斯这样的国力受损的国家还是新独立的中亚国家,经济全球化既是机遇又是挑战。这种国际经济关系的发展对国际政治关系的变化起了决定作用①,经济全球化的过程也是国际关系趋于整体化的过程,为了融入世界发展潮流,更多的国家选择开放和接受,寻求合作伙伴。

这样的背景下,国际社会中以地区为基础的单位越来越普遍,已成立的国际组织有的功能多样有的焕发新生。在亚洲以东盟为例,早在1967年8月,以《曼谷宣言》的发表正式宣告成立。20世纪90年代初,菲律宾、新加坡、泰国、越南率先发起区域合作进程,一系列有效的经济发展战略推动了经济增长,发展成为有一定影响力的区域性组织。在美洲,1986年12月成立的"八国集团"于1990年3月更名为"里约集团",扩大成员国范围,促进了地区经济发展,维护了地区安全。在非洲,1963年5月成立的"非统组织",1993年通过了《关于建立防治、处理和解决非洲冲突机制的宣言》,针对地区安全制定应对策略。20世纪90年代,国际社会顺应经济全球化的浪潮,国际合作成为国际关系的主流,以合作的方式促进区域经济发展,维护区域安全。这样的发展趋势为中国、俄罗斯、中亚这样地理相邻又有相同利益诉求的国家

---

① 李葆珍. 上海合作组织与中国的和平展望[M]. 北京:新华出版社,2011:15.

在谋求更好的发展方面提供示范。

二、上海合作组织的成立

(一)"上海五国"机制的形成

1."上海五国"机制的肇始

1996年4月26日,中国、俄罗斯、哈萨克斯坦、吉尔吉斯斯坦和塔吉克斯坦五国元首齐聚上海。中国为一方,俄、哈、吉、塔为另一方,就共同边境问题进行谈判,签署了《关于在边境地区加强军事领域信任的协定》。根据协定,双方部署在边境地区的军事力量互不进攻,双方不进行针对对方的军事演习,限制军事演习的规模、范围和次数,相互通报边境100公里纵深地区的重要军事活动情况,彼此邀请观察实兵演习,预防危险军事活动,加强双方边境地区军事力量和边防部队之间的友好交往等。这次成功会晤给了五国以信心,于是决定继续发展,约定每年举行一次上海五国首脑会晤,在五国轮流进行,会议上海五国机制由此起步。

2."上海五国"机制的继续

1997年4月24日,上海五国元首在俄罗斯莫斯科举行第二次会晤,仍然以中国为一方,以俄、哈、吉、塔为另一方,双方签署了《关于在边境地区相互裁减军事力量的协定》。协定的主要内容进一步细化和具体化,中国与俄、哈、吉、塔双方将边境地区的军事力量裁减到与睦邻友好相适应的最低水平,使其只具有防御性;不使用武力或以武力相威胁,不谋求单方面军事优势;双方部署在边境地区的力量互不进攻;裁减和限制部署在边界两侧各100公里纵深的陆军、空军、防空军航空兵、边防部队的人员和主要种类的武器数量,确定裁减后保留的最高限额;确定裁减方式和期限;交换边境地区军事力量的有关资料;对协定的执行情况进行监督等。这个协定使1996年加强军事领域信任的协定更加具体。

1998年7月3日,五国元首在哈萨克斯坦阿拉木图举行第三次会晤,与之前"五国两方"的谈判模式不同,这次是五国五方谋求合作,会议的内容与前两次相比也有突破。根据会晤成果《阿拉木图声明》分析,第一次聚焦非传统安全因素:"任何形式的民族分裂主义、民族排斥和宗教极端主义都是不能接受的。各方将采取措施,打击国际恐怖主义、有组织犯罪、偷运武器、贩卖毒品和麻醉品以及其他跨国犯罪活动,不允许利用本国领土从事损害五国中任何一国的国家主权、安全和社会秩序的活动。"此外,意识到大规模经济合作对于巩固地区和平与稳定具有重要作用,为发展平等互利的经济合作指出以下基本原则:"相互提供国际通用的贸易条件,以扩大贸易额;鼓励和支持各种形式的地方和边境地区经贸合作以及五国大企业和大公司间的合作;改善各自投资环境,为增加对各国经济项目的投资创造条件。"从此,五国开始扩大和加强多边合作。

1999年8月25日,五国元首在吉尔吉斯斯坦首都比什凯克举行第四次会晤,发表了《比什凯克声明》。这次会晤主要继续讨论阿拉木图会晤提出的扩大和加深多边合作的问题,提出"举行不定期的国家元首、政府首脑会晤,以及包括外长、国防部长、经济和文化部门负责人会晤在内的各个级别的经常接触和磋商",再次强调"有效打击国际恐怖主义、非法贩卖毒品和麻醉品、走私武器、非法移民及其他形式的跨国犯罪行为,遏制民族分裂主义和宗教极端主义具有重要意义",并计划采取实际协作,制订有关联合行动计划。值得注意的是,对于吉方提出的关于在当代国际合作中复兴丝绸之路的"丝路外交"构想,与会国都表示支持。关于这个构想,江泽民主席在会议上也提出相应主张:"继续推动复兴古老的丝绸之路。积极进行铁路和公路建设,争取尽快建立现代化的交通运输网络,以促进和活跃本地区的经济文化交流。"这些内容也表明五国合作进一步向经济文化扩大。

2000年7月5日,五国元首在塔吉克斯坦首都杜尚别举行第五次会晤,发表了《杜尚别声明》。乌兹别克斯坦总统卡里莫夫以观察员的身份参与了会晤,这次会议主要对前几次会议成果进行总结,肯定了五国在维护本地区安全稳定以及促进共同发展方面的作用;重申对"三股势力"以及非法贩卖武器、毒品和非法移民等犯罪活动联合打击,倡导深化在政治、外交、经贸、军事、军技和其他领域的合作,以巩固地区的安全与稳定;鼓励在文化领域发展合作;努力促使"上海五国"成为五国在各领域开展多边合作的地区机制。

(二)上海合作组织宣告成立

1. 上海合作组织的成立

2001年1月,曾参与"上海五国"会晤的乌兹别克斯坦正式提出加入"上海五国"的要求。2001年6月14日,中国国家主席江泽民、俄罗斯总统普京、哈萨克斯坦总统纳扎尔巴耶夫、吉尔吉斯斯坦阿卡耶夫、塔吉克斯坦总统拉赫莫诺、乌兹别克斯坦总统卡里莫夫六国元首再聚上海,签署了《哈、中、吉、俄、塔、乌联合声明》,声明表示中、俄、吉、塔、哈决定接受乌兹别克斯坦共和国作为完全平等成员加入"上海五国",也就意味着乌兹别克斯坦将遵守1996年和1997年分别签署的《关于在边境地区加强军事领域信任的协定》和《关于在边境地区相互裁减军事力量的协定》以及"上海五国"元首达成的其他各项协议所体现的原则。2001年6月15日,中国、俄罗斯、哈萨克斯坦、吉尔吉斯斯坦、塔吉克斯坦、乌兹别克斯坦六国元首举行会议,在中国国家主席江泽民的主持下,共同签署了《上海合作组织成立宣言》(以下简称《宣言》),正式宣告欧亚大陆一个崭新的区域合作组织——上海合作组织成立。

《宣言》对"上海五国"机制所起的作用及其取得的成果予以高度评价。第一,"上海五国"机制是顺应和平与发展的历史潮流的产物,为不同文明背景、传统文化各异的国家实现和睦共处、团结合作提供了可资借鉴的模式,确实促进并深化了各成员国之间睦邻互信与友好关系,巩固了地区安全与稳定并且促进了共同发展。第二,1996年和1997年分别签署的《关于在边境地区加强军事领域信任的协定》和《关于在边境地区相互裁减军事力量的协定》以及协定所体现的原则是确定上海合作组织各成员国相互关系的基础。第三,"上海五国"进程中形成的以"互信、互利、平等、协商、尊重多样文明、谋求共同发展"为基本内容的"上海精神"也将是上海合作组织成员国之间相互关系的准则。

2. 上海合作组织的工作

《宣言》对上海合作组织的工作进行了简要部署。第一,上海合作组织将秉承"加强各成员国之间的相互信任与睦邻友好,鼓励各成员国在政治、经贸、科技、文化、教育、能源、交通、环保及其他领域的有效合作,共同致力于维护和保障地区的和平、安全与稳定,建立民主、公正、合理的国际政治经济新秩序"的宗旨,各成员国将严格遵循《联合国宪章》的宗旨与原则,相互尊重独立、主权和领土完整,互不干涉内政,互不使用或威胁使用武力,平等互利,通过相互协商解决所有问题,不谋求在相毗邻地区的单方面军事优势。第二,上海合作组织每年举行一次成员国元首正式会晤,定期举行政府首脑会晤,轮流在各成员国举行。可视情况组建新的会晤机制,并建立常设和临时专家工作组研究进一步开展合作的方案和建议。第三,上海合作组织奉行不结盟、不针对其他国家和地区及对外开放的原则,对吸收组织新成员规定了一系列条件。第四,地区安全工作是上海合作组织的重点,各成员国将为落实《打击恐怖主义、分裂主义和极端主义上海公约》而紧密协作,包括在比什凯克建立"上海合作组织反恐怖中心",此外将针对非法贩卖武器、毒品、非法移民和其他犯罪活动制定相应的多边合作文件。当前国际形势下,维护全球战略平衡与稳定也具有特别重要的意义。第五,发挥各成员国之间在经贸领域互利合作的巨大潜力,将是上海合作组织工作的又一重要支柱。第六,建立该组织成员国国家协调员理事会,以协调上海合作组织成员国主管部门的合作并组织其相互协作。第一个任务就是在本宣言和"上海五国"元首已签署文件的基础上着手制定《上海合作组织宪章》,其中要明确阐明上海合作组织未来合作的宗旨、目标、任务,吸收新成员的原则和程序,做出决定的法律效力和与其他国际组织相互协作的方式等规定,供 2002 年元首会晤时签署。

第二节 上海合作组织的运行

一、上海合作组织机构

(一)上海合作组织机构设置

1. 上海合作组织国家元首理事会

上海合作组织成员国元首理事会的相关事宜主要规定于 2002 年通过的《上海合作组织宪章》和 2003 年通过的《上海合作组织成员国元首理事会条例》之中。国家元首理事会的任务是确定本组织(上海合作组织)活动的优先领域和基本方向,决定其内部结构和运作、与其他国家及国际组织相互协作的基本原则,同时研究最迫切的国际问题。成员国元首理事会例行会议一年举行一次。上海合作组织秘书长和地区反恐机构执行委员会主任(在涉及其职权范围内的问题时)可以参加成员国元首理事会会议,但没有表决权,成员国元首理事会的公开会议允许观察员和对话伙伴的代表参加。

成员国元首理事会的职能具体为研究确定上海合作组织开展多层次合作与活动的战略、前景和优先方向,包括通过关于制定和签署上海合作组织框架内及上海合作组织与其他国际组织和国家之间相关国际法律文件的决议。就落实宪章规定的上海合作组织的宗旨和任务,包括举行上海合作组织成员国各部门领导人会议,以及研究开展上海合作组织框架内相关领域相互协作的具体问题,通过原则性决议。解决上海合作组织及其常设机构内部建制和运作,上海合作组织与其他国际组织及国家相互协作的原则性问题。任免上海合作组织秘书长,任免上海合作组织地区反恐机构执行委员会主任和副主任。通过关于建立上海合作组织机构和终止其活动的决议,通过关于上海合作组织扩员、给予其他国际组织和国家上海合作组织对话伙伴国和(或)观察员地位及取消该地位的决议。根据上海合作组织宪章第十三条的规定,通过关于中止成员国上海合作组织成员资格和开除成员国的决议。批准上海合作组织标志,听取地区反恐机构理事会的报告,通过关于开设上海合作组织秘书处代表处和地区反恐机构执行委员会分部的决议,研究最迫切的国际问题。

2. 政府首脑(总理)理事会

上海合作组织成员国政府首脑(总理)理事会会议(以下简称"总理会议")的相关事宜主要规定于2002年签署的《上海合作组织宪章》和2003年通过的《上海合作组织成员国政府首脑(总理)会议条例》。总理会议例行会议一年举行一次,会议举办地点由成员国政府首脑预先商定。举办例行会议国家的政府首脑担任总理会议主席。总理会议非例行会议,由上合组织任何一个成员国倡议并经其他成员同意即可召开,非例行会议一般在倡议国举行。本组织秘书长和地区反恐机构执行委员会主任列席总理会议,但无表决权。享有本组织对话伙伴国或观察员地位的其他国际组织和国家的代表参加总理会议的会议程序由相关条例规定。

总理会议以宪章为基础,依据总理会议条例和上海合作组织框架内通过的其他文件开展工作履行以下职能。批准本组织年度预算,研究本组织框架内发展多边合作的战略、前景和优先方向。解决在宪章确定的现实领域,特别是经济领域发展合作的原则问题,包括在本组织框架内签署相关政府间多边条约文件。批准本组织地区反恐机构执行委员会机构设置和编制,通过关于组织成员国各部门领导人会议,研究在宪章规定的现实领域开展相互协作具体问题的决议,监督各部门领导人会议和会议决议的落实以及本组织框架内共同经济方案的实施。因此,也可以说,总理会议主要履行经济职能。

3. 外交部长理事会

外交部长理事会例会每年在元首理事会前一个月于元首会议举办国举行,由该国外交部长担任外长会议主席,任期一年。一国倡议并经其他成员国同意也可以举行非例行会议,外长会议主席可以代表上海合作组织开展对外交往。

外交部长理事会具有诸多主要职能。研究上海合作组织的当前活动问题,保障上海合作组织各机构决议的总协调和落实,提请元首会议和政府首脑(总理)会议审议关于完善和发展上海合作组织框架内各方面合作以及改善上海合作组织各机构活动的建议,包括在上海合作组织框架内缔结有关的多边条约文件问题。以上海合作组织的名义就国际问题发表声明,提请国家元首会议审议关于上海合作组织吸收新成员、中止新成员资格和开除成员的建议,提请元首会议审议关于上海合作组织与其他国际组织和国家相互协作,包括提供对话伙伴国或观察员地位的建议。提请元首会议批准上海合作组织秘书长人选、根据协调员理事会推荐批准副秘书长人选,研究上海合作组织成员国外交部相互协作问题,审议国家协调员理事会提交的文件草案,研究国家协调员理事会提交的其他国际组织和国家发给上海合作组织的建议和咨询。

4. 各部门领导人理事会

各部门领导人理事会,根据需要在上海合作组织成员国举行,地点由各方协商,须有三分之二成员国相关部门的领导人与会,会议才视为有效。各部门领导人理事会的主要职能是为元首会议和政府首脑(总理)会议准备关于在上海合作组织宪章规定的有关领域开展合作的建议。组织落实元首会议和政府首脑(总理)会议有关建立和发展上海合作组织框架内各领域合作的决议,制定有关领域合作的计划和项目。协调和监督上述计划和项目的实施,确保成员国相关部门之间进行切实合作。促进经验和信息的交流,以解决发展合作的具体和长远问题,协调成员国有关非政府机构建立互利合作,就具体问题与上海合作组织秘书处相互协作,并在自身职权范围内,与除元首会议和政府首脑(总理)会议之外的上海合作组织其他机构相互协作。

5. 国家协调员理事会

国家协调员理事会由上海合作组织成员国根据各自国内规定和程序任命的国家协调员组成,例行会议在外交部长理事会之前召开,地点也是元首理事会例会举办国,主席为该国国家协调员,任期一年。非例行会议可由外交部长理事会决议、国家协调员理事会上一次会议商定或者某一成员国国家协调员提议而召开。因其职能,该会议往往举办较为频繁。

国家协调员理事会就上海合作组织框架内完善宪章规定的各有关领域合作准备文件和建议草案,经外交部长理事会提交元首会议和总理会议,以及为外交部长理事会准备必要的材料;审议和批准秘书处关于组织和举行元首会议、总理会议、外长会议和成员国各部门领导人会议的建议,包括初步协调各机构会议的议题、日期和地点;就上海合作组织秘书处机构设置、人员编制和职能改变提出建议。监督元首会议、政府首脑(总理)会议、外长会议和各部门领导人会议决议的落实情况;就上海合作组织秘书长和副秘书长人选提出建议,并批准上海合作组织秘书长助理人选;审议上海合作组织秘书长提交的年度预算编制建议和决算报告。

6. 地区反恐怖机构

2001年签署的《上海合作组织成立宣言》和《打击恐怖主义、分裂主义和极端主义上海公约》均明确提出在比什凯克建立上海合作组织地区反恐怖机构的决定,该机构作为上海合作组织协调各成员国主管机关打击恐怖主义、分裂主义和极端主义合作的常设机构。2003年5月,上海合作组织莫斯科峰会决定将地区反恐怖机构所在地由比什凯克改到塔什干,必要时可依成员国元首会议的决定在成员国境内设立分部。2004年6月,上海合作组织塔什干峰会时正式挂牌。

地区反恐怖机构由两个机构组成:地区反恐怖机构理事会和地区反恐执行委员会。地区反恐怖机构理事会由成员国反恐主管部门负责人或代表组成,是地区反恐怖机构的协商决策机关。其主要职能有确定地区反恐怖机构的基本任务和职能的实施办法,就包括经费问题在内的所有实质性问题通过具有约束力的决定,向元首理事会提交地区反恐怖机构年度工作报告,向元首理事会推荐执行委员会主任、副主任人选,确定执行委员会主任和副主任的任免程序。地区反恐执行委员会是执行机构,主要职能包括与各成员国主管机关以及从事打击"三股势力"的国际组织保持工作联系和协调行动,参与准备打击"三股势力"的国际法律文件草案,与有关地区和国际组织保持联系,收集分析成员国提供的有关打击"三股势力"的信息并提出意见和建议。

7. 秘书处

2004年1月,上海合作组织秘书处在北京正式建立,遵循宪章、成员国元首理事会、政府首脑(总理)理事会、外交部长理事会和国家协调员理事会的决议以及秘书处条例进行活动。秘书处为上海合作组织框架内的活动提供组织、技术和信息保障,就编制组织年度预算提出建议,统计和保管上海合作组织框架内通过的文件。

秘书处研究和汇总各成员国就上海合作组织机构会议议程提出建议和材料,并在此基础上就上海合作组织各机构会议的初步议程、日期和地点向国家协调员理事会提出建议;组织成员国代表对提交给上海合作组织机构会议审议的文件草案进行磋商;与会议举办国政府相互协作,为上海合作组织机构会议提供组织技术保障。参与制定落实上海合作组织机构会议决议的文件草案;制定和发行组织的消息简报,建立和维持上海合作组织网站的运作;制定上海合作组织机构工作计划草案,并提交国家协调员理事会批准。向成员国索要保障组织机构工作所必须的信息指南和其他材料,建立与组织运作有关问题的资料库,确保能提供成员国索要的信息。为上海合作组织机构和秘书长的活动提供礼宾保障,准备关于组织和秘书长活动经费的建议,提交预算及决算报告,对会费缴纳、上海合作组织预算执行和秘书处的开支情况进行日常监督;就与组织活动有关的问题同其他国际组织和国家保持工作联系和交往;招聘工作人员以保障秘书处的运转;举办学术研讨会。

8. 实业家委员会

2004年9月,上海合作组织成员国经贸部长第三次会议上,各方一致同意在各国工商会和(或)相应机构基础上建立上海合作组织实业家委员会。2004年9月,上海合作组织成员国总理理事会第三次会议通过专门决议,成立专家组研究具体原则和运行方式。实业家委员会的主要任务是推动成员国在经贸、金融信贷、科技、能源、交通、通信、农业以及其他领域合作的发展;同上海合作组织成员国及其他国家经济金融组织、工商会及企业相互协作并加强联系,交换信息,协助上海合作组织成员国实业界开展境外经营活动,并通过举办一系列经贸活动,创造新的贸易和投资机会。

2005年10月,实业家委员会第一次理事会会议在莫斯科举行,会议达成如下共识:上海合作组织实业家委员会的主要任务是指令上海合作组织框架内通过的关于发展经贸合作的基础性文件——《上海合作组织成员国多边经贸合作纲要》以及该纲要的实施措施计划提供有效协助。2005年10月26日,各国实业家委员会主席签署了《上海合作组织实业家委员会理事会首次会议纪要》。2006年6月上海峰会期间举行了实业家委员会成立大会,表决通过了实业家委员会提交的《上海合作组织成员国实业家委员会章程》《大会章程》及《理事会规章》草案;选举俄罗斯联邦委员会副主席梅津采夫为理事会主席,在莫斯科设立实业家委员会常设机构秘书处。

9. 银行联合体

2005年7月上合组织国家元首峰会上,胡锦涛主席向各方发出"尽快建立银联体"的倡议,经各方同意写入峰会文件《阿斯塔纳宣言》。2005年10月26日成员国第四次总理会议期间,中国国家开发银行、俄罗斯开发银行与外经银行、哈萨克斯坦开发银行、乌兹别克斯坦国家对外经济银行、塔吉克斯坦国民银行签署了关于成立《上海合作组织银行联合体(合作)协议》。2005年11月16日,上海合作组织银行联合体在莫斯科正式成立。中国国家开发银行行长陈元当选为首任主席。吉尔吉斯斯坦因未能及时履行完国内相关手续缺席10月的协议签署。2006年6月,上海合作组织银行联合体理事会第二次会议宣布正式接纳吉尔吉斯共和国结算储蓄公司为成员。目前,上海合作组织银行联合体由中国国家开发银行、俄罗斯开发银行与外经银行、哈萨克斯坦开发银行、乌兹别克斯坦国家对外经济银行、塔吉克斯坦国家储蓄银行、吉尔吉斯斯坦国家结算储蓄公司六家金融机构组成。各成员行均享有政府信用。银行联合体设有理事会(行长级)、协调员会(副行长级)、高官会(司局级)三级工作机制,各工作机制每年分别召开一次会议。

银联体的活动宗旨是建立一个对上合组织各成员国政府支持的项目提供融资及相关金融服务的良好机制,合理、有效地利用各国资源,促进各成员国经济和社会的顺利发展。各成员国将按照国际惯例,以"平等互利尊重信任"为原则,发展长期合作关系;各方将互为优先合作伙伴,执行上合组织国家间达成的协议,以及多边合作纲要框架下签署的相关协议,实施上合组织区域内其他多双边经济合作项目;银联体各方合作的基本方向是为成员国的基础设施、基础产业、高科技领域、扩大出口、社会领域及其他区域性合作项目提供融资支持;按照国际惯例提供、吸收银团贷款,提供出口前信贷,交流客户和项目信息,在人员培训、互访和业务考察等领域以及其他各方感兴趣的方面开展全面积极的合作。①

10. 上海合作组织论坛

上海合作组织论坛是根据上海合作组织成员国总理会议的决定成立的。2006年5月22日,上海合作组织论坛成立大会在莫斯科举行,大会通过了论坛活动细则,确定了论坛的主要目标和组织机构。根据论坛章程,论坛每年召开一至两次会议。上海合作组织论坛是一个多边学术机制,由各成员国的上海合作组织国家研究中心组成,论坛独立确定研究题目、研究方向和研究计划,并组织科学讨论会和其他活动。论坛会议上,学者们共同探讨上海合作组织发展及面临的现实问题,提出可行性建议。也就是说,上海合作组织论坛的主要职能是为上海合作组织的发展提供支持。

(二)上海合作组织运行

1. 上海合作组织运行方式

由前文对上海合作组织机构设置的介绍,得出如下图所示的上海合作组织的简要运行体系。上海合作组织的运行主要围绕成员国元首理事会和政府首脑(总理)理事会进行,成员国元首理事会从总体上把握组织发展的方向和战略,解决组织发展中遇到的重大问题;政府首脑(总理)理事会规划组织发展多边合作的战略、前景和优先方向,重点推动经济领域发展合作的原则问题②;其他机构相互协作又各司其职,使各项工作有条不紊地进行。

---

① 引自中国与中亚国家贸易政策和区域经济合作国际研讨会上翁志伟所作报告《上海合作组织银行联合体机制建设和活动情况》。
② 刑广程.上海合作组织发展报告(2009)[R].北京:社会科学文献出版社,2009:5.

```
┌─────────────────────────────────────────────────────────┐
│ 各成员国：就上海合作组织机构会议议程提出建议和材料      │
└─────────────────────────────────────────────────────────┘
                            ↓
┌─────────────────────────────────────────────────────────┐
│ 秘书处：研究汇总，提出初步议程、日期和地点的建议        │
└─────────────────────────────────────────────────────────┘
                            ↓
┌─────────────────────────────────────────────────────────┐
│ 国家协调员理事会：审议和批准秘书处建议，初步协调各机构  │
│ 会议的议题、日期和地点以及为外交部长理事会准备必要的材料│
└─────────────────────────────────────────────────────────┘
                            ↓
┌─────────────────────────────────────────────────────────┐
│ 外交部长理事会：研究上海合作组织的当前活动问题，提请元  │
│ 首会议和政府首脑（总理）会议审议关于完善和发展上海合作  │
│ 组织框架内各方面合作以及改善上海合作组织各机构活动的建议│
└─────────────────────────────────────────────────────────┘
                            ↕
┌─────────────────────────────────────────────────────────┐
│ 国家元首理事会   ；政府首脑（总理）理事                 │
└─────────────────────────────────────────────────────────┘
                            ↕
┌─────────────────────────────────────────────────────────┐
│ 各部门领导人理事会：为元首会议和政府首脑（总理）会议准  │
│ 备关于在上海合作组织宪章规定的有关领域开展合作的建议；  │
│ 组织落实两项会议有关建立和发展上海合作组织框架内各领域  │
│ 合作的决议                                              │
└─────────────────────────────────────────────────────────┘
```

2. 上海合作组织的运行

任何区域组织的运行都需要建立完善的机构体系，上海合作组织的运行也不例外。上海合作组织成立至今，共有8个正式机构（《宪章》中规定有7个机构，其中地区反恐怖机构由理事会和执委会两部分组成）。根据其性质可分为国家元首会议、政府首脑（总理）会议、外交部长会议、各部门领导人会议、国家协调员理事会、地区反恐怖机构理事会、地区反恐怖机构执行委员会和秘书处。此外，随着上合组织合作领域的拓展和深入，尤其是经济合作方面，依靠政府的力量对一些多边项目投资运营显得有些力不从心。上海合作组织创新吸收民间资本和非政府组织来推进多边经贸和人文交流，包括实业家委员会、银行联合体和上海合作组织论坛。上海合作组织的运行，其实质就是上海合作组织机构的运行。

二、上海合作组织的活动

（一）上海合作组织的活动概况

1. 上海合作组织成员国元首理事会会议

成员国元首理事会第一次会议于2001年6月15日在中国上海举行，哈萨克斯坦总统纳扎尔巴耶夫、中国国家主席江泽民、吉尔吉斯斯坦总统阿卡耶夫、俄罗斯总统普京、塔吉克斯坦总统拉赫莫诺夫(后更名为拉赫蒙)、乌兹别克斯坦总统卡里莫夫等上海合作组织六个创始国的国家元首参加了会议。国家元首们签署了《上海合作组织成立宣言》和《打击恐怖主义、分裂主义和极端主义上海公约》等重要文件，发表了《上海合作组织成员国元首理事会第一次会晤新闻公报》。这是上海合作组织成员国第一次元首会议，也是宣布上海合作组织成立的会议。

成员国元首理事会第二次会议于2002年6月7日在俄罗斯城市圣彼得堡举行，成员国与会元首与第一次会议相同。此次会议主要回顾和总结了上海合作组织成立一年来的工作，并从战略高度规划上海合作组织未来的建设和发展，签署了《上海合作组织成员国元首宣言》《上海合作组织宪章》和《上海合作组织成员国关于地区反恐怖机构的协定》三项重要文件。其中，《上海合作组织成员国元首宣言》反映了与会者对当时的国际形势和世界重大问题的看法以及成员国的立场，向世界展示了成员国加强区域合作的信心和决心。重申上海合作组织建立的目的和原则，提出要尽快建立工作机构和确定工作方式，强调"本组织并非集团或封闭型联盟，不针对个别国家或国家集团"，愿在遵循《联合国宪章》的宗旨、原则和国际法准则的基础上，与其他国家和国际组织开展广泛合作。《上海合作组织成员国关于地区反恐怖机构的协定》的签署对推动上海合作组织落实维护地区安全有十分重要的作用。

成员国元首理事会第三次会议于2003年5月29日在莫斯科举行，出席会议的俄罗斯和中亚国家的国家元首没有变化，中国由于国家领导人换届，由新任国家主席胡锦涛出席。这次会议的主要议题是审议上次峰会提出的、按照宪章规定尽早启动所有机制各项任务的落实情况，通过了《上海合作组织成员国宣言》《上海合作组织成员国元首理事会关于上海合作组织各机构条例的决议》《上海合作组织成员国元首理事会条例》《上海合作组织成员国政府首脑(总理)理事会条例》《上海合作组织成员国外交部长会议条例》《上海合作组织成员国国家协调员理事会条例》《上海合作组织成员国各部门负责人会议条例》《上海合作组织秘书处条例》《上海合作组织成员国常驻上海合作组织秘书处代表条例》《上海合作组织地区反恐怖机构执行委员会细则》《上海合作组织成员国元首理事会关于上海合作组织徽标的决议》《上海合作组织成员国元首理事会关于上海合作组织秘书长人选的决议》等文件。莫斯科峰会通过的这些有关上海合作组织各机构的决议为成员国部门理事会的建立和活动提供了法律依据。此后，安全秘书、国防、外交、经贸、交通、文化、教育等部门理事会相继建立和举行会议,使上海合作组织的工作得以深化和机制化。

成员国元首理事会第四次会议于 2004 年 6 月 17 日在乌兹别克斯坦首都塔什干举行,与会成员国元首与上次相比没有变化,阿富汗过渡政府总统卡尔扎伊、蒙古国外交部长额尔登楚龙作为会议的客人出席。经过三年的建设发展,上合组织已经建立了一套工作机制,面对新的发展机遇,不断深化各领域合作,发挥合作潜力取得现实成果更为迫切。会议主要签署了《上海合作组织成员国元首塔什干宣言》《上海合作组织特权与豁免公约》《上海合作组织成员国关于打击非法贩运麻醉药品、精神药物及其前体的协议》《上海合作组织成员国元首理事会关于设立上海合作组织日的决议》《上海合作组织观察国条例》《中华人民共和国政府与上海合作组织关于秘书处东道国协定》《乌兹别克斯坦共和国政府与上海合作组织关于上海合作组织地区反恐怖机构的东道国协定》《上海合作组织成员国元首理事会关于给予蒙古国上海合作组织观察员国地位的决议》《上海合作组织成员国外交部协作议定书》等文件。

成员国元首理事会第五次会议于 2005 年 7 月 5 日在哈萨克斯坦首都阿斯塔纳举行,参会者略有变动,吉尔吉斯斯坦代总统巴基耶夫取代阿卡耶夫出席,其他成员国与会元首与上次会议相同。此外,出席会议的还有蒙古国总统恩赫巴亚尔、伊朗副总统阿雷夫、巴基斯坦总理阿齐兹、印度外长辛格。这次会议旨在增进互信、加强团结、深化合作,通过了《上海合作组织成员国元首宣言》《上海合作组织成员国合作打击恐怖主义、分裂主义和极端主义构想》《上海合作组织成员国常驻上海合作组织地区反恐怖机构代表条例》以及吸收巴基斯坦、伊朗和印度为观察员国的协议。

成员国元首理事会第六次会议于 2006 年 6 月 15 日在中国上海举行,六个成员国国家元首全部与会,出席会议的还有来自四个观察员国的代表,即蒙古国总统恩赫巴亚尔、巴基斯坦总统穆沙拉夫、伊朗总统内贾德、印度石油和天然气部长德奥拉,阿富汗总统卡尔扎伊、独联体执行委员会主席鲁沙伊洛、东盟副秘书长比利亚科塔作为客人出席。这次会议是在上海合作组织成立五周年之际举行的,是总结经验继往开来、增强互信深化合作、具有纪念意义的极为重要的会议,签署和批准了《上海合作组织成员国元首理事会第六次会议联合公报》《上海合作组织五周年宣言》《上海合作组织成员国元首关于国际信息安全的声明》《上海合作组织秘书处条例》(新版)《上海合作组织成员国打击恐怖主义、分裂主义和极端主义 2007 年至 2009 年合作纲要》等一系列文件。

成员国元首理事会第七次会议于 2007 年 8 月 16 日在吉尔吉斯斯坦首都比什凯克举行，成员国元首全部到会，应邀赴会的还有观察员国代表，即蒙古国总统恩赫巴亚尔、伊朗总统内贾德、印度石油天然气部长德奥拉和巴基斯坦外长卡苏里，以客人身份参加的有阿富汗总统卡尔扎伊、土库曼斯坦总统别尔德穆·哈梅多夫、联合国副秘书长帕斯科。这次会议是在总结上海合作组织成就的基础上构筑成员国长期睦邻友好关系法律基础的会议，通过了《上海合作组织成员国元首理事会会议联合公报》《比什凯克宣言》《上海合作组织成员国长期睦邻友好合作条约》等文件。

成员国元首理事会第八次会议于 2008 年 8 月 28 日在塔吉克斯坦首都杜尚别举行，出席会议的有六个成员国的国家元首。这次会议旨在总结比什凯克峰会以来上海合作组织的工作成果，确定上海合作组织到下次元首会议前及更长一段时期内的优先工作方向，签署了《上海合作组织成员国元首杜尚别宣言》《上海合作组织对话国条例》以及《上海合作组织成员国组织和举行联合反恐演习的程序协定》《上海合作组织成员国政府间合作打击非法贩运武器、弹药和爆炸物品的协定》《上海合作组织银行联合体与欧亚开发银行伙伴关系基础备忘录》等文件。

成员国元首理事会第九次会议于 2009 年 6 月 15 日在俄罗斯叶卡捷琳堡举行，出席会议的有成员国的国家元首。会议总结肯定了上海合作组织自 2008 年杜尚别峰会以来的主要工作成果，签署了《叶卡捷琳堡宣言》《上海合作组织反恐怖主义公约》，批准了《上海合作组织关于应对威胁本地区和平、安全与稳定事态的政治外交措施及机制条例》。《叶卡捷琳堡宣言》主张开展国际合作是应对新威胁和新挑战、克服国际金融危机、保障能源和粮食安全，以及解决气候变化等迫切问题的重要有效途径，强调当前国际形势下维护地区安全和稳定依然有重大意义。《上海合作组织反恐怖主义公约》进一步加强了本组织框架内反恐合作的法律基础和能力，标志着该领域合作提高到新的水平。《上海合作组织关于应对威胁本地区和平、安全与稳定事态的政治外交措施及机制条例》有助于进一步完善就国际问题进行磋商、协调立场和开展合作的机制。

成员国元首理事会第十次会议于 2010 年 6 月 10 日至 11 日在乌兹别克斯坦共和国首都塔什干市举行，哈萨克斯坦共和国总统纳扎尔巴耶夫、中华人民共和国主席胡锦涛、俄罗斯联邦总统梅德韦杰夫、塔吉克斯坦共和国总统拉赫蒙、乌兹别克斯坦共和国总统卡里莫夫、吉尔吉斯共和国外交部长卡扎克巴耶夫与会。会议批准了《上海合作组织接收新成员条例》和《上海合作组织程序规则》，进一步完善了本组织运作的法律基础。本组织成员国授权代表签署了《上海合作组织成员国政府间农业合作协定》和《上海合作组织成员国政府间合作打击犯罪协定》。

成员国元首理事会第十一次会议于 2011 年 6 月 15 日在哈萨克斯坦首都阿斯塔纳举行，中国国家主席胡锦涛、哈萨克斯坦总统纳扎尔巴耶夫、俄罗斯总统梅德韦杰夫、塔吉克斯坦总统拉赫蒙、乌兹别克斯坦总统卡里莫夫、吉尔吉斯斯坦总统奥通巴耶娃出席会议。会议批准了《2011—2016 年上海合作组织成员国禁毒战略》及其《落实行动计划》。文件将有助于提高成员国在本组织区域内共同应对毒品威胁的能力。根据《上海合作组织接收新成员条例》制定的《关于申请国加入上海合作组织义务的备忘录范本》，进一步完善了上合组织未来扩员的法律基础。国家协调员理事会和专家工作组将继续研究上合组织扩员的所有问题，包括为接收新成员商定必要的法律、行政和财务条件。本组织成员国授权代表签署了《上海合作组织成员国政府间卫生合作协定》。上合组织秘书长与联合国毒品和犯罪问题办公室执行主任签署了《上海合作组织秘书处与联合国毒品和犯罪问题办公室谅解备忘录》。

成员国元首理事会第十二次会议于 2012 年 6 月 6 日至 7 日在北京举行。哈萨克斯坦共和国总统纳扎尔巴耶夫、中华人民共和国主席胡锦涛、吉尔吉斯共和国总统奥通巴耶娃、俄罗斯联邦总统普京、塔吉克斯坦共和国总统拉赫蒙、乌兹别克斯坦共和国总统卡里莫夫与会。会议通过了《上合组织成员国元首关于构建持久和平、共同繁荣地区的宣言》《上海合作组织关于应对威胁本地区和平、安全与稳定事态的政治外交措施及机制条例》《上海合作组织成员国打击恐怖主义、分裂主义和极端主义 2013—2015 年合作纲要》，批准了《上合组织中期发展战略规划》等重要文件。

成员国元首理事会第十三次会议于 2013 年 9 月 13 日在比什凯克举行，哈萨克斯坦共和国总统纳扎尔巴耶夫、中华人民共和国主席习近平、吉尔吉斯共和国总统阿坦巴耶夫、俄罗斯联邦总统普京、塔吉克斯坦共和国总统拉赫蒙、乌兹别克斯坦共和国总统卡里莫夫出席会议，吉尔吉斯共和国总统阿坦巴耶夫主持会议。会议分析当前的国际环境，指出国际关系正经历重大演变，不稳定、不确定因素明显增加，一些地区动荡和局部冲突尚未解决，发表了《上海合作组织成员国元首比什凯克宣言》《上海合作组织成员国元首理事会会议新闻公报》，以通过决议方式批准《长期睦邻友好合作条约实施纲要》，签署《上海合作组织成员国政府间科技合作协定》。

成员国元首理事会第十四次会议于2014年9月11日至12日在杜尚别举行,哈萨克斯坦共和国总统纳扎尔巴耶夫、中华人民共和国主席习近平、吉尔吉斯共和国总统阿坦巴耶夫、俄罗斯联邦总统普京、塔吉克斯坦共和国总统拉赫蒙、乌兹别克斯坦共和国总统卡里莫夫出席会议。与会元首共同签署并发表了《上海合作组织成员国元首杜尚别宣言》,会议批准《给予上海合作组织成员国地位程序》和《关于申请国加入上海合作组织义务的备忘录范本》修订案。

成员国元首理事会第十五次会议于2015年7月9日至10日在乌法举行,哈萨克斯坦共和国总统纳扎尔巴耶夫、中华人民共和国主席习近平、吉尔吉斯共和国总统阿坦巴耶夫、俄罗斯联邦总统普京、塔吉克斯坦共和国总统拉赫蒙、乌兹别克斯坦共和国总统卡里莫夫出席会议。会议签署了《上海合作组织成员国元首乌法宣言》,反映了上海合作组织实际工作的首要任务;通过了《上合组织至2025年发展战略》,确定了本组织深化政治、安全、经济和人文领域合作的主要方向;通过了《关于世界反法西斯战争暨第二次世界大战胜利70周年的声明》《应对毒品问题的声明》。会议再次强调,必须共同努力应对传统与非传统安全挑战与威胁,加强对话合作,维护综合安全,特别是打击恐怖主义、分裂主义、极端主义、非法贩运麻醉药品、精神药物及易制毒化学品、跨国有组织犯罪,加强国际信息安全,应对突发事件。

2. 上海合作组织政府首脑(总理)理事会会议

成员国政府首脑(总理)理事会第一次会议于2001年9月14日在哈萨克斯坦阿拉木图举行,哈萨克斯坦共和国总理托卡耶夫、中华人民共和国国务院总理朱镕基、吉尔吉斯共和国总理巴基耶夫、俄罗斯联邦总理卡西亚诺夫、塔吉克斯坦共和国总理阿基洛夫和乌兹别克斯坦共和国总理苏尔丹诺夫出席会议。会议期间,六国总理宣布正式建立上海合作组织框架内的总理定期会晤机制,发表了《上海合作组织成员国政府总理第一次会晤新闻公报》,签署了《上海合作组织成员国政府间关于开展区域经济合作的基本目标和方向及启动贸易和投资便利化进程的备忘录》。

成员国政府首脑(总理)理事会第二次会议于2003年9月23日在中国北京举行,出席会议的有哈萨克斯坦共和国总理阿赫梅托夫、中华人民共和国国务院总理温家宝、吉尔吉斯共和国总理塔纳耶夫、俄罗斯联邦政府总理卡西亚诺夫、塔吉克斯坦共和国总理阿基洛夫、乌兹别克斯坦共和国总理苏尔丹诺夫。六国总理批准了《上海合作组织成员国多边经贸合作纲要》,签署了《上海合作组织成员国首脑(总理)会晤联合公报》《关于技术性启动上海合作组织常设机构的备忘录》。

成员国政府首脑（总理）理事会第三次会议于 2004 年 9 月 23 日在吉尔吉斯斯坦首都比什凯克举行，出席会议的有哈萨克斯坦共和国总理阿赫梅托夫、中华人民共和国国务院总理温家宝、吉尔吉斯共和国总理塔纳耶夫、俄罗斯联邦政府总理弗拉德科夫、塔吉克斯坦共和国副总理古洛莫夫、乌兹别克斯坦共和国副总理苏尔丹诺夫。会议批准了《上海合作组织成员国多边经贸合作纲要落实措施计划》，该落实措施计划涵盖了经济、科技、人文合作等 10 多个重要领域，涉及 100 多个具体项目、课题和合作方向，并根据分阶段原则确定了落实机制，推动了经贸合作的深入发展。

成员国政府首脑（总理）理事会第四次会议于 2005 年 10 月 26 日在俄罗斯首都莫斯科举行，出席会议的有哈萨克斯坦共和国总理阿赫梅托夫、中华人民共和国国务院总理温家宝、吉尔吉斯共和国总理库洛夫、俄罗斯联邦政府总理弗拉德科夫、塔吉克斯坦共和国总理阿基洛夫和乌兹别克斯坦共和国副总理苏尔丹诺夫，上海合作组织观察员国代表印度共和国外交部长辛格、伊朗伊斯兰共和国第一副总统达乌迪、蒙古总理额勒贝格道尔吉、巴基斯坦伊斯兰共和国总理阿齐兹首次与会。成员国总理在会上签署了《上海合作组织成员国政府间救灾互助协定》《上海合作组织银行联合体（合作）协议》《上海合作组织成员国多边经贸合作纲要措施计划实施机制》，通过了本组织 2006 年预算决议。

成员国政府首脑（总理）理事会第五次会议于 2006 年 9 月 15 日在塔吉克斯坦首都杜尚别举行，哈萨克斯坦共和国总理阿赫梅托夫、中华人民共和国国务院总理温家宝、吉尔吉斯共和国总理库洛夫、俄罗斯联邦政府总理弗拉德科夫、塔吉克斯坦共和国总理阿基洛夫和乌兹别克斯坦共和国副总理阿济莫夫出席会议，上海合作组织观察员国代表印度共和国国务部长恰繁、伊朗伊斯兰共和国副总统阿里塞意德鲁、蒙古国副总理恩赫赛汗、巴基斯坦伊斯兰共和国总理阿齐兹与会。该次会议主要研究了经济合作的优先方向，提出了新形势下经济合作各领域的具体合作措施。六国总理肯定了实业家委员会和银行联合体的成立对上合组织经济合作的积极影响。此外，在该组织框架内建立和启动的能源工作组、现代信息和电信技术工作组也具有重要意义。除了重点讨论经济合作以外，这次总理会议提出了进一步扩大人文领域合作的任务，认为应尽快在上合组织框架内开展卫生合作。另一重要内容是授权秘书处会同国家协调员理事会研究在组织框架内启动旅游和青年合作的问题。

成员国政府首脑（总理）理事会第六次会议于 2007 年 11 月 2 日在乌兹别克斯坦首都塔什干举行，哈萨克斯坦共和国总理马西莫夫、中华人民共和国国务院总理温家宝、吉尔吉斯共和国代总理阿坦巴耶夫、俄罗斯联邦政府总理祖布科夫、塔吉克斯坦共和国总理阿基洛夫和乌兹别克斯坦共和国总理米尔济约耶夫与会，上合组织观察员国代表印度共和国外交国务部长艾哈迈德、伊朗伊斯兰共和国第一副总统达乌迪、蒙古国副总理恩赫赛汗、巴基斯坦伊斯兰共和国外交部长卡苏里与会。会议充分肯定了《上海合作组织银行联合体与实业家委员会合作协议》，签署了《成员国政府海关合作与互助协定》等文件。

成员国政府首脑（总理）理事会第七次会议于 2008 年 10 月 30 日在哈萨克斯坦首都阿斯塔纳举行，哈萨克斯坦总理马西莫夫、中国国务院总理温家宝、吉尔吉斯斯坦总理丘季诺夫、俄罗斯政府总理普京、塔吉克斯坦总理阿基洛夫和乌兹别克斯坦第一副总理阿齐莫夫出席会议，上合组织观察员国代表蒙古国总理巴亚尔、伊朗第一副总统达乌迪、巴基斯坦国防部长穆赫塔尔、印度动力部长欣德与会。会议修订了《〈上海合作组织成员国多边经贸合作纲要〉落实措施计划》，签署了《海关能源监管信息交换议定书》。

成员国政府首脑（总理）理事会第八次会议于 2009 年 10 月 14 日在北京举行，哈萨克斯坦共和国总理马西莫夫、中华人民共和国国务院总理温家宝、吉尔吉斯共和国总理丘季诺夫、俄罗斯联邦政府总理普京、塔吉克斯坦共和国总理阿基洛夫、乌兹别克斯坦共和国总理米尔济亚耶夫出席。会议发表了《上海合作组织成员国政府首脑（总理）理事会会议联合公报》《上海合作组织成员国关于加强多边经济合作、应对全球金融和经济危机、保证经济持续发展的共同倡议》和《上海合作组织地区防治传染病的联合声明》，签署了《上海合作组织成员国海关培训和提高海关关员专业技能合作议定书》，批准了《上海合作组织秘书处关于＜上海合作组织成员国多边经贸合作纲要＞实施情况的报告》和涉及上海合作组织财务和常设机构建设等问题的决议。

成员国政府首脑（总理）理事会第九次会议于 2010 年 11 月 25 日在塔吉克斯坦共和国首都杜尚别举行，哈萨克斯坦共和国总理马西莫夫、中华人民共和国国务院总理温家宝、吉尔吉斯共和国总统兼代总理奥通巴耶娃、俄罗斯联邦政府总理普京、塔吉克斯坦共和国总理阿基洛夫、乌兹别克斯坦共和国副总理霍贾耶夫出席。会议由塔吉克斯坦共和国总理阿基洛夫主持。会议发表了《上海合作组织成员国政府首脑（总理）理事会会议联合公报》，批准了上海合作组织秘书处关于《上海合作组织成员国多边经贸合作纲要》落实情况的报告。

成员国政府首脑(总理)理事会第十次会议于 2011 年 11 月 7 日在圣彼得堡举行,哈萨克斯坦共和国总理马西莫夫、中华人民共和国国务院总理温家宝、吉尔吉斯共和国代总理、第一副总理巴巴诺夫、俄罗斯联邦政府总理普京、塔吉克斯坦共和国总理阿基洛夫、乌兹别克斯坦共和国第一副总理阿齐莫夫参加会议。会议通过了《上合组织成员国政府首脑(总理)关于世界和上合组织地区经济形势的联合声明》,签署了《上合组织银联体中期发展战略(2012—2016)》。

成员国政府首脑(总理)理事会第十一次会议于 2012 年 12 月 4 日至 5 日在比什凯克举行,哈萨克斯坦共和国总理艾哈迈托夫、中华人民共和国国务院总理温家宝、吉尔吉斯共和国总理萨特巴尔季耶夫、俄罗斯联邦政府总理梅德韦杰夫、塔吉克斯坦共和国总理阿基洛夫、乌兹别克斯坦共和国第一副总理阿齐莫夫出席会议。会议批准了《2012—2016 年上海合作组织进一步推动项目合作的措施清单》(简称《项目合作清单》),签署了《〈上海合作组织成员国政府间救灾互助协定〉议定书》《上海合作组织成员国海关关于开展知识产权保护合作的备忘录》以及《关于建立上合组织发展基金(专门账户)和开发银行的决定》。

成员国政府首脑(总理)理事会第十二次会议于 2013 年 11 月 28 日至 29 日在塔什干举行,哈萨克斯坦共和国总理艾哈迈托夫、中华人民共和国国务院总理李克强、吉尔吉斯共和国总理萨特巴尔季耶夫、俄罗斯联邦政府总理梅德韦杰夫、塔吉克斯坦共和国总理拉苏尔佐达、乌兹别克斯坦共和国总理米尔济亚耶夫出席会议。会议通过了《上海合作组织成员国政府首脑(总理)关于进一步开展交通领域合作的联合声明》《关于成立上海合作组织开发银行和上海合作组织发展基金(专门账户)下一步工作的决议》。

成员国政府首脑(总理)理事会第十三次会议于 2014 年 12 月 14 日至 15 日在阿斯塔纳市举行,哈萨克斯坦共和国总理马西莫夫、中华人民共和国国务院总理李克强、吉尔吉斯共和国总理奥托尔巴耶夫、俄罗斯联邦政府总理梅德韦杰夫、塔吉克斯坦共和国总理拉苏尔佐达、乌兹别克斯坦共和国第一副总理阿齐莫夫出席会议。会议签署了《上海合作组织成员国海关关于发展应用风险管理系统合作的备忘录》和《上海合作组织成员国海关执法合作议定书》。

(二)上海合作组织活动的主要内容

1. 经济合作

自上海合作组织成立以来,区域经济合作已经成为一个重要合作方向,其实也是上海合作组织开展较早的合作领域之一。2001年,上海合作组织成员国政府首脑(总理)理事会第一次会议签署《上海合作组织成员国政府间关于区域经济合作的基本目标和方向及启动贸易和投资便利化进程的备忘录》,这是第一个有关区域经济合作的文件,标志着区域经济合作正式启动。2003年,上海合作组织成员国政府首脑(总理)理事会第二次会议签署的《上海合作组织成员国多边经贸合作纲要》和《<上海合作组织成员国多边经贸合作纲要>落实措施计划》,标志着上海合作组织区域经济合作进入实质性阶段。面对国际金融危机的冲击,上海合作组织积极应对。2009年,上海合作组织成员国政府首脑(总理)理事会第八次会议批准了《上海合作组织成员国关于加强多边经济合作、应对全球金融危机、保障经济可持续发展的共同倡议》。

除了坚实的法律基础,区域经济合作机制也很完备。成员国经贸部长会议是区域经济合作的主要协调机构,下设海关、质检、电子商务、投资促进、发展过境潜力、能源、现代信息和电信专业等七个工作组,主要负责落实上海合作组织成员国元首理事会和上海合作组织成员国政府首脑(总理)理事会所做出的有关区域经济合作的各项决议。此外,上海合作组织还建立了交通部长会议、科技部长会议、农业部长会议以及财政部长和央行行长会议机制。上海合作组织成员国间的贸易往来无疑是衡量上海合作组织区域经济合作成果的重要指标,营造一个公开、透明、便利的贸易投资环境则需要更多实务合作的推进。例如,海关领域,加速通关便利化;质检领域合作,便利商品流通;搭建电子商务交易平台;提高区域过境运输能力;能源合作拓展至电力、核能领域;银行联合体提供项目资金支持等。在各成员国的努力下,成员国间货物贸易规模不断扩大,贸易商品结构优化,投资环境得到改善,各领域便利化措施的落实使得区域内贸易便利化进程成效显著。

2. 人文合作

上海合作组织成员国在思想文化方面差异较大,人文合作是促进各国人民相互了解,增进感情,增加文化认同感的有效途径,对增进成员国政治互信,深化其他领域的合作也大有裨益。可以说,人文合作有其必要性但同时难度较大。目前,文化合作与教育合作取得的成果最为丰富。早在2002年,文化合作就已经启动,经过几年的探索尝试,2007年比什凯克元首峰会签订《上海合作组织成员国政府间文化合作协定》,构成文化合作的法律基础,而文化部长例会签署的《会议纪要》《联合声明》以及《年度合作计划》等文件更加具体地领导着文化合作的开展。文化合作的主要形式包括元首峰会期间的"上海合作组织文化艺术节";文化部长会晤期间举办成员国实用工艺美术展;吉尔吉斯斯坦主办的"伊塞克湖"上海合作组织成员国电影节;由俄罗斯主办的"世界玫瑰"文化交流论坛;有塔吉克斯坦主办的"心灵之声"国际民间艺术节和"纳乌鲁斯"国际戏剧节;"儿童描绘六国民间童话"(又名"孩子笔下的童话")绘画展。除了这些多边文化活动,中国还积极推动与其他成员国的双边文化合作,让悠久的中华文化走出去,传播"与邻为善,以邻为伴"的和谐理念,破解"中国威胁论"。2010 年上海合作组织成员国首届文化产业论坛在南京举行,"文化产业合作"的启动无疑为文化合作注入了强大动力。

2006 年上海合作组织成员国元首第六次会议期间签署的《上海合作组织成员国政府间教育合作协定》,标志着上海合作组织教育合作的制度化建设正式开启。虽然起步较晚,但其合作原则和框架结构都已建立并得到落实。教育合作机制有教育部长会议、教育专家工作会议组会议、"教育无国界"教育周、在此期间举行的大学校长论坛以及海关教育培训。上海合作组织大学可以说是上海合作组织教育合作的一项重要工作。2007 年比什凯克峰会,时任俄罗斯总统的普京倡议成立"上海合作组织大学"。2008 年年初,俄罗斯提出构想并于 2008 年 10 月提交上海合作组织成员国教育部长会议审议通过。上海合作组织大学并不是某一个具体的教学机构,是上海合作组织五个成员国(除了乌)内的高级教学机构网。从构想到落实,上海合作组织大学在人文合作领域发挥着重要作用。

3. 安全合作

上海合作组织提出了以"互信、互利、平等、协作"为核心内容的新安全观,主张以多边合作维护地区安全,签署了一系列旨在维护地区稳定、共同抵御各种现实威胁的法律文件,开展多部门、多层次的合作。目前,建立了地区反恐怖机构作为常设机构,启动了国防部长会议、安全秘书会议、总参谋部磋商机制、边防部门领导人会议和边防会谈、边境互察制度、公安部长会议、高院院长会议、最高检察院检察长会议、防务安全会议等会晤机制,都对安全合作起到了保障和促进作用。

关于上海合作组织安全合作机制建设历程的特点。第一,它是由一种安全磋商发展而来的、尝试消除冷战遗留的种种威胁而建立起来的多边机制。第二,它是一个为成员国建立正常双边关系创造条件的互信机制。第三,它是一个由元首会晤"自上而下"发展起来的,充分体现成员国政治意愿的伙伴机制。第四,它是致力于成员国相互安全,应对各种挑战,实现共同发展的保障机制。第五,它是一种努力改善地缘环境,适应地区形势发展需要的合作机制。①

  关于上海合作组织安全领域多边合作的主要方式。其一,采取协商一致的预防性措施;其二,开展协商一致的侦缉和调查行动;其三,开展联合反恐行动;其四,交换侦缉、参考性和犯罪侦查情报,包括关于策划中和已实施的恐怖主义、分裂主义、极端主义及参与上述活动的个人和组织的资料;其五,建立专门的资料库和通信系统,包括非公开的通信系统;其六,给予司法协助;其七,组织并举行联合反恐演习,培训干部,交流打击恐怖主义、分裂主义和极端主义的工作经验和教材,开展该领域的联合学术研究。② 从合作内容来看,以建立军事互信为起点,不断延伸扩展,区域反恐、打击毒品走私和跨国犯罪活动、网络安全、国际信息安全、金融安全、紧急救灾经验交流、地区维和、军事气象水文保障交流等,安全合作的"安全"也不断延伸。

---

① 刑广程,孙壮志.上海合作组织研究[M].长春:长春出版社,2007:10.
② 外交部欧亚司.上海合作组织文件选编[G].北京:世界知识出版社,2006:289.

第五章
上海合作组织成员国的反恐形势

上海合作组织,简称上合组织,是一个由我国参与主导创设,以打击"三股势力"为主要诉求的地区性多边国际组织。上合组织自成立前后,恐怖犯罪在这些国家非常猖獗。中亚等地区形势动荡,为恐怖主义滋生提供了肥沃的土壤。越来越多的迹象显示,恐怖主义的蔓延和渗透已成为这个地区动荡的重要表现。从各项报告来看,恐怖分子纷纷出走世界其他地区,未来重大恐怖事件在世界各地此起彼伏,这些趋势对上合组织成员国的反恐行动带来严峻挑战。

第一节 上海合作组织成员国的恐怖犯罪案件

一、中国的恐怖犯罪案件

(一)"9·11"之前的恐怖犯罪案件

1. 1991年"2.28"库车县客运站录像厅爆炸案。1991年2月28日,"东突"恐怖组织在新疆阿克苏地区库车县客运站录像厅制造的一起爆炸案,造成1人死亡、13人受伤。

2. 1993年"6.17"喀什地区农机公司办公楼爆炸案。1993年6月17日,"世界维吾尔青年代表大会"下属组织"东突厥斯坦青年联盟"组织策划并实施了喀什农机公司办公大楼爆炸案和莎车录像厅爆炸案,共造成2人死亡、22人受伤。

3. 1996年"4.29"库克县系列枪杀案。1996年4月29日,8名恐怖分子在一个晚上连续闯入库车县阿拉哈格乡4户维吾尔族基层干部家中,杀死4人、杀伤3人。

4. 1996年"2.8"北京特大武装抢劫案。1996年2月8日,一名蒙面歹徒在光天化日之下,持枪将停在工商银行泔水桥分理处门前的一辆运钞车洗劫,射杀2名银行员工,杀伤1人后,劫走百万余元巨款,这是共和国首都北京首次发生持枪抢劫银行运钞车案。该案件进行得有条不紊,路人还以为是在拍摄警匪片的现场。案件发生后,京城震动,中央震惊。

6月3日,这名蒙面劫匪再次现身,手持微型冲锋枪拦停某单位的取款车,劫走76万元现金,随后驾车逃离现场,时间不到5分钟。8月27日,劫匪再次出动,2名劫匪驾驶一辆本田车拦停装有131万元人民币的运钞车,每人手持双枪意欲抢劫,由于银行职工与保安员的奋勇抵抗,劫匪未能得手,但1名银行职工当场被射杀,1名保安员负伤。

5. 1997年"2.5"伊宁骚乱事件。1997年2月5日至8日,"东突伊斯兰真主党"恐怖组织策划、制造了伊宁市"2.5"严重打砸抢骚乱事件,恐怖分子高喊"建立伊斯兰王国"等口号,7名无辜汉族群众被残杀,198名群众、公安干警、武警官兵被打伤,其中重伤64人,多人失踪。

6. 1997年"2.25"乌鲁木齐公共汽车爆炸案。1997年2月25日,正值北京举行邓小平同志追悼大会,当日下午18时30分左右,新疆维吾尔自治区首府乌鲁木齐发生了公共汽车爆炸案。在不到5分钟之内,市中心的三条主要街道上接连发生3起公共汽车爆炸,当场造成3人死亡,6名重伤者在抢救中死亡,其余68名伤者中重伤者28人。伤亡人员包括汉、维吾尔、回、柯尔克孜等民族的各业人员,还包括不少妇女、儿童和老人。爆炸案发生后,有关方面当即通知各路公共汽车进行检查,又在2辆公交车内发现因故障未爆炸的爆炸装置。

7. 1997年"11.6""东突"恐怖分子系列枪杀案。1997年11月6日凌晨,以买买提·吐尔逊为首的恐怖组织,秉境外"东突"组织旨意,将全国和新疆伊协委员、阿克苏伊协主席、拜城县清真寺清真寺主持尤努斯·斯迪克大毛拉枪杀于去清真寺做礼拜的途中;1998年1月27日,这伙恐怖分子又将去清真寺做礼拜的叶城县政协常委、县大清真寺主持阿不力孜阿吉枪杀。

8. 1998年"1.30""东突"恐怖分子系列投毒案。1998年1月30日至2月18日,"东突解放组织"的成员在喀什市制造了23起系列投毒案,致4人中毒、1人死亡,数人千计的牲畜死亡或中毒。

9. 1998年"4.7"叶城县爆炸事件。1998年4月7日凌晨,恐怖组织在叶城县公安局负责人住房窗台、县政协副主席和喀什地区行署副专员住宅门前等处,连续制造8起爆炸事件,炸伤8人。

10. 1998年"5.23"乌鲁木齐纵火案。1998年5月23日,在境外接受过专门训练、被派入境的"东突解放组织"成员在乌鲁木齐市投放了40多枚化学自然纵火装置,制造了15起纵火案,扬言"要将乌鲁木齐变成一片火海,要造成几百万、几千万、几亿元的损失"。由于及时发现和扑灭,才未造成重大危害。

11. 1998年"11.24""宏鹏"轮失踪案。1998年12月24日,圣·文森特船籍的海南宏达船务公司经营的"宏鹏"轮在离开广西北海港前往台湾省台中市的途中失踪。

12. 1998年"11.26"香港惠博轮船遭遇海盗劫持案。1998年11月26日,巴拿马船籍的广州远洋公司下属的香港惠博轮船有限公司"长胜"轮在从上海驶往马来西亚巴生港途中被海盗劫持,23名船员被杀。

13. 1999年银川市"4.20"特大爆炸袭警案。1999年,银川市公安局巡警支队的一辆警车在出警时,意外被犯罪嫌疑人预先埋设的爆炸装置炸毁,4名民警当场牺牲。"4.20"案是宁夏回族自治区自新中国成立以来,影响最大、后果最为严重的一起刑事案件。

14. 1999年"9.25""育嘉"轮遭袭案。1999年9月25日,厦门诚毅船务公司的"育嘉"轮在斯里兰卡东北海域疑遭"猛虎组织"的炮艇袭击。

15. 1999年"10.24"泽普县恐怖袭击案。1999年10月24日凌晨,恐怖分子携枪支、大刀、爆炸燃烧装置,袭击了泽普县赛力乡分安派出所。他们包围派出所,连续投掷燃烧瓶和爆炸装置、开枪射击。之后闯入派出所枪杀了1名联防队员和1名留置审查的犯罪嫌疑人,开枪击伤了1名警察和1名联防队员。后将派出所10间房屋、1辆吉普车和3辆摩托车烧毁。

16. 1999年"12.14"墨玉县暴力恐怖杀人案。1999年,"东伊运"指挥和田库来西团伙在墨玉县制造"12·14"暴力恐怖杀人案。

17. 2000年6月所罗门群岛政变华人遭恐吓。2000年6月,南太平洋岛国所罗门群岛发生政变并导致武装冲突,一个名为"马莱塔之鹰"的当地激进组织认为华人支持对手"伊萨塔布自由运动",致使当地华侨以及中方人员均遭恐吓及绑架威胁。

(二)"9·11"之后的恐怖犯罪案件

1. 西藏拉萨"3.14"打砸抢烧严重暴力犯罪事件。2008年3月14日,一群不法分子在西藏自治区首府拉萨市区的主要路段实施打砸抢烧,焚烧过往车辆,追打过路群众,冲击商场、电信营业网点和政府机关,给当地人民群众的生命财产造成重大损失,使当地的社会秩序受到了严重破坏。事后查明,当天不法分子纵火300余处,拉萨908户商铺、7所学校、120间民房、5座医院受到损坏,砸毁金融网点10个,至少20处建筑物被烧成废墟,84辆汽车被毁。有18名无辜群众被烧死或砍死,受伤群众达382人,其中重伤58人。

拉萨市直接财产损失达24468.789万元。有足够证据证明,这起严重的暴力犯罪事件是由达赖集团有组织、有预谋、精心策划煽动的,是由境内外"藏独"分裂势力相互勾结制造的。2008年3月14日晚,拉萨全市主要街道实施交通管制,抓捕不法分子的行动随即展开。2008年3月15日,西藏自治区高级人民法院、西藏自治区人民检察院、西藏自治区公安厅发出通告,敦促组织、策划、参与这次打、砸、抢、烧、杀的犯罪分子停止一切犯罪活动,投案自首,鼓励广大人民群众积极检举揭发犯罪分子。2008年3月16日,参与打砸抢烧事件的不法分子纷纷落网,一些不法分子在强大的法律震慑和政策宣传攻势下,纷纷投案自首。2008年3月21日,据西藏自治区有关部门介绍,拉萨已有183名参与打砸抢烧事件的人员投案自首。

  2008年4月29日,西藏自治区拉萨市中级人民法院举行宣判大会,对参与拉萨"3.14"打砸抢烧严重暴力事件的部分被告人进行了公开宣判。经拉萨市中级人民法院依法审理,认定巴桑等30名被告人分别构成放火罪、抢劫罪、寻衅滋事罪、聚众冲击国家机关罪、妨害公务罪、盗窃罪,一审分别判处被告人巴桑、索朗次仁、次仁等3人无期徒刑;判处被告人晋美、格桑巴珠、格玛达瓦、多觉、米玛、阿旺曲央、巴珠等7人15年以上有期徒刑;判处被告人亚杰、曲培扎西、多吉达杰、阿旺、格桑次仁、米玛、索朗次仁、洛桑旦、次旦、培桑扎西、拉巴次仁(大)、洛桑扎西、拉巴次仁、塔庆、土旦加措、扎西加措、格桑顿珠、旦增坚才、格桑尼玛、益西等20人3年至14年不等的有期徒刑。被判处无期徒刑之一的拉萨市堆龙德庆县德庆乡一寺庙僧人巴桑,因带领其他5名僧人和5名当地闲杂人员,打砸德庆乡人民政府、打砸焚烧11家商铺、围攻警务人员、抢劫财物,造成巨大损失,被判处寻衅滋事等罪。跟随巴桑的其他5名同案犯僧人中,2人被判有期徒刑20年,3人被判有期徒刑15年。

  2. 2008年"8.4"新疆喀什爆炸袭击事件。2008年8月4日上午8时许,新疆喀什市边防支队集体出早操行至一宾馆时,突遭2名作案分子驾车袭击,并引爆车上的爆炸物,当场造成16人死亡、16人受伤。2名犯罪嫌疑人库尔班江·依明提和阿不都热合曼·阿扎提均为喀什人,年龄分别为28岁、33岁,其中1人为出租车司机,另1人为菜贩。两人长期受宗教极端思想的宣传、鼓动,多次预谋、策划实施抢夺枪支、袭击军警部队、爆炸、暗杀等恐怖活动。新疆维吾尔自治区喀什地区中级人民法院2008年下半年依法开庭审理此案,被告人库尔班江·依明提和阿不都热合曼·阿扎提因犯非法制造枪支、弹药、爆炸物罪和故意杀人罪,依法被判处死刑,剥夺政治权利终身。

  3. 2008年"8.10"库车爆炸案。2008年8月10日,中国新疆维吾尔自治区阿克苏地区库车县发生连环自杀式袭击事件,袭击发生在当地政府办公楼、公安局和武警哨所,共造成8死4伤,包括7名武装分子和1名保安丧生,分别有2名警察和平民受伤。

4. 2008年"8.12"新疆喀什疏勒县暴力袭击事件。2008年8月12日上午9点,新疆喀什疏勒县发生暴力袭击事件,3名检查人员身亡,1人受伤。这场袭击发生在喀什地区疏勒县亚曼牙乡的检查站。为数众多的袭击者从途经检查站的车上跳下,刺伤了该检查站的4名检查人员。

5. 2009年"7.5"乌鲁木齐打砸抢烧暴力犯罪事件。2009年7月5日17时许,两百余人在乌鲁木齐市人民广场聚集,新疆警方按照工作部署和处突预案开展相应处置工作,依法强行带离现场七十余名挑头闹事人员,迅速控制了局面。之后,又有大量人员向解放南路、二道桥、山西巷片区等少数民族聚居的地区聚集,并高喊口号,现场秩序混乱,19时30分许,部分人员在山西巷一家医院门前聚集,人数达上千人。19时40分许,在人民路、南门一带有三百余人堵路,警方及时将这些人员控制、疏散。20时18分许,开始出现打砸行为,暴力犯罪分子推翻道路护栏,砸碎3辆公交汽车玻璃。20时30分许,暴力行为升级,暴力犯罪分子开始在解放南路、龙泉街一带焚烧警车,殴打过路行人。约有七八百人冲向人民广场,沿广场向大小西门一带有组织游窜,沿途不断制造打砸抢烧杀事件。21时许,约有两百余名维吾尔族青年在人民广场自治区常委附近高呼口号,企图进入常委机关大院未遂后离去。此次暴力事件造成1700多人受伤、197人死亡。其中无辜死亡156人。无辜死难者中,汉族群众134人、回族11人、维吾尔族10人、满族1人;造成重大经济损失,有331间店铺被烧,暴力恐怖分子砸烧公交车、小卧车、越野车、货车、警车等共计627辆,其中184辆车被严重烧毁,直接经济财产损失达6895万元。

10月12日,新疆维吾尔自治区乌鲁木齐市中级人民法院依法对乌鲁木齐"7·5"打砸抢烧严重暴力犯罪事件的三起重大犯罪案件7名被告人进行一审公开开庭审理并当庭宣判。阿不都克里木·阿不都瓦伊提、艾尼·玉苏甫、阿卜杜拉·麦提托合提、阿迪力·肉孜、努尔艾力·吾休尔、阿力木·麦提玉苏普6名罪行极其严重的被告人被判处死刑,剥夺政治权利终身;被告人塔衣热江·阿布力米提因具有重大立功表现,被依法从轻判处无期徒刑,剥夺政治权利终身。12月3日,新疆维吾尔自治区乌鲁木齐市中级人民法院依法对乌鲁木齐"7·5"打砸抢烧严重暴力犯罪活动中的5起案件13名被告人进行了一审公开开庭审理,并当庭做出一审判决。买买提艾力·依斯拉穆、麦麦提吐尔逊·艾力穆、买买提艾力·阿不都克热穆、库西曼·库尔班、合力力·萨迪尔5名罪行极其严重的被告人依法被判处死刑,另有2名被告人被判处无期徒刑,6名被告人被判处有期徒刑。12月4日,新疆维吾尔自治区乌鲁木齐市中级人民法院又公开开庭审理了打砸抢烧严重暴力犯罪5起案件7名被告人,并当庭做出一审判决。海日妮萨·萨伍提、如则喀日·尼亚孜、李龙飞3名罪行极其严重的被告人依法被判处死刑,另有1名被告人被判处无期徒刑,3名被告人被判处有期徒刑。2010年1月25日,新疆维吾尔自治区乌鲁木齐市中级人民法院公开开庭审理了乌鲁木齐"7·5"事件打砸抢烧严重暴力犯罪5起案件13名被告人,并当庭做出一审判决。阿里木·阿不都万里、阿卜力克木·阿卜来提、阿力木江·艾尔肯、库尔班江·玉苏音4名罪行极其严重的被告人依法被判处死刑,被告人玉苏甫卡地尔·阿布都克力木被判处死刑缓期两年执行,艾肯江·阿布拉等8名被告人被分别判处无期徒刑、有期徒刑。

6. 2009年"8.17"乌鲁木齐针刺事件。新疆针刺事件是继"7·5"事件后在新疆发生的民族分裂分子有预谋、有组织策划制造的公然扰乱社会秩序、制造恐怖气氛的重大恶性案件。其目的与动机是以制造恐怖气氛的手段来破坏新疆的稳定。具体表现为使用注射器、大头针或其他针状物来扎刺他人,造成群众心理恐慌的犯罪行为。

7. 2011年"7.18"和田袭击暴力恐怖事件。2011年7月18日12时许,18名暴徒按照预先计划冲入纳尔巴格派出所,手持斧头、砍刀、匕首、汽油燃烧瓶和爆炸装置等,疯狂进行打砸烧杀,杀害1名联防队员和2名办事群众,杀伤2名无辜群众,劫持6名人质,在派出所楼顶悬挂极端宗教旗帜,纵火焚烧派出所。公安、武警迅速赶赴现场,当场击毙数名正在行凶和负隅顽抗的暴徒,成功解救6名人质。截至13时30分,事态已得到有效控制。事件中,1名武警、1名联防队员牺牲,2名人质被害,1名联防队员受重伤。

8. 2011年"12.28"新疆恐怖团伙劫持人质事件。2011年12月28日23时许,在新疆皮山县南部山区,一暴力恐怖团伙劫持2名人质。公安机关根据群众举报,立即出警解救人质。在处置过程中,暴徒拒捕行凶,杀害1名公安干警,致1名干警受伤。公安干警当场击毙暴徒7人,击伤4人,抓捕4人。2名人质获救。

9. 2012年"2.28"喀什叶城县恐怖袭击事件。2012年2月28日上午,阿布都克热木·马木提在其家中召集恐怖组织成员,确定实施暴力恐怖行动,进行编组、分工,分发刀、斧等犯罪工具,演示实施恐怖袭击的方法。当日下午18时许,他带领恐怖组织成员到达叶城县幸福路步行街,持刀、斧疯狂砍杀无辜群众,当场致13人死亡、16人受伤(其中2人经抢救无效死亡)。被告人阿布都克热木·马木提被当场抓获,7名暴力恐怖分子被击毙,另1名被击伤后抢救无效死亡。在事件处置过程中,1名联防队员牺牲,4名公安民警受伤。

10. 2013年"4.23"新疆喀什巴楚县色力布亚镇暴力恐怖案件。2013年4月23日13时30分,新疆喀什巴楚县色力布亚镇发生暴力恐怖事件,造成民警、社区工作人员15人死亡(维吾尔族10人,汉族3人,蒙古族2人),受伤2人(维吾尔族)。处置过程中击毙暴徒6人,抓获8人。

11. 2013年"6.26"新疆鄯善县暴力恐怖袭击案。2013年6月26日凌晨5时50分许,新疆吐鲁番地区鄯善县鲁克沁镇发生暴力恐怖袭击案件,多名暴徒先后袭击鲁克沁镇派出所、特巡警中队、镇政府和民工工地,放火焚烧警车。该案件造成24人遇害(其中维吾尔族16人),包括公安民警2人;另有21名民警和群众受伤。公安民警当场击毙暴徒11人,击伤并抓获4人。

2013年9月12日,新疆吐鲁番地区中级人民法院对鄯善县"6·26"暴力恐怖案件中艾合买提尼亚孜·斯迪克等4名被告人一审公开开庭审理并当庭宣判,3名被告人被依法判处死刑,1名被告人被判处有期徒刑25年。

12. 2014年"1.24"新和县爆炸案。2014年1月24日18时40分许,在新疆阿克苏地区新和县县城发生的系列爆炸。当天,一美容美发店和一菜市场发生爆炸,致1人死亡、2人受伤。公安机关迅速出警处置,抓获3名嫌疑人员。在围堵一可疑车辆时,该车发生自爆,车上2人死亡。

13. 2014年"2.14"乌什县袭击事件。2014年2月14日在中国新疆阿克苏地区乌什县发生的一起袭击公安巡逻车辆的暴力事件。2月14日16时许,恐怖分子驾驶车辆,携带爆燃装置,手持砍刀袭击公安巡逻车辆,致2名群众和2名民警受伤,5辆执勤车损毁。公安民警在处置过程中,击毙8人,抓获1人。3名犯罪嫌疑人在实施犯罪时自爆死亡。

14. 2014年"3.1"云南昆明火车站暴力恐怖案件。2014年3月1日21时20分左右,在云南昆明火车站发生一起以阿不都热依木·库尔班为首的新疆分裂势力一手策划组织的严重暴力恐怖事件。2014年3月1日晚,阿卜杜热伊木·库尔班、艾合买提·阿比提、帕提古丽·托合提、阿尔米亚·吐尔逊、盲沙尔·沙塔尔等5人遂携带作案工具,租车从沙甸到达昆明火车站。21时12分许,5人持刀,从火车站临时候车区开始,经站前广场、第二售票区、售票大厅、小件寄存处等地,打出暴恐旗帜,肆意砍杀无辜群众,致31人死亡、141人受伤,其中40人系重伤。因抗拒抓捕,帕提古丽·托合提被民警开枪击伤并抓获,其余4人被当场击毙。经公安部组织云南、新疆、铁路等公安机关和其他政法力量40余小时的连续奋战,已于3月3日下午成功告破。已查明,该案是以阿不都热伊木·库尔班为首的暴力恐怖团伙所为。除被公安机关现场击毙4名、击伤抓获1名以外,其余3人依斯坎达尔·艾海提、吐尔洪·托合尼亚孜、玉山·买买提因涉嫌偷越国境于2月27日在云南省红河州沙甸被捕。

2014年9月12日9时,昆明中级人民法院在第一法庭依法公开审理"3·1暴恐案"涉案4名被告人依斯坎达尔·艾海提、吐尔洪·托合尼亚孜、玉山·买买提等犯组织、领导恐怖组织罪、故意杀人罪,被告人帕提古丽·托合提犯参加恐怖组织罪、故意杀人罪一案。昆明中院一审宣判,分别以组织、领导恐怖组织罪、故意杀人罪,数罪并罚判处被告人伊斯坎达尔·艾海提、吐尔洪·托合尼亚孜、玉山·买买提死刑,剥夺政治权利终身;以参加恐怖组织罪、故意杀人罪,数罪并罚判处被告人帕提古丽·托合提无期徒刑,剥夺政治权利终身。昆明中院通告中称,被告人帕提古丽·托合提犯罪情节特别恶劣,罪行极其严重,鉴于其在羁押时已怀孕,属于依法不适用死刑的情形,不应适用死刑。2014年10月31日上午9点,昆明火车站严重暴恐案在云南高级人民法院二审开庭。二审判决维持一审判决,4名被告中3人被判死刑、1人被判无期徒刑。

15. 2014年"4.30"乌鲁木齐火车南站暴力恐怖袭击案件。2014年4月30日19时10分左右,新疆乌鲁木齐市火车南站出站口接人处发生一起持刀砍杀平民、同时引爆爆炸装置的自杀式恐怖袭击事件。中国官方称这一事件为"乌鲁木齐火车南站'4.30'暴力恐怖袭击案件"。事件共造成3人死亡、79人受伤,其中4人重伤。3名死者中有1名平民,2名袭击者系引爆身上炸弹身亡。中国警方称此次爆炸案为"东突厥斯坦伊斯兰运动"恐怖组织所为。

16. 2014年"5.22"乌鲁木齐市暴力恐怖案。2014年5月22日7点50分许,新疆乌鲁木齐市沙依巴克区人民公园西侧的公园北街早市发生严重暴力恐怖案件,事件造成43人死亡(其中无辜群众39人,袭击者4人)、94人受伤,死伤者大多数是买早餐的老年人。

17. 2014年"5.28"招远围殴女子致死案。2014年5月28日发生在中国山东省招远市的一起伤人命案。1名女子在一家麦当劳快餐店用餐时,被要求提供手机号码,拒绝后遭到6人团伙围殴致死。当地警方接到报警后当场将6人逮捕。

18. 2014年"6.15"和田市砍杀事件。2014年6月15日发生在新疆和田市的一起暴恐事件。6月15日17点45分许,3名持刀歹徒冲入和田市迎宾路一家棋牌室,对正在下棋的群众进行砍杀。武装巡逻力量1分20秒内迅速赶到现场,与群众合力与暴徒展开殊死搏斗。附近商户听到警报后,立即拿起大头棒、灭火器对暴徒进行围追堵截,最终将3名歹徒制服。2名歹徒重伤不治死亡,1名受伤被抓获。4名群众在与歹徒搏斗中受伤。

19. 2014年"6.20"墨玉县芒来乡袭击事件。2014年6月20日发生在新疆和田地区墨玉县芒来乡的袭击案。当天早上4点在该乡一处哨所,身份不明的袭击者先刺伤在哨所外站岗的2名民兵,然后放火焚烧哨所房屋,里面正睡觉的3名民兵被烧死,2名被刺伤的民兵也在送医途中死亡。

20. 2014年"6.21"叶城县公安局袭击事件。2014年6月21日发生在新疆喀什地区叶城县的一起爆炸袭击县公安局暴力事件。6月21日7点左右,一伙暴力分子驾驶车辆冲撞叶城县公安局办公大楼,并引爆爆炸装置。13名暴徒被民警击毙,3名民警受轻伤,无群众伤亡。至少有20多人遭到叶城县国保大队的逮捕。

21. 2014年"7.28"莎车县暴力恐怖袭击案。2014年7月28日在新疆喀什地区莎车县发生一起暴恐案件。28日凌晨5时左右,由于喀什商品交易会正在进行,当地安检比较严格,公安提前发现有暴徒携带了易爆物,暴徒随即与警方发生冲突,其间有暴徒逃脱,并在当天上午煽动更多人袭击镇政府、派出所以及下乡工作组的驻地,并拦截大巴、劫持人质,事件造成数十名维汉族群众伤亡,31辆车被打砸,其中有6辆车被烧。事态升级后,当地政府紧急抽调公安干警和民兵,对暴徒可能出没的地区进行搜查,对当地通信设施实施管制。这是一起境内与境外恐怖组织相互勾连,有组织、有预谋、计划周密、性质恶劣的严重暴力恐怖袭击案件。

22. 2014年"9.21"轮台县爆炸案。官方称袭击组织者为买买提·吐尔逊,他自2008年以来,受宗教激进思想影响,在承包工程中聚集发展成员,形成组织。该组织于2014年9月21日17时许先后在轮台县阳霞镇一少数民族人士居多的农贸市场、阳霞镇派出所、铁热克巴扎乡派出所、轮台县城一商铺门口制造爆炸,造成2名警察、2名协警、6名平民死亡,54名平民受伤(维吾尔族32名、汉族22名,其中3名重伤)。

23. 2014年"10.12"巴楚县暴力恐怖袭击事件。新疆南部喀什地区的巴楚县城2014年10月12日发生暴力袭击事件,导致22人死亡。10月12日上午约10时半,4名约25至30岁的来自阿克萨克马热勒镇的男子分乘两部电单车抵达农贸市场,其中2人袭击街上巡逻的警察,另2人袭击正要进入市场开铺的汉族商户。武装分子携带砍刀和爆炸物进行袭击,导致18名警察和商贩死亡,4名武装分子被警察击毙,另有几十人受伤。

二、俄罗斯联邦的恐怖犯罪案件

(一)"9·11"之前的恐怖犯罪案件

1. 1995年"6.14"车臣医院武装袭击事件。1995年6月14日,俄罗斯车臣共和国一家医院遭武装人员袭击,大约1000人遭挟持,约100人死亡。

2. 1996年6月莫斯科地铁站爆炸事件。1996年6月莫斯科地铁图拉站和纳加金诺站的一个简易爆炸装置爆炸,4人被炸身亡,12人住院治疗。

3. 1996年"11.10"Kotlyakovsky公墓爆炸事件。1996年11月10日,爆炸发生在Kotlyakovsky公墓,造成14人死亡、约30人受伤。

4. 1999年8月公寓楼爆炸事件。1999年8月,莫斯科和另外两座城市共发生4起公寓楼爆炸事件,约300人死亡。

5. 1999年"8.31"广场商业中心爆炸案。1999年8月31日,在距离莫斯科中心红场仅几米远的一个商业中心广场发生一起严重的爆炸案,造成约40人受伤。

6. 1999年"9.9"莫斯科公寓楼爆炸事件。1999年9月9日,莫斯科东南工人居住区的公寓楼发生爆炸事件,造成至少20人死亡、152人受伤。

7. 1999年"9.9"卡西拉公路公寓爆炸案。1999年9月9日和13日,炸弹将卡拉希公路的公寓房子炸毁,9日死亡100人,13日死亡124人。

8. 2000年"8.8"普希金地铁站爆炸事件。2000年8月8日,莫斯科普希金地铁站发生爆炸事件,致使13人死亡、90多人受伤。

9. 2000年"7.2"安全部队驻地自杀性袭击事件。2000年7月2日、3日,车臣恐怖分子在24小时内向俄罗斯安全部队驻地发起5次自杀性袭击。俄罗斯警察突击队在格罗兹尼附近的阿尔贡宿舍遭到炸弹袭击,至少54人死亡。俄罗斯内政部在古德米尔德基地遭袭,6名俄罗斯人死亡。

10. 2000年"6.7"车臣境内自杀性袭击事件。2000年6月7日,车臣境内发生第一次自杀性袭击。车臣首府格罗兹尼附近的阿尔汗尤特村发生自杀性汽车爆炸,2名俄罗斯特种警察身亡,另有5人受伤。

11. 2001年"2.5"白俄罗斯地铁站连环爆炸案。2001年2月5日白俄罗斯地铁站发生了连环爆炸,爆炸伤20人,其中包括2名儿童。

(二)"9·11"之后的恐怖犯罪案件

1. 2002年"5.9"卡斯皮斯克市爆炸事件。2002年5月9日,俄罗斯南部达吉斯坦共和国的卡斯皮斯克市在举行纪念"二战"胜利游行活动时发生爆炸事件,造成42人死亡,100余人受伤。

2. 2002年"10.10"格罗兹尼市警察分局爆炸事件。2002年10月10日,俄罗斯联邦车臣共和国首府格罗兹尼市一座警察分局大楼内发生严重爆炸事件,造成至少23人丧生。

3. 2002年"10.23"莫斯科轴承厂文化宫劫持案。2002年10月23日,40多名蒙面持枪的车臣武装分子闯入莫斯科轴承厂文化宫大楼,劫持了正在那里演出的演员、欣赏音乐会的观众以及文化宫的工作人员近千人。3天后,俄特种部队向剧院内施放催眠气体后,成功解救了大多数人质,但仍有130名人质不幸丧生。

4. 2003年"5.12"车臣纳曼斯克亚政府大楼爆炸案。2003年5月12日,2名自杀式袭击者驾驶一辆装满炸药的汽车冲向车臣纳曼斯克亚地区一个政府管理机构和安全部门的大楼并引爆炸药,导致59人死亡、100多人受伤。

5. 2003年"5.14"埃利斯汗尤特镇炸弹袭击案。2003年5月14日,位于格罗兹尼东部埃利斯汗尤特镇的一个宗教庆典上发生了自杀式炸弹袭击,至少16人被炸死,145人受伤。

6. 2003年"6.5"车臣运送车爆炸案。2003年6月5日,1名女"人弹"在车臣附近突袭一辆运送俄罗斯空军飞行员的车辆,这辆车被炸毁,包括女"人弹"在内共计19人死亡。

7. 2003年"7.5"图什诺机场摇滚音乐会爆炸案。2003年7月5日,2名女"人弹"在莫斯科图什诺机场举行的露天摇滚音乐会上发动自杀式爆炸,导致17人死亡、60人受伤。

8. 2003年"8.1"北奥塞梯莫兹托克军队医院爆炸案。2003年8月1日,1名自杀式袭击者驾驶一辆满载炸药的卡车冲入与车臣接壤的北奥塞梯莫兹托克的一家军队医院,至少造成50人死亡、80多人受伤。

9. 2003年"9.3"米罗拉耶沃迪火车爆炸案。2003年9月3日,一辆火车在北高加索温泉疗养地米罗拉耶沃迪附近发生爆炸,至少6人死亡,但警方说此事是车臣叛军所为。

10. 2003年"12.5"叶先图基车站外火车爆炸案。2003年12月5日,俄罗斯南部的一列火车在行驶到车臣北部斯塔夫罗波里地区的叶先图基车站外发生爆炸,至少36人死亡,150多人受伤。

11. 2004年"2.6"莫斯科地铁列车爆炸案。2004年2月6日,莫斯科一辆地铁列车发生恐怖爆炸,50人死亡,130多人受伤。这是莫斯科有史以来最严重的地铁列车爆炸案。俄罗斯联邦安全局称,一名潜伏在车臣共和国的沙特伊斯兰武装分子可能是该爆炸案的幕后策划者。

12. 2004年"5.9"狄纳莫体育场爆炸案。2004年5月9日,俄车臣首府格罗兹尼的狄纳莫体育场发生爆炸,这是一起精心策划的恐怖爆炸事件。爆炸造成7人死亡、53人受伤。其中包括车臣总统卡德罗夫、车臣国务委员会主席伊萨耶夫。

13. 2004年"6.21"武装分子袭击案。2004年6月21日晚和22日晨武装分子向印古什共和国纳兹兰等多个城镇的司法机关发动袭击,造成90人死亡。印古什内务部代部长科斯托耶夫和内务部副部长哈季耶夫等高级官员遇害。

14. 2004年"8.24"客机坠毁案。2004年8月24日,俄罗斯一架图-134和一架图-154客机从莫斯科多莫杰多沃机场起飞后,分别在图拉州和罗斯托夫州坠毁,两架飞机上的90名乘客和机组人员全部遇难。调查结果表明,两架客机坠毁是恐怖分子所为。

15. 2004年"8.31"莫斯科里加地铁站爆炸案。2004年8月31日,莫斯科里加地铁站附近发生恐怖爆炸事件,10人死亡,51人受伤。

16. 2004年"9.1"别斯兰人质事件。2004年9月1日,30多名全副武装的恐怖分子在俄罗斯南部北奥塞梯共和国别斯兰市第一中学,劫持了正在参加开学典礼的1100多名学生、教师和家长,要求俄政府立刻结束车臣战争。持续近三天的人质危机造成333人死亡,其中包括186名儿童。

17. 2005年"6.12"旅客快车在莫斯科近郊脱轨事件。2005年6月12日,从俄罗斯车臣共和国首府格罗兹尼开往莫斯科的一列旅客快速列车在莫斯科近郊遭遇爆炸装置袭击,导致部分车厢脱轨,至少15人受伤。

18. 2007年"8.13""涅夫斯基快车"爆炸出轨事件。2007年8月13日来往莫斯科与圣彼得堡的"涅夫斯基快车"因爆炸出轨,60人受伤。当局拘捕2名住在印古什的疑犯,并追捕前军官科索拉波夫,其被怀疑是袭击主谋。

19. 2009年"4.3"车臣士兵枪杀案。2009年4月3日,3名在车臣服役的俄罗斯士兵在汽车中被不明身份武装分子枪杀。这是俄罗斯政府解除军队在车臣反恐状态以来的首次恐怖袭击事件。

20. 2009年"8.5"纳兹兰市市场爆炸案。2009年8月5日,俄罗斯印古什共和国首府纳兹兰市一家市场发生爆炸并引发火灾,造成1人死亡、2人重伤。

21. 2009年"8.17"纳兹兰市警察局爆炸袭击案。2009年8月17日在俄罗斯印古什共和国首府纳兹兰市一警察局院内发生恐怖爆炸袭击,1 名自杀式袭击者驾驶装有炸药的汽车,冲入纳兹兰市一家警察局院内并引爆炸药,造成至少 20 人死亡、130 多人受伤。

22. 2009 年"11.13"乌里扬诺夫斯克军火库爆炸案。2009 年 11 月 13 日,俄罗斯中部城市乌里扬诺夫斯克郊外一处军火库发生剧烈爆炸,致使至少 2 人死亡、10 人受伤。

23. 2009 年"11.27""涅瓦特快号"客车脱轨事件。2009 年 11 月 27 日晚,俄罗斯"涅瓦特快号"客运列车在诺夫哥罗德州遭遇爆炸袭击后发生脱轨事件,事故造成 39 人死亡、63 人受伤。北高加索地区一个伊斯兰武装团伙宣称对该事件负责。

24. 2010 年"3.19"地铁站爆炸案。2010 年 3 月 29 日早上"卢比扬卡"地铁站和"文化公园"地铁站分别发生爆炸事件,两起爆炸仅间隔 42 分钟,爆炸威力相似,共造成 41 人死亡、近百人受伤。爆炸装置捆绑在 2 名女性自杀式袭击者身上。据称这 2 名女性自杀式袭击者与北高加索地区有关。

25. 2010 年"5.26"斯塔夫罗波尔市音乐厅爆炸案。2010 年 5 月 26 日 18 时 45 分许,斯塔夫罗波尔市体育文化宫音乐厅门前发生爆炸。当晚,该音乐厅原定举行一场音乐会,爆炸在演出开始前约 15 分钟一辆汽车发生爆炸,爆炸物由无线电遥控,内置杀伤性金属物体,共造成 7 人死亡、40 多人受伤。

26. 2011 年"1.24"多莫杰多沃机场炸弹爆炸案。据俄媒体报道,当地时间 2011 年 1 月 24 日 16 时 32 分(北京时间 21 时 32 分),多莫杰多沃机场抵达大厅内发生自杀式炸弹爆炸,截至北京时间 25 日,已造成 35 人死亡、180 人受伤。俄罗斯总统德米特里·梅德韦杰夫当天发表讲话认定此次事件为恐怖袭击。

27. 2013 年"10.21"伏尔加格勒公交车爆炸案。2013 年 10 月 21 日,伏尔加格勒市发生一起公交车爆炸事故,共造成车上包括肇事者在内的 8 人死亡、36 人受伤。该起爆炸为自杀式恐怖袭击,炸弹由 1 名来自达吉斯坦共和国的 30 岁女子纳伊达·阿西亚洛娃引爆,凶手当场死亡。

28. 2013 年"12.29"伏尔加格勒火车站爆炸案。2013 年 12 月 29 日 12 时 45 分,俄罗斯南部伏尔加格勒火车站发生自杀性爆炸,至少造成 18 人死亡、40 人受伤,车站两层被炸。该事件可能是由 1 男 1 女共两人实施,警员试图靠近一名可疑的女性时发生了爆炸,在爆炸地点侦查人员找到 1 名男性的手指,上面挂有榴弹拉环,在现场还遗留了一枚未爆炸的 F1 榴弹。当局按照恐怖主义行为、非法贩运武器等罪立案,怀疑是车臣的"黑寡妇"所为。

29. 2013年"12.30"伏尔加格勒无轨电车爆炸案。2013年12月30日俄罗斯伏尔加格勒一辆无轨电车发生爆炸，炸弹被放置在车厢内，造成15人死亡、23人受伤。

三、哈萨克斯坦的恐怖犯罪案件

1. 2011年"10.31"哈西部阿特劳市爆炸案件。2011年10月31日发生在哈西部阿特劳市的两起爆炸案件，由名为"哈里发战士"的伊斯兰极端组织所为。"哈里发战士"向其组织成员发布了在哈萨克斯坦境内制造恐怖事件的指令，参与制造爆炸事件的4名犯罪分子全部为"哈里发战士"组织成员。该组织是由哈萨克斯坦公民于2011年夏天建立的，其目的是在哈萨克斯坦境内发动圣战。

2. 2011年"11.12"塔拉兹恐怖袭击事件。2011年11月12日哈萨克斯坦南部城市塔拉兹内1名恐怖分子先后抢劫2辆汽车和武器商店，共打死7人，其中包括5名警察。据介绍，"圣战分子"萨利耶夫当天先是杀死了负责监视他的2名安全部门人员，并于当地时间上午11时左右劫持了一辆"马自达"牌轿车。11时35分，萨利耶夫抢劫了塔拉兹市的一所武器商店，杀死了1名保安和1名顾客，抢走了2支"羚羊"半自动步枪和一些子弹。随后，萨利耶夫又劫持了一辆汽车，杀死了2名追捕他的警察，并夺取了他们的武器。然后，萨利耶夫返回自己的住处取出藏匿的火箭筒，并用该武器向区国家安全委员会办公楼射击。在此过程中，萨利耶夫还打伤了2名骑警。大约13时左右，萨利耶夫在被警方击伤后，被设卡的交警抓获。在逮捕萨利耶夫的过程中，萨利耶夫引爆了身上的炸药，除萨利耶夫本人外，1名警察当场被炸身亡。

3. 阿拉木图州与恐怖分子交火事件。2012年8月17日，警方早晨在阿拉木图州卡拉赛地区的一个平民别墅区包围一批恐怖分子，警方展开突击行动并与恐怖分子交火，9名恐怖分子在交火中被警方击毙。

四、吉尔吉斯斯坦的恐怖犯罪案件

1. 2000年尼合买提·波萨科夫枪杀案。2000年3月，吉尔吉斯斯坦"维吾尔青年联盟"主席尼合买提·波萨科夫因拒绝与恐怖组织"东突解放组织"合作，被该组织成员枪杀在家门口。

2. 2000年阿希尔库洛夫炸弹袭击案。2002年9月7日，吉尔吉斯斯坦国家安全会议秘书阿希尔库洛夫6日晚在其家门口遭到炸弹袭击而多处受伤。当地时间 6 日晚 22 点,阿希尔库洛夫在其家门口下车后,2 枚事先被安置在那里的 F-1 型手榴弹发生爆炸,造成他四肢、背部和肩部等多处受伤。他的司机当即将他送往附近医院抢救。

五、塔吉克斯坦的恐怖犯罪案件

(一)"9.11"之前的恐怖犯罪案件

2000 年"2.16"杜尚别汽车爆炸事件。2000 年 2 月 16 日傍晚 5 时 30 分前后,杜尚别市长马特赫-马德赛义德以及保安部副部长雅比罗夫刚刚参加了一家工厂的活动,乘坐汽车离开会场。然而,就在他们的汽车即将行驶到市中心时,汽车内发生了爆炸。警方称这是一枚由遥控炸弹引发的爆炸,它被人事先安放在汽车尾部的下部,然后通过无线电进行遥控。爆炸发生之后,同坐在一辆车内的雅比罗夫当场被炸身亡。

(二)"9.11"之后的恐怖犯罪案件

1. 2005 年"1.31"杜尚别汽车炸弹爆炸事件。2005 年 1 月 31 日上午,塔吉克斯坦首都杜尚别发生汽车炸弹爆炸,造成至少 1 人死亡、十几人受伤。爆炸地点发生在塔吉克斯坦紧急事务部附近,距离总统埃莫马利·沙里波维奇·拉赫莫诺夫的官邸也仅有 1 公里。

2. 2005 年"6.14"杜尚别市中心汽车爆炸事件。2005 年 6 月 14 日,位于塔吉克斯坦首都杜尚别市中心的塔紧急情况部大楼前发生一起汽车爆炸事件,爆炸造成 5 人受伤。

3. 2006 年"1.27"哈菲佐夫遭枪手杀害事件。2006 年 1 月 27 日,塔军事学院院长哈菲佐夫当日在首都杜尚别遭不明身份枪手杀害。

4. 2007 年"11.14"杜尚别爆炸事件。2007 年 11 月 14 日早上,塔吉克斯坦首都杜尚别发生一起爆炸事件,导致 1 人死亡。

5. 2010 年"9.6"杜尚别南部地区爆炸事件。2010 年 9 月 6 日,首都杜尚别南部地区一家娱乐中心当地时间 5 日夜里发生爆炸,导致 7 人受伤。

6. 2010 年"9.19"塔吉克斯坦军方车队阿富汗边境遭伏击事件。2010 年 9 月 19 日,塔吉克斯坦军方一支车队在靠近阿富汗的边境地区遭伏击,至少 23 名军人死亡。塔吉克斯坦政府 20 日说,外国极端武装组织成员受国内反政府势力指使,实施了这次袭击。

六、乌兹别克斯坦的恐怖犯罪案件

1. 2004 年"3.28"塔什干和布哈拉州爆炸袭击事件。2004 年 3 月 28 日夜间到 29 日,在塔什干和布哈拉州连续发生 5 起爆炸袭击事件,共造成 19 人死亡、26 人受伤。在塔什干等地连续发生爆炸和袭击事件后,乌军警采取了严密的防卫措施。但塔什干及周围地区的局势依然紧张。30 日,在距塔什干不远的恰尔瓦克水库大坝旁发生了一起汽车爆炸事件。

2. 2005 年"5.12"安集延市武装骚乱事件。2005 年 5 月 12 日 23 时 30 分,数十名手持冲锋枪和手枪的武装分子乘汽车突袭了乌兹别克斯坦东部安集延市附近的一个警察哨所。他们打死 4 名警察后,砸开警察大队仓库,抢走了数十支冲锋枪、手枪和部分手榴弹。此后,武装分子于 13 日凌晨 1 时 30 分,冲向当地驻军营房,5 名士兵被打死,大量冲锋枪、手榴弹、2 挺机枪和 1 辆"吉尔-130"型载重汽车被抢。这些武装分子接着来到监狱,用汽车撞开大门后,2000 多名在押犯被放走。武装分子并未就此罢手,而是分乘数辆汽车边呼喊边射击,冲进了安集延市。进入市内,他们选择了三个攻击目标:州内务总局、州安全总局和州政府大楼。在攻击前两个目标失败后,武装分子强占了安集延州政府办公大楼和一所学校,与赶来围剿的警察和政府军对抗。与此同时,在安集延市的中心广场聚集了几千名示威者,其中也有一些武装分子掺杂在里面,挑动人们喊要卡里莫夫总统和政府下台的口号。一些集会者则声称他们参加集会不是为了支持伊斯兰武装分子,而是为了支持民主。没过多久,武装骚乱被乌强力部门平息。乌总统卡里莫夫在随后的新闻发布会上指出,骚乱是由极端组织"伊斯兰解放党"的分支机构"艾克拉米亚"策划和制造的。他还特意强调,显然有人企图在乌境内制造与吉尔吉斯斯坦"革命"类似的事件。

第二节　上海合作组织成员国的反恐对策

一、军事对策

(一)"9·11"之前成员国的反恐军事对策

1. 俄罗斯的军事对策

从 1999 年开始,俄政府逐步展开了对车臣非法武装的大规模清剿行动。俄罗斯成立了反恐联邦委员会,并下设各个中心和组织领导反恐行动和协调情报,俄罗斯还把这种结构框架和体制应用于独联体框架内,扩大反恐的范围和机构组建。在体制建构方面,俄罗斯成立了以总统为核心的常设反恐机构——国家反恐怖主义委员会,由国家总统直接领导,并直接对总统负责。

在最高反恐机构——国家反恐怖主义委员会下,各州也成立了以州长为最高领导的常设结构——州反恐委员会并下设不同的部门和反恐中心,形成分工明确的垂直型反恐体系和网络。俄罗斯各部门在注重常设反恐机构的运作时又注重战时多机构军警协调一致的反恐指挥体系的运作,分工到位,职责分明,同时也给予反恐特警部队特殊地位和待遇。①

国际恐怖主义和跨国犯罪活动已是各国的共同打击目标,为了彻底消除国际恐怖主义活动,需要各国间进行各层次的交流与合作。俄罗斯已意识到国际合作的重要性,这主要包括以下几个方面的合作:首先是与独联体国家合作,建立反恐中心,并举行联合反恐军事演习,清除俄罗斯周边的恐怖主义势力,并切断它们与俄罗斯境内恐怖分子的联系通道;其次是与亚洲地区合作,面对国际恐怖活动热点逐步向俄罗斯与中亚地区转移,俄罗斯近年在上合组织反恐机制的框架下,与中亚五国共同打击恐怖主义活动,维护中亚的安全和稳定;再次是与西方合作,建立国际反恐怖主义的情报交流与技术和军事合作,与西方各国签署反恐议案和公约,取得打击国际恐怖主义活动的合法性。

2. 其他国家的军事对策

作为中亚地区二号国家的乌兹别克斯坦,在独立后奉行全方位的外交中立政策,旨在巩固国家的独立、主权,扩大对外经济联系,维护国家安全。乌一直希望在本地区发挥重要的影响力,摆脱对俄罗斯的依赖。乌在国内政局稳定之后,就积极主动发展同美国的双边关系。1996年,乌兹别克斯坦就参与了中亚维和营的训练与演习,揭开了美国军事实力介入中亚的序幕。美国军事力量频频现身中亚,引起了俄罗斯国内军方的关注,他们极力要求政府果断采取措施,防止未来美军势力膨胀,影响俄罗斯南部地区的安全。后来的事实证明,这是非常有预见性的。20世纪末,中亚地区的反恐形势骤然紧张起来,在乌兹别克斯坦多次发生了针对卡里莫夫的暗杀行动,"巴肯特"事件后,恐怖主义活动更加猖獗,地区局势的恶化引发了中亚国家的普遍担忧,乌兹别克斯坦单凭一国之力更是难以应对,不得不再次向俄罗斯示好,请求得到俄罗斯的保护。1999年11月初,俄罗斯国防部长谢尔盖耶夫访问了乌兹别克斯坦,与乌就反恐和安全合作进行了深入的交流。谢尔盖耶夫的访问表明了俄罗斯对中亚局势的关注,这次访问对于加强俄乌关系具有重要意

---

① 徐静,王前锋. 地缘政治下的俄罗斯国家战略以及应对恐怖主义的措施[J]. 聊城大学学报(社会科学版),2013,(1):115.

义。同年12月,俄罗斯和乌兹别克斯坦签署了《深化军事和军事技术合作条约》,此举说明在美国军队大规模进驻中亚地区以前,俄罗斯始终是中亚地区的军事守卫者,中亚国家也只能仰仗俄罗斯来实现地区稳定。

(二)"9·11"之后成员国的反恐军事对策

1. 俄罗斯的军事对策

"9.11"事件以后,中亚地区的安全形势发生了很大变化,恐怖主义的恶性膨胀和扩散成为一个备受关注的非传统安全问题,包括俄罗斯在内的各成员国多年来都饱受国际恐怖主义、极端主义和分裂主义"三股势力"的骚扰之苦,独联体集体安全条约受到了传统安全威胁。2001年4月,独联体7个国家在莫斯科举行代号为"独联体南部盾牌——2001"的联合军事演习,此次为期5天的演习旨在提高独联体国家军队联合司令部下属各部队以及独联体国家在中亚地区消灭非法武装的联合行动能力,并确定是否对那些爆发战争的独联体国家提供军事技术援助。参加演习的国家有俄罗斯、阿塞拜疆、亚美尼亚、白俄罗斯、哈萨克斯坦、吉尔吉斯斯坦和塔吉克斯坦。

为了应对世界地缘政治形势变化带来的威胁和挑战,独联体集体安全条约成员国六国总统于2002年5月14日在莫斯科召开独联体集体安全条约理事会会议,并通过决议将"独联体集体安全条约"改组成"独联体集体安全条约组织",以应对新的挑战和威胁。正如时任俄罗斯总统普京在峰会结束之后举行的记者招待会上宣布,独联体集体安全条约组织在今后可能扩大的反恐行动中将采取统一立场。

2. 其他国家的军事对策

联合反恐军事演习是上海合作组织成立以来加强成员国之间反恐合作的一项重大军事活动,也是检验上海合作组织成员国反恐协作能力的一项重要实践活动。它不仅是上海合作组织反恐军事合作的核心部分,也是遏制恐怖主义、分裂主义和极端主义活动的有效手段,在一定程度上对"三股势力"的犯罪活动产生了威慑作用。自上海合作组织开展联合反恐军事演习以来,就备受国际社会的关注。上海合作组织在军事领域进行的反恐合作频率越来越高,演习机制也更加完善,联合反恐演习取得的效果也越来越明显。"这些演习共同演练了情报互通、密切协同、共同指挥、联合封控边境、围歼恐怖分子等科目,完善了联合反恐作战运行机制,检验了作战战法,提高了作战能力,为联合反恐行动积累了宝贵经验。"[1]

---

[1] 孙壮志. 中亚国家的跨境合作研究[M]. 上海:上海大学出版社,2014:229.

为了对恐怖分子进行有效震慑,在 2002 年 10 月,中吉两国率先在上海合作组织框架内举行了第一次双边联合反恐军事演习。在此之后,上海合作组织成员国都陆续加入到联合军事演习行动之中。到 2015 年末,上合组织框架内共举行了十四次双边或多边联合演习。2005 年 8 月,"和平使命—2005"中俄联合军事演习举行,这是上合组织的第三次联演,这次演习在中国山东半岛及附近海域举行,是中俄首次联合军演,开启了"和平使命"系列联演。2007 年 8 月 9 日至 17 日在中国乌鲁木齐和俄罗斯车里雅宾斯克,上海合作组织成员国举行了"和平使命—2007"联合反恐军事演习,这次联演是上合组织成立六年以来举行的层次最高、规模最大的一次多边联合军演。2012 年是上合组织成员国军队举行联演十周年,6 月 7 日至 14 日"和平使命—2012"在塔吉克斯坦胡占德市顺利举行。上合成员各方也不断加强军事演习的制度化水平,2007 年 6 月 27 日,上合组织各成员国签署《上海合作组织成员国关于举行联合军事演习的协定》,得到各国立法机构批准。上合框架内的历次军演旨在彰显成员国各方打击"三股势力"的坚定决心和行动能力,并加强各方在打击"三股势力"上的协调与合作,不针对第三方,有力推动了上合组织的发展和共同打击"三股势力"的斗争。上述这些举措都有力震慑了恐怖分子,建立了打击"三股势力"犯罪的国际法基础。

二、反恐立法

(一)"9·11"之前的反恐立法

1. 俄罗斯的反恐立法

俄罗斯联邦 1996 年 5 月 24 日通过、1997 年 1 月 1 日起施行的现行刑法典将恐怖活动犯罪规定于第九编第 24 章危害公共安全的犯罪中。该法典第 205 条首先规定了恐怖活动犯罪的基本罪名,即恐怖主义行为罪。据此规定,所谓恐怖行为罪是指为了破坏公共安全、恐吓居民或对权力机关做出决定施加影响,而实施爆炸、纵火或其他具有造成他人伤亡、重大财产损失或者其他危害社会后果的危险的行为,或者为了同样的目的而以实施上述行为相威胁的行为。[①] 此外,该法典第 206、207、208、277、360 条对恐怖主义犯罪作了补充,这些条款包括劫持人质(第 206 条),劫持飞机、船只或火车(第 207 条),组织非法武装团体或参加非法武装团体(第 208 条),企图谋杀国家领导人或

---

① 俄罗斯联邦刑法典[M].黄道秀,等译.北京:中国法制出版社,1996:106-118.

公共人物(第277条)以及袭击享有国际保护的个人或机构(第360条)等。①

1998年7月25日,俄罗斯联邦议会正式通过了《俄联邦反恐怖主义法》,并于同年8月起正式生效。该法是俄罗斯第一部专门反恐法,对恐怖主义概念、恐怖主义性质的犯罪概念等做出了明确规定,确立了俄联邦反恐怖主义的法律与组织基础,规定俄联邦权力执行机构、联邦地方权力执行机构、任何所有制的社会团体与组织、官员与个人在反恐怖主义时协调行动的办法,并对公民在反恐怖主义中的权利、义务及其保障做出规定。据该法第3条规定,所谓恐怖主义"是对个人或组织使用恐怖暴力或威胁使用恐怖暴力,消灭(破坏)或威胁消灭(破坏)财产和其他设施,造成人员伤害、财产损失和其他社会不良后果,目的是破坏社会安定,伤害平民,或企图迫使权力部门做出有利于恐怖分子的决定,满足他们不合理的经济要求或其他要求;企图谋害国家和社会活动家,目的是报复,迫使他们停止国家政治活动;攻击享有国际保护的外国代表或国际组织工作人员,或攻击这些人员的办公机构和交通工具,目的是挑起战争或使国际局势复杂化"。恐怖活动包括:(1)组织、计划、准备和实施恐怖活动;(2)参与恐怖活动,以恐怖主义目的对个人或组织进行暴力伤害,破坏物质财产;(3)为从事恐怖活动或参与恐怖活动,组织非法武装和黑社会(犯罪组织);(4)招募、装备、训练和使用恐怖分子;(5)故意资助恐怖组织和集团,以及向它们提供其他帮助。恐怖活动是直接进行恐怖主义性质的犯罪,形式为爆炸、纵火,使用或威胁使用核爆炸物、放射性物质及化学、生物、炸药、毒药等物质;摧毁、破坏和劫持交通工具和其他目标;谋杀国家和社会活动家,民族、种族、宗教和其他团体代表,劫持人质;通过策划技术性的事故和灾难对不确定人群的生命、健康和财产构成潜在危险或现实危险,用任何形式和手段扩大这种危险;其他造成人员伤亡、财产损失或社会不良后果的行为。该法还对国际恐怖主义、恐怖主义性质的犯罪等做出了明确的界定。②

2. "9.11"之前其他国家的反恐立法

哈萨克斯坦是中亚国家最早颁布施行反恐法律的中亚国家。早在1997年7月13日,哈萨克斯坦就通过了《同恐怖主义斗争法》,该部法律对恐怖主义的概念、反恐机构的设置和任务、恐怖分子应担负的刑事责任都进行了界

---

① 斯库拉托夫,列别捷夫.俄罗斯联邦刑法典释义:上册[M].黄道秀,译.北京:中国政法大学出版社,2000:269.

② 中国现代国际关系研究所反恐怖研究中心.各国及联合国反恐怖主义法规选编[S].北京:时事出版社,2002:82-85.

定。9·11事件后,哈萨克斯坦下院颁布了《反洗钱和反恐怖主义资助立法草案》,批准了对反恐法的修正案,进一步对洗钱罪、极端主义犯罪和资助恐怖主义罪的定性及其刑事责任的方式进行了规定。2004年,哈萨克斯坦颁布《反极端主义活动法》,对"极端主义活动"的概念进行了明确界定,并将极端主义划分为"政治极端主义""民族极端主义"和"宗教极端主义"三种类型。这一法案对哈萨克斯坦国家和政府各部门打击极端主义活动中的职责范围进行了划分。依据这一法令,哈萨克斯坦不仅可以对本国的极端主义组织予以认定,而且还可以对在哈萨克斯坦从事极端活动的外国组织和个人予以认定。为进一步打击恐怖主义势力,2007年4月25日,哈议会下院批准通过了《反恐法》补充修正案,该法案要求在全国建立反恐机制,规定了总统、政府和国家机关在反恐中的权限和职责。法案禁止任何个人利用网络和通信设备从事恐怖活动,禁止宣扬恐怖主义思想的出版物出版发行。上述措施的实行,也为哈萨克斯坦打击恐怖势力提供了依据,使得哈萨克斯坦成为苏联解体后较为安定的中亚国家。

乌兹别克斯坦在中亚国家中是宗教氛围最为浓厚的国家,该国对合法宗教和非法宗教进行了划分。乌兹别克斯坦打击"三股势力"最为重要的一部法律就是《乌兹别克斯坦反恐怖主义法》,其中第2条规定,为避免发生恐怖活动、消除恐怖活动造成严重的社会后果、保障人身安全和震慑恐怖分子而采取专门的配套协调行动和措施。反恐行动的地面、水域、空间、交通工具、建筑物和所属地域即反恐行动区。第4条规定了法制、人身权利、自由及合法权益的优先性原则,即预防恐怖主义措施的优先性,惩罚的不可避免性,以公开和非公开相结合的方法打击恐怖主义;统一领导反恐行动的使用力量和手段等。第8条则对打击恐怖主义的国家机关进行了明确界定,其中包括乌兹别克斯坦内务部、乌兹别克斯坦国防部、乌兹别克斯坦国家安全总局、乌兹别克斯坦紧急情况部、乌兹别克斯坦国家边界保卫委员会、乌兹别克斯坦国家海关委员会等部门。

该部法律还对各个国家机关在反恐行动中应承担的职责进行了明确的划分。规定各部门工作人员如果为制止恐怖活动或延迟可能对社会和国家安全、公民人身安全造成威胁,可以随时无阻碍地进入机关、企业和居民楼及其他建筑设施。对阻碍反恐人员潜入反恐行动区域的人员有权予以扣留并移交司法机关。第57条还规定禁止成立以暴力改变宪法制度为目标,反对共和国主权、国家领土完整以及危害公民自由,宣扬战争以及极端民族思想、宗教歧视的团体和政党。

塔吉克斯坦对内受到极端宗教势力的冲击,对外则受到从乌兹别克斯坦和阿富汗不断潜入的极端宗教势力的困扰。苏联解体后,塔吉克斯坦陷入了多年的内战之中,国家的发展一度陷入困境。内战结束后,极端恐怖思想在该国仍有极大的影响。民众对带有意识形态色彩的宗教活动和主张异常敏感。例如在20世纪末通过长达5年的内战后,塔吉克斯坦伊斯兰复兴党在政府中获得了合法席位。在通过的《塔吉克斯坦反恐怖主义法》中对恐怖主义的概念进行了界定,认为恐怖主义活动是指直接实施的恐怖主义性质的犯罪。下列行为被列入恐怖主义的范围:爆炸、纵火、使用或威胁使用核爆炸装置、放射性物质,以及化学的、生物的、易爆的、有毒的、剧毒的、有害的物质;消灭或毁坏,或夺取交通工具或其他设施;危害国务活动或社会活动家,民族代表,部落、宗教和其他社会团体代表的生命;扣押人质或抢劫人口;通过制造车祸和技术性灾难创造条件或是造成这种危险的现实威胁,以损害非特定人群的生命、健康或财产;以任何形式和手段扩散威胁;通过其他行为制造人员死亡的危险;导致重大财产损失或导致其他社会危险后果。同时,该部法律规定为了预防恐怖活动,禁止建立、登记及运作以恐怖活动为目的的组织;禁止宣传与恐怖主义相关的活动;禁止允许参与恐怖活动的人出入境或过境;禁止为参与恐怖活动的人提供居留证;禁止允许参与恐怖活动的人取得国籍;禁止公共汽车站、铁路、航空工作人员代为旅客保存行李及随身行李(特别授权的除外);禁止在非指定地点举行群众性集会、游行、示威或实施纠察警戒。为了有效防止恐怖活动,在紧急情况下下列行为可以付诸实施:在举行政治性活动时,对重点目标加强警卫和保密措施;根据国际法准则,要求外国主管机关对在这些国家领土上参与恐怖活动的人员进行查问;收集分析和综合有关正在参与恐怖活动的组织和个人的资料,并报告资料库;在直接实施反恐怖斗争的主体建立特别反恐怖分队;对恐怖活动的预防也包括依据法律和国际条约采取的其他措施。第20条规定,出于公务需要,可使用属于公民、企业、机关和组织(不论其所有制形式)所有的通信器材;出于公务需要,可以使用属于企业、机关和组织(不论其所有制形式)所有的交通工具(外国使领馆及其他代表机构的除外),紧急情况下可使用属于公民个人所有的交通工具,以预防恐怖活动或追捕实施恐怖活动人员,或将需要紧急救治的人员送往医疗机构及前往事发地点。

从1991年到2007年吉尔吉斯斯坦发生的恐怖主义活动,仅次于塔吉克斯坦和乌兹别克斯坦。《吉尔吉斯共和国宪法》规定"宗教及各类祭祀应与国家分离""吉尔吉斯共和国不允许按照宗教派别建立政党,宗教组织不得谋求政治目的和任务,宗教组织的神职人员和宗教仪式不得妨碍国家机关的活动,外国政党、社会组织和宗教组织及其代办处和分支机构不得谋求政治目的和活动,不得建立损害宪法建设、国家和社会安全的政党、社会联合会、宗教组织及其他组织,并进行相关的活动"。《吉尔吉斯斯坦宪法》还规定"吉尔吉斯斯坦总统建立的国家机关以及地方自治机关,根据宗教组织的要求为其解决组织、法律、社会、经营及其他问题提供帮助"。从1991年起,根据总统令,吉尔吉斯斯坦开始实行临时协调国家宗教领域政策问题的标准条例。

《吉尔吉斯斯坦刑法典》对恐怖主义犯罪进行了界定,与上述四个国家的界定极为相似。《吉尔吉斯斯坦刑法典》规定了煽动民族、种族、宗教仇恨罪。同时,还规定了以履行宗教仪式为幌子,蓄意侵害人身和公民权利罪的犯罪行为。近年来,面对宗教极端分子的活动日趋活跃的现实,吉尔吉斯斯坦政府还颁布实施了更加严厉的《吉尔吉斯斯坦刑法补充法案》草案,该草案对《吉尔吉斯斯坦刑法》中所规定的制造、保存、散布、运送、邮寄含有煽动民族、种族或宗教仇视和损害国家尊严内容的录像带、磁带、书籍等的行为加大惩罚力度。

1999年10月,《吉尔吉斯斯坦反恐怖主义法》颁布实施,以打击日益猖獗的恐怖主义犯罪。2006年6月,《吉尔吉斯斯坦共和国反对资助恐怖主义和洗钱起诉程序的合法化法》在议会获得通过,该部法案对资助恐怖主义有关的各种行为及其合法化过程进行了界定。相对于乌兹别克斯坦的《反恐怖主义法》,吉尔吉斯斯坦的《反恐法案》显得比较简单。该部法案对恐怖主义的概念进行了界定,对吉尔吉斯斯坦的反恐主体和反恐机关的任务及其恐怖预防方式进行了规定,对反恐机构的权力和职责进行了明确,另外还制定了协调反恐活动及与国际社会联合反恐的措施。该法还对参与恐怖主义犯罪行为人的刑事责任以及对参与反恐行动者及其家属的特殊保护措施进行了明确。根据该法案,吉尔吉斯斯坦组建了国家安全部反恐中心,职责主要是直接领导并组织军事部门的反恐活动。

1991年12月,吉尔吉斯斯坦颁布实施《宗教信仰自由和宗教组织法》,规定宗教组织可以参加吉尔吉斯斯坦的国家政治生活,但禁止建立宗教政党及其分部,禁止宗教政党开展活动,实现国家教育系统与宗教组织相分离的政策。1996年11月,吉尔吉斯斯坦总统阿卡耶夫签署实施《关于落实吉尔吉斯共和国公民信仰和宗教自由权利措施》的命令。2003年5月,宗教委员会向司法部提交《宗教信仰自由和宗教组织法》修正草案,并进一步强调不允许建立宗教政党的政策。

早在"上海五国会晤机制"建立之时,五国就对区域内的反恐事宜签订了一系列声明和协议。1998年7月3日五国元首在阿拉木图举行第三次会晤,在前两次会晤的基础上签署了《阿拉木图联合声明》,声明第五条规定:"各方一致认为,任何形式的民族分裂主义、民族排斥和宗教极端主义都是不能接受的。各方将采取措施打击国际恐怖主义、有组织犯罪、偷运武器、贩卖毒品和麻醉品以及其他跨国犯罪活动。"①这是上海五国第一次就打击恐怖主义问题达成明确的合作共识。1999年8月25日五国元首在比什凯克举行第四次元首会晤,签署了《比什凯克声明》,声明第五条规定:"各方指出,有效打击国际恐怖主义、非法贩卖毒品和麻醉品、走私武器、非法移民及其他形式的跨国犯罪行为,遏制民族分裂主义和宗教极端主义具有重要意义。为此,五国主管部门将采取措施开展实际协作,包括举行磋商,并在1999至2000年间制订有关联合行动计划。"②2000年7月5日上海五国第五次元首会晤,签署和发表了《杜尚别声明》,声明第五条规定:"各方重申决心联合打击对地区安全、稳定和发展构成主要威胁的民族分裂主义、国际恐怖主义和宗教极端主义,以及非法贩卖武器、毒品和非法移民等犯罪活动。为此,五国将尽早制定相应的多边纲要,签署必要的多边合作条约与协定,定期召开五国执法、边防、海关和安全部门负责人会晤,视情在五国框架内举行反恐怖和暴力活动演习。"③

在上海五国会晤机制时期,从五国元首举行的高级会晤以及发表的各项联合声明中可以看出,上海五国已经认识到了民族分裂主义、宗教极端主义和跨国恐怖主义等非传统安全威胁的紧迫性,并做出了加强五国多边协作和必要时举行反恐怖和暴力活动演习等一系列的决定。这些声明的发布,为上海合作组织成员国在加强内部反恐法律建设方面提供了必要的法律基础和蓝本,同时也对进一步完善上海合作组织反恐法律建设提供了必要的指导和借鉴。

(二)"9·11"之后的反恐立法

1. 俄罗斯的反恐立法

2002年6月28日,俄罗斯国家杜马通过了"关于对俄罗斯联邦刑法典进行修正和增补"的第97528-3号联邦法。该法增加了刑法典第205-1条,

---

① 陈明山,何希泉.谋求地区安全,维护战略稳定——评"上海五国"合作机制[J].现代国际关系,2000,(8):3.
② 许涛.论新形势下的上海合作组织[J].现代国际关系,2002,(6):9.
③ 哈萨克斯坦共和国、中华人民共和国、吉尔吉斯共和国、俄罗斯联邦和塔吉克斯坦共和国元首杜尚别声明[R].中华人民共和国国务院公报,2000年7月5日,http://www.gov.cn/gongbao/content/2000/content_60387.htm.

规定参与恐怖主义性质罪行或以其他方式协助此类犯罪的刑事责任。该法对以建立、领导恐怖组织,为恐怖组织招募成员、供应武器和培训人员进行恐怖主义性质的犯罪,资助恐怖组织等行为增设惩罚。此外,行为人为实施恐怖主义行为筹集资金也应当受到刑事处罚。根据俄罗斯刑法典的规定,招募、训练或资助恐怖分子者,可视为相关犯罪的从犯并被起诉。同时,该法对俄罗斯联邦刑事诉讼法典作了补充,确保参加恐怖主义案件刑事诉讼的法官和证人的安全。

2004 年初,鉴于国内外反恐形势日趋严峻,俄罗斯议会开始对 1998 年《反恐怖主义法》进行修订。2004 年 12 月,时任俄罗斯总统的普京向联邦议会提出了一项新的《反恐怖主义法》草案。经过一年多的审议和修改,2006 年 2 月 26 日俄罗斯国家杜马通过了该法案,1998 年的《反恐怖主义法》同时失效。新《反恐怖主义法》基本不涉及刑事法内容,而是扩大了适用范围,增加了预防的职能:该法重新界定了恐怖主义概念,强调恐怖主义的非政治本质,有利于区分一般性刑事犯罪与恐怖主义;确立了反恐怖斗争的组织协调机制;明确了使用武装力量制止恐怖主义活动的法律机制及各军种在反恐怖行动中的任务;明确规定了恐怖威胁的预警等级。同时,该法也规定了一些刑事性条款,第 24 条规定俄罗斯联邦禁止以宣传、辩护和声援恐怖主义为目的,或实施俄罗斯联邦刑法典第 205 条至第 206 条、第 208 条、第 211 条、第 277 条至第 280 条、第 282 条第 1 款、第 282 条第 2 款、第 360 条规定罪行的组织成立和开展活动。如以组织名义或为了组织利益,组织、准备和实施俄罗斯联邦刑法典第 205 条至第 206 条、第 208 条、第 211 条、第 277 条至第 280 条、第 282 条第 1 款、第 282 条第 2 款、第 360 条规定的犯罪行为,或负责监督落实组织权利和义务的人员实施了上述行为,该组织应被认定为恐怖组织,并应根据法院在俄罗斯联邦总检察长或其下属检察长的声明基础上对其做出的判决予以取缔。①

2009 年 4 月 16 日,俄罗斯国家反恐委员会宣布,自莫斯科时间当天零时起,取消俄罗斯联邦车臣共和国自 1999 年开始实行的反恐行动状态。毫无疑问,俄罗斯的反恐成效是显著的。俄罗斯在继续保持车臣"基本稳定"的前提下,将达吉斯坦和印古什等车臣周边地区定位为反恐的重点地区。此外,俄罗斯在独联体和上海合作组织框架下继续推进与周边国家的反恐合作。在俄罗斯安全战略中,维护其在地缘政治上的主动性一直是核心内容之一。

---

① 杜邈. 反恐刑法立法研究[M]. 北京:法律出版社,2009:83-85.

然而,俄罗斯不得不面对的残酷现实是俄罗斯正在变得越来越被动。格鲁吉亚2003年11月发生"玫瑰革命",乌克兰2004年11月发生"橙色革命",2005年3月吉尔吉斯斯坦爆发"郁金香革命",这些国家的新政府纷纷表现出"亲美疏俄"倾向;从2004年起,美国开始同捷克、波兰、罗马尼亚、匈牙利、保加利亚等国进行谈判,谋求将这些国家纳入其导弹防御系统的范畴;科索沃于2008年2月17日正式宣布独立,对北高加索地区分立势力可能再度产生刺激和"鼓舞"效应。鉴于地缘政治环境的不断恶化,俄罗斯的国家安全战略必须适时调整。2008年梅德韦杰夫总统向联邦议会提交首份国情咨文没有提到恐怖主义问题。2009年5月13日,俄罗斯总统梅德韦杰夫签署命令,批准了《俄罗斯2020年前国家安全战略》,报告明确指出2020年前俄罗斯国家安全将主要面临来自能源、传统军事和边界冲突三个方面的威胁。

2. 其他国家的反恐立法。由于中亚国家之间联系紧密,一个国家遭到恐怖主义犯罪的侵害,其他国家就会受到影响,可谓"城门失火,殃及池鱼"。因此,中亚国家在完善本国反恐立法的同时,还应积极地进行反恐协作。如吉尔吉斯斯坦总统新闻局于2005年10月发表的一份声明说,吉尔吉斯斯坦总统巴基耶夫不久前与乌兹别克斯坦总统卡里莫夫举行了会晤。双方一致认为,国际恐怖主义和宗教极端主义给中亚地区的安全与稳定构成了严重威胁,两国将进一步加强反恐合作。声明说,乌兹别克斯坦对恐怖组织给地区安全造成越来越严重的威胁感到担忧,吉尔吉斯斯坦对此也有同感。吉一贯坚定地支持打击恐怖主义犯罪并主张上海合作组织等多边国际组织成员国之间在反恐领域加强双边合作。声明表示,吉将同乌进一步采取措施稳定两国边境地区局势。

2001年乌兹别克斯坦加入以上海五国会晤机制为蓝本的上海合作组织,六国联合签署《上海合作组织成立宣言》。其中第八条指出:"上海合作组织尤其重视并尽一切必要努力保障地区安全。各成员国将为落实《打击恐怖主义、分裂主义和极端主义上海公约》而紧密协作,包括在比什凯克建立'上海合作组织反恐怖中心'。此外,为遏制非法贩卖武器、毒品、非法移民和其他犯罪活动,将制定相应的多边合作文件。"①而六国签署的《打击恐怖主义、分裂主义和极端主义上海公约》对"三股势力"适用范畴进行了详细的界定,对成员国之间应该如何进行反恐协作也明确了责任义务以及应当采取的措施和方法。纵观国际社会反恐情形,上海合作组织不仅最早鲜明提出打击"三

---

① 外交部欧亚司.上海合作组织文件选编[G].北京:世界知识出版社,2006:35.

股势力",而且签署的反恐法律也首次对"三股势力"做出了明确界定,并对合作打击"三股势力"的具体方向、方式及原则提出了自己的规划。① "9·11"恐怖袭击事件的爆发对刚刚成立的上海合作组织框架下的反恐合作构成了巨大的挑战,同时也是对其效能的检验。上海合作组织反应迅速,并于2001年9月14日发表了《上海合作组织成员国政府总理声明》,谴责恐怖主义给美国和世界人民带来的巨大灾难,"将此种野蛮行为视为对人类文明基本准则、社会稳定和国家安全及包括生存权在内的基本人权的挑衅"②,声明同时表示"上海合作组织成员国在此方面进行着积极的工作。打击恐怖主义、分裂主义和极端主义是我们组织的最重要任务之一。在该组织框架内已经通过了打击恐怖主义、分裂主义和极端主义上海公约,并正采取步骤加快建立联合反恐怖机构"③。

3. 我国的反恐立法。"9·11"事件后,国际社会迅速加强反恐立法。2001年12月29日,我国对现行刑法进行修正,刑法修正案(三)出台,主要内容包括:将组织、领导恐怖活动组织的刑罚提高到"10年以上有期徒刑或者无期徒刑";增加"资助恐怖活动罪";把恐怖活动犯罪增列为洗钱罪的上游犯罪等。

2011年10月29日,十一届全国人大常委会第二十三次会议表决通过《关于加强反恐怖工作有关问题的决定》,对恐怖活动、恐怖活动组织、恐怖活动人员做出界定。这是中国第一个专门针对反恐工作的法律文件,意味着中国在反恐领域的立法迈出了第一步。

2014年10月,十二届全国人大常委会第十一次会议对《中华人民共和国反恐怖主义法(草案)》进行了初次审议。2015年2月25日,十二届全国人大常委会第十三次会议审议反恐怖主义法草案。这是该草案被二次提交全国人大常委会进行审议。二审稿增加规定人民法院在审判刑事案件的过程中,可以依法直接认定恐怖活动组织和人员。

---

① 张惠芳. <上海公约>防治国际恐怖主义的法律机制及评析[J]. 政治与法律,2008,(4):104.

② 外交部欧亚司. 上海合作组织文件选编[G]. 北京:世界知识出版社,2006:298.

③ 同②。

第六章 上海合作组织的刑事司法合作

安全合作,尤其是反恐合作是上海合作组织的重要合作内容之一,维护地区和平与稳定是各成员国的共同利益诉求。经过十几年的发展,上海合作组织反恐合作取得了不错的成果:建立完善了反恐法律体系,为反恐行动提供依据;建立地区反恐怖机构、秘书处等常设机构,保证各项反恐合作有序运行;定期举行反恐演习,提高反恐作战能力。也正是得益于上海合作组织安全合作的积极推进,该地区并未爆发大型的恐怖主义活动,然而,恐怖主义犯罪防范治理问题,不仅需要有效的军事打击,还需要刑事司法合作。

第一节 上海合作组织的反恐合作

一、联合反恐的背景

(一)国际反恐

1. 国际反恐形势

经济全球化、市场化和信息化是20世纪90年代以来世界的主要潮流。在这三股潮流的影响冲击下,传统国界几乎只具有领土意义,各国国民的流动性日益增大,各种商品也在国际范围内流动。这一方面给传统的国家治理带来挑战,另一方面却给恐怖主义发动袭击、寻找目标以及制造轰动效应带来了便利。一次恐怖犯罪活动往往可能涉及两个以上的国家甚至诸多国家。此外,"9·11"恐怖犯罪事件也让人们开始认识并重新审视恐怖犯罪势力,无形却又庞大的组织体系,越发军事化的武器装备,对其打击难度之大也要求全世界联合应对。

2. 中国与国际反恐的关系

国际恐怖主义甚嚣尘上,但却难在中国大规模滋生。一方面,中国一直以来对外奉行爱好和平、共同发展的理念;另一方面,改革开放以来,中国各项社会事业蓬勃发展,经济实力、文化软实力以及人民的生活水平不断提高,社会和谐稳定。然而,在日趋严峻的国际恐怖主义形势中,中国也难以独善其身。中国边疆地区活跃着的恐怖组织乘机与境外"三股势力"相勾结,以国际反华势力为庇护伞,在中国境内宣传反动言论,煽动宗教狂热,进行武装渗透等,严重威胁边疆的安定团结,一定程度上制约着中国的发展。因此,作为联合国安理会常任理事国之一,中国一直以来支持联合国的反恐立场和原则,积极参与联合国框架下各项国家反恐公约的谈判和制定,对外在舆论上积极呼吁各国紧密团结,发挥联合国在国际反恐斗争中的领导协调作用。至今,除《关于在可塑炸药中添加识别剂以便侦测的公约》中国未签署外,12项国际反恐公约均对中国生效,中国也一直积极履行国际公约所规定的义务,建立健全相关法律法规。

(二)上合组织的反恐需要

1. 恐怖主义犯罪威胁增大

上海合作组织成员国各自面临的恐怖主义威胁日益增大。中国面临的恐怖主义犯罪威胁主要是西部地区的"东突"势力,有关数据显示,截至2001年年底,在中国境外的"东突"组织有50多个,新疆境内有组织、有纲领、有计划的恐怖组织就有40多个。① 这些恐怖组织有的已初具规模,以分裂国家为目的,进行激进思想宣传以招募培训恐怖分子,筹集武器弹药,实施暗杀、爆炸等恐怖活动,严重扰乱国家的边疆安全与秩序。

俄罗斯的恐怖主义犯罪威胁主要来自车臣分裂势力。在1999年8月底至9月中旬,莫斯科和其他一些城市连续发生五起严重爆炸事件,大批车臣武装分子两次潜入近邻的达吉斯坦共和国。在抢村占镇、制造叛乱的局势逼迫下,普京派出10万大军封锁车臣,并对恐怖分子基地实施空中打击。10月初,机械化军队开始分数路围攻车臣,进行了第二次车臣战争,立场十分强硬,树立了"铁腕"威信。但当选总统后,他却把主要精力用于外交等事务,在车臣问题上并未采取进一步举措,致使车臣问题久拖不决。正是由于历史积怨和中央政府政策的一再失误,致使解决车臣问题的最佳时机一再错过,车臣与俄罗斯渐行渐远。同时,车臣分裂势力却日益与国际恐怖主义同流合污,两者相互照应,致使俄罗斯境内的劫持人质、爆炸等恐怖犯罪活动不断发生,人民的社会生活和秩序受到严重挑战。恐怖主义成为俄罗斯政府亟须解决的问题之一。②

---

① 数据来源于2001年12月9日下午,中共新疆维吾尔自治区委召开的全新疆维护稳定工作电视电话会议对新疆自20世纪90年代以来的敌对势力和"三股势力"的渗透破坏活动的披露。
② 李敏伦. 上海合作组织研究[M]. 北京:中共中央党校,2005:30.

对中亚四国而言,恐怖主义犯罪威胁主要来自伊斯兰宗教极端主义组织。20世纪90年代初,伊斯兰"复兴"使穆斯林人口在中亚地区迅速增加,中国社会科学院专家孙壮志将其发展概括为三个阶段:1990—1993年为第一阶段,伊斯兰教得以迅速传播,中亚各国的领导人也赞成恢复伊斯兰价值观;1993—1995年为第二阶段,伊斯兰原教旨主义抬头,各国政府开始监督宗教活动,并严格禁止宗教干预政治;1995年以后为第三阶段,伊斯兰极端主义扩散,并与政府发生冲突,政府开始打击宗教极端势力。这些组织便选择偏远地区和多国交界处安营扎寨,并且与阿富汗等国恐怖势力勾结。新独立的国情,加上各国边界不清,恐怖组织在中亚生存相对容易。虽饱受恐怖主义犯罪之苦,但中亚各国相对孤立的反恐方式并没能遏制恐怖主义日益猖獗的局面,因而有联合反恐的需求。

2. 依托上海合作组织

上海合作组织的前身——上海五国会晤机制就已经开始关注非传统安全了,在成功建立军事互信机制后,1998年第三次会晤的成果《阿拉木图声明》第一次聚焦非传统安全因素:"任何形式的民族分裂主义、民族排斥和宗教极端主义都是不能接受的。各方将采取措施,打击国际恐怖主义、有组织犯罪、偷运武器、贩卖毒品和麻醉品以及其他跨国犯罪活动,不允许利用本国领土从事损害五国中任何一国的国家主权、安全和社会秩序的活动。"此后,两次会议均有重申打击"三股势力"的重要性。将打击恐怖主义单列,进行反恐合作则是上海合作组织成立后提出的。2001年9月14日,六国政府首脑发表的《上海合作组织成员国政府总理就"9·11"事件发表的联合声明》中提到"我们准备同所有国家和国际组织密切配合,采取有效措施,为根除恐怖主义带来的全球性危险而进行毫不妥协的斗争"。这份声明可以看作是对打击"三股势力"议题的延续,也可以作为上海合作组织突出反恐合作的信号。

3. 中国在上合组织中反恐的区域责任

无论是上海合作组织的发起,还是建设和完善其各项制度,中国均发挥着积极主动的作用。在区域反恐合作中,中国也主动承担了更多的责任。一方面,中亚各国自独立以来就沦为"三股势力"的滋生沃土,民族分裂势力打着宗教旗号,发动恐怖活动,使中亚一直处于动荡之中。而继承苏联"衣钵"的俄罗斯,不仅面对国内经济实力的复苏,还要面对车臣势力的恐怖威胁。中国与这些国家边界相连,无疑为"三股势力"的相互渗透、相互勾结提供了天然通道。基于此,中国也理所当然地更加重视上合组织的区域反恐作用。另一方面,从起初促成五国的边界谈判,到成立上海合作组织,以及之后的深化各领域合作,中国都发挥着积极主动的作用。作为上海合作组织灵魂的"上海精神"——互信、互利、平等、协作,尊重多样文明,谋求共同发展,正是由中国首先提出的。对内,中国加大反恐投入,比如在反恐武装力量方面,中国已拥有由公安、武警及解放军组成的一线反恐力量,并在各类反恐演习中出色完成演习任务,作战技能不断提高。对外,在成员国遭遇较大恐怖袭击时提供人道主义援助。

二、反恐合作的内容

(一)合作依据

1. 一致的依据

2001年6月15日,上海合作组织成立大会签署的《打击恐怖主义、分裂主义和极端主义上海公约》,对"恐怖主义""分裂主义"和"极端主义"的概念进行界定。2002年6月7日,圣彼得堡元首峰会签署的《上海合作组织宪章》,将安全合作定为基本合作方向。2004年6月17日,塔什干峰会签署的《上海合作组织成员国关于合作打击非法贩运麻醉药品、精神药物及其前体的协定》,旨在切断"三股势力"的主要经费来源,从根本上对其加以打击。2005年7月5日,阿斯塔纳峰会签署《上海合作组织成员国合作打击恐怖主义、分裂主义和极端主义构想》。2006年6月15日,上海峰会签署《上海合作组织成员国打击恐怖主义、分裂主义和极端主义2007年—2009年合作纲要》《关于批准在上海合作组织成员国境内组织和举行联合反恐行动的程序协定》《关于查明和切断在上海合作组织成员国境内参与恐怖主义、分裂主义和极端主义活动人员渠道的协定》;2007年6月27日,比什凯克举行的国防部长会议签署《关于举行联合军事演习的协定》;2008年5月15日,国防部长会议签署《上海合作组织成员国国防部合作协定》;2008年8月28日,杜尚别峰会签署《上海合作组织成员国组织和举行联合反恐演习的程序协定》《上海合作组织成员国政府间合作打击非法贩卖武器、弹药和爆炸物品的协定》;2009年3月27日,在莫斯科举行的上海合作组织阿富汗问题特别国际会议发表了《上海合作组织阿富汗问题特别会议宣言》《上海合作组织成员国阿富汗伊斯兰共和国打击恐怖主义、毒品走私和有组织犯罪行动计划》;2009年6月16日,叶卡捷琳堡峰会通过了《上海合作组织成员国反恐专业人员培训协定》《上海合作组织反恐怖主义公约》。各国对《上海合作组织反恐怖主义条约》的陆续通过,使得上海合作组织反恐合作的合作依据日益完善,正如塔吉克斯坦国家委员会主席亚季莫夫所说,《上海合作组织反恐怖主义条约》是《打击恐怖主义、分裂主义和极端主义上海公约》的"升级版"。

随着《上海合作组织反恐怖主义公约》的通过,上海合作组织反恐合作的合作依据已经形成体系,此后针对反恐合作的文件形式主要是"打击恐怖主义、分裂主义和极端主义"年度合作纲要。

2. 共同的对象

全球反恐合作之所以滞缓,其中的一条重要原因就是由于一些国家利用大国优势,在反恐问题上奉行"双重标准",以至于国际上对"恐怖主义"的定义问题难以达成一致。然而,上海合作组织在《打击恐怖主义、分裂主义和极端主义上海公约》中,对"恐怖主义""分裂主义"以及"极端主义"的概念进行统一定义,反恐标准一致。于《上海合作组织宪章》中规定"共同打击一切形式的恐怖主义、分裂主义和极端主义,打击非法贩卖毒品、武器和其他跨国犯罪活动,以及非法移民"是上海合作组织的任务之一。走私毒品则使恐怖组织财政资金不断增加,非法贩运武器、弹药和爆炸物品和其他跨国有组织犯罪这些犯罪的增长同样严重威胁地区的安全与稳定。况且,恐怖组织与贩毒、贩运武器、弹药和爆炸物等集团相勾结,无疑增加了恐怖主义的威胁,维护地区和平稳定是成员国的一致诉求。

(二)合作内容

1. 主要机构及运作

目前,上海合作组织的反恐机制建设日趋健全。首先,反恐合作是历次元首峰会宣言的重要内容之一。其次,2002年以后,上海合作组织启动了一系列会晤机制,包括国防部长、总检察长、安全会议秘书、最高法院院长等会议机制,尤其是常设机构秘书处和地区反恐怖机构的设置为反恐合作注入强心剂,反恐合作有效运行。

秘书处在反恐合作方面也发挥着基础性作用。如对各国反恐信息进行收集、整理、评估、总结,材料经理事会通过后公开供成员国交流磋商,制定相关反恐计划以及督促机构决策的执行。

地区反恐怖机构是上海合作组织反恐机制的重要组成部分,发挥着重要作用。其主要职能为就打击恐怖主义、分裂主义、极端主义与该组织成员主管机关及国际组织保持工作联系,加强行动协调;参与准备打击恐怖主义、分裂主义和极端主义问题的国际法律文件草案,与联合国安理会及其反恐委员会、国际和地区组织共同致力于建立应对全球性挑战与威胁的有效反应机制;应上海合作组织某一成员国请求,包括根据打击"三股势力"公约的规定,协助各方主管机关打击"三股势力";收集和分析成员国提供的有关打击恐怖主义、分裂主义和极端主义的信息,建立反恐机构资料库,为本组织开展打击"三股势力"的合作提供建议和意见;协助准备和举行反恐怖指挥司令部演习以及战役战术演习;协助准备和进行打击"三股势力"侦查等活动;协助对"三股势力"嫌疑犯进行国际侦查以追究其刑事责任;参与准备有关打击"三股势力"问题的国际法律文件;协助为反恐部队培训专家和教官;参与筹备及举行科学实践会议、研讨会,协助就打击"三股势力"问题进行经验交流;与从事打击"三股势力"的国际组织建立联系并保持工作接触。

此外,上海合作组织成员国安全会议秘书会议机制是上海合作组织安全合作的协调和磋商机制,其主要任务是研究、分析上合组织成员国所在地区安全形势;确定上合组织安全合作方向;协调成员国在打击"三股势力"、贩毒、非法武器交易、跨国有组织犯罪等方面的合作;向元首理事会提出开展安全合作的建议,协助落实峰会通过的安全合作决议等。因此,可以说,安秘会的定期召开一定程度上为上海合作组织的反恐合作指引方向。

2. 军事合作

2005年《上海合作组织成员国合作打击恐怖主义、分裂主义和极端主义构想》,确定了联合反恐的主要宗旨、原则、主要方向、合作方式及落实机制。合作方向有加强反恐能力,制定恐怖主义、分裂主义和极端主义组织统一名单及统一立场,协助第三国打击恐怖主义等;合作方式包括采取协商一致的预防性措施,开展协商一致的侦缉和调查行动,开展联合反恐行动,给予司法协助等。回顾上海合作组织反恐合作进程,主要内容就是联合反恐演习。

演习时间	名称	参演人员	演习地点
2002.10.10—10.11	"演习-01"中吉联合反恐军事演习	中、吉	中吉陆路口岸两侧边境的高山地区
2003.8.6—8.12	"联合-2003"上合组织联合反恐军事演习	中、哈、吉、俄、塔	新疆伊宁地区和哈萨克斯坦乌洽拉尔市
2005.8.18—8.25	"和平使命-2005"中俄联合军演	中、俄	俄罗斯符拉迪沃斯托克和中国山东半岛及附近海域
2006.9.21—9.23	"协作-2006"中塔联合反恐军演	中、塔	塔吉克斯坦哈特隆州穆米拉克训练场
2007.8.9—8.17	"和平使命-2007"上合组织联合反恐军演	中、哈、吉、俄、塔	中国乌鲁木齐和俄车里雅宾斯克切巴尔库尔合成训练场

续表

演习时间	名称	参演人员	演习地点
2009.4.17—4.19	"诺拉克反恐-2009"上海合作组织联合反恐军事演习	中、俄、吉、哈、塔	塔吉克斯坦"法赫拉巴德"高山靶场
2009.7.22—7.26	"和平使命-2009"中俄联合反恐军事演习	中、俄	哈巴罗夫斯克、沈阳军区洮南合同战术训练基地
2010.9.10—9.25	"和平使命-2010"上合组织武装力量联合反恐军事演习	中、哈、吉、俄、塔	哈萨克斯坦阿拉木图市和马特布拉克训练场
2012.4.22—4.27	"海上联合-2012"中俄海军联合军事演习	中、俄	中国青岛附近黄海海域（中俄海军首次）
2012.6.8—6.14	"和平使命-2012"上合组织联合反恐军事演习	中、哈、吉、俄、塔	塔吉克斯坦胡占德市市郊外的"乔鲁赫-代龙"靶场
2013.7.27—8.15	"和平使命-2013"中俄联合反恐军事演习	中、俄	俄罗斯车里雅宾斯克州切巴尔库尔靶场
2014.8.24—8.29	"和平使命-2014"上合组织联合反恐军事演习	哈、中、吉、俄、塔	中国内蒙古自治区的朱日和训练基地
2015.9.16	"中亚-反恐-2015"联合反恐	吉、哈、塔、乌	吉尔吉斯斯坦境内
2015.10.14.	"厦门-2015"联合司令部演习	中、俄、吉、哈、塔、乌	中国境内

　　2002年"演习-01"中吉双边反恐军事演习,是上海合作组织框架内首次反恐军事演习,也是中国军队第一次与外国军队联合举行实兵演习,此次演习的目的在于检验两国边防部队反恐应变能力,通过演练消灭恐怖分子的基本技术,提高反恐作战能力。

　　2003年"联合-2003"联合反恐军事演习,是上海合作组织框架内首次多边联合反恐军事演习,组建联合反恐司令部完善了联合指挥机构,演习的目的在于就联合反恐行动中的协调控制、情报侦察、信息共享、通信联络进行尝试。

　　2005年"和平使命-2005"联合军事演习,是中俄两国首次举行的联合军事演习,也是上海合作组织框架下的首次战略级联合演习。① 参加此次演习的是两国军队的主要兵种,演习科目丰富,涵盖了应对主要挑战的新型作战样式和作战行动。

2006年"协作-2006"中塔联合反恐军事演习,是中国首次组建部队赴境外与外军实兵演练。

2007年"和平使命-2007"联合反恐军事演习,是上海合作组织框架内参演国家最多、规模最大的联合军演,哈、中、吉、俄、塔五国组建武装力量参演,乌观摩。此次演习是一次水平较高的多军兵种联合军事演习,检验了成员国在战略磋商、远程投送、联合指挥、联合行动四个方面的能力。

2009年"诺拉克反恐-2009"联合反恐军事演习主要是演练部队在高原山地的反恐作战能力,也增强了成员国武装部队反恐作战的协调能力,提高了战斗技能。

2009年"和平使命-2009"中俄联合反恐局势演习,是依据联合国授权和《打击恐怖主义、分裂主义和极端主义上海公约》展开的防务安全合作,演习分战略磋商、战役准备和战役实施三个阶段,旨在展示两国共同打击恐怖主义的决心和行动能力,对于震慑恐怖主义、分裂主义、极端主义,维护本地区安全与稳定具有重要意义。

2010年"和平使命-2010"联合反恐军事演习,围绕"联合反恐怖战役的准备与实施"进行,进一步提高成员国武装力量的反恐作战能力和协作水平,同时增进成员国间了解,有利于地区和平稳定发展。

2012年"海上联合-2012"联合军事演习是中俄海军首次举行联合演习,课题更加关注实战,围绕"海上联合防御和保交作战",进行"作战筹划、海上联合防御作战、海上联合保交作战、海上实际使用武器"四个方面内容演练,充分展现了两军的联合行动力。

2012年"和平使命-2012"联合反恐军事演习,以应对恐怖主义引发的地区危机为背景,重点演练山地条件下联合反恐行动的准备与实施等内容。演习依旧分为战略磋商、战役准备和战役实施三个阶段进行,但此次演习联合指挥程度高,设总导演、总指挥各一名,联合军演相对更加联合。此外,得益于《上海合作组织成员国关于举行联合军事演习的协定》陆续被各国批准通过,此次演习机动途中,中方兵力和装备顺利在吉方过境,抵达演习区域。

---

① 吴恩远,吴宏伟.上海合作组织发展报告(2011):上海合作组织十周年专辑[R].北京:社会科学文献出版社,2011:25.

此次演习使得成员国武装力量的反恐作战能力和配合度有所提升,演习的巨大成功同时也达到震慑"三股势力"的目的。

2013年"和平使命-2013"联合反恐军事演习,主要内容是兵力投送与部署、战役筹划、战役实施。兵力投送与部署,主要演练组织部队向预定地域投送、建立反恐作战部署;战役筹划,主要演练协调战役企图、定下战役决心、拟制作战计划、组织战役协同等问题;战役实施,主要组织实兵演习和装备展示。① 此次演习的主要目的是巩固和发展中俄全面战略协作伙伴关系,提高两国战略协作水平;加强中俄两军战略互信,深化两军务实合作;演练两国军队遂行联合反恐任务的组织指挥、协作和联合行动保障,提高两国军队共同应对恐怖主义威胁的能力。

2014年"和平使命-2014"联合反恐军事演习,此次演习信息化含量与信息化作战水平较以往有很大提高,开启了精确反恐的新模式。未来的联合反恐行动势必要求精确作战、快速制敌、务求全歼。为此,联合军演设计了山地和城区作战两个阶段的行动。其中,山地作战阶段突出各种武器的实弹射击;城市作战阶段突出红蓝对抗,重点突出演练的实战对抗性。② 根据"精打要害、分进合出、立体围歼"的基本战法,演习分为"战场侦察监视、联合精确打击、攻歼外围要点、城区反恐清剿"四个阶段进行,猎杀恐怖组织头目,破坏敌方防御结构,出色完成了清剿任务。③

2015年"中亚-反恐-2015"联合反恐,中方和俄罗斯出席观摩。此次演习主要目的为:第一,检验演习成员国主管机关在恐怖主义团伙于成员国境内制造突发事件背景下各方情报的交流效率和应用能力;第二,提高强力部门武装战备效率;第三,加强各方在打击国际恐怖主义领域合作和交流的工作经验。④ 演习内容涵盖了计划、筹备和举行粉碎恐怖主义行动预谋、查明恐怖主义组织在参与国境内活动专项行动,检验了参演武装的作战能力,丰富了其实战经验。

2015年"厦门-2015"联合司令部演习,主要针对恐怖主义组织在互联

---

① 李祥辉,陶社兰."和平使命-2013"中俄联合反恐军事演习开始举行.(2013-07-27)[2015-03-02].http://news.sina.com.cn/o/2013-07-27/085827785843.shtml.

② 刘艳."和平使命"军演今闭幕 中方多款武器首秀旗开得胜.(2014-08-29)[2015-03-02].http://www.chinanews.com/mil/2014/08-29/6542243.shtml.

③ 同②。

④ 上合组织反恐机构.关于举行上海合作组织成员国主管机关"中亚-反恐-2015"联合反恐演习.上海合作组织地区反恐怖机构官网.(2015-09-16)[2015-09-20].http://ecrats.org/cn/news/5112.

网实施破坏活动,演习的目的在于完善上海合作组织成员国主管机关查明和阻止利用互联网从事恐怖主义、分裂主义和极端主义活动领域的合作机制;研究各成员国主管机关在打击利用互联网从事恐怖主义、分裂主义和极端主义活动中的法律程序、组织和技术能力以及工作流程。①

第二节 上海合作组织的刑事司法合作

一、上海合作组织刑事司法合作的背景

(一)国际刑事司法合作的形势

1. 国际恐怖犯罪事态

现代国际恐怖主义兴起于60年代末,盛行于70年代,猖獗于80年代。有人把这股恐怖主义狂潮称为"20世纪的政治瘟疫",也有人把它和政治腐败、环境污染并称为21世纪人类面临的三大威胁。自2001年"9·11恐怖袭击事件"发生以来,国际恐怖主义形势日益严峻,成为威胁国际安全和稳定的重要因素。如何有效打击和预防恐怖主义犯罪早已成为全球各个国家迫切需要解决的难题。按照行为主体划分,恐怖主义的组织形态可分为三类:个体恐怖分子、恐怖组织、全球恐怖主义网络。②

个体恐怖分子不仅指恐怖组织内的单个成员,还指独立于恐怖组织或恐怖团体之外的个人。在美国、加拿大、芬兰等国家发生的单个枪手在校园和教堂等地的枪杀无辜民众的恐怖事件对社会造成的恐慌和混乱是不容忽视的,其危害程度不亚于发生在阿富汗和巴基斯坦等中亚地区的恐怖爆炸事件。个体恐怖分子同样是反人类、反政府、反社会的,其性质和手段与恐怖主义组织并无实质区别。

恐怖组织是目前国际恐怖主义最普遍最常见的组织结构。恐怖组织从根本上说是一种政治组织,它与黑社会组织的主要区别在于追求的目的不一样。黑社会性质组织主要以追求经济利益为主,而恐怖组织专注于政治和民族斗争。目前来看,他们为了达到其政治目标可以不惜滥杀无辜(这是人们极端憎恨他们的原因所在),可以说它是政治上的极端派。2014年11月16

---

① 上合组织反恐怖机构.关于举行上海合作组织成员国主管机关打击利用互联网从事恐怖主义、分裂主义和极端主义活动"厦门-2015"联合司令部演习.(2015-10-24)[2015-11-11].http://ecrats.org/cn/news/5125.

② 何秉松.后拉登时代国际反恐斗争的基本态势和战略[M].北京:中国民主法制出版社,2013.

日,美国《国家利益》双月刊网站发表题为《地球上最致命的 5 个恐怖组织》的文章称,"伊斯兰国"、"博科圣地"组织、伊斯兰革命卫队圣城军、"哈卡尼网络"和真主旅是目前世界最致命的五大恐怖组织。①

恐怖主义网络是指一些组织或个人利用网络并以网络为攻击目标,从事恐怖活动的行为,是恐怖主义向信息技术领域扩张的产物。随着全球信息网络化的发展,破坏力惊人的网络恐怖主义正在成为世界的新威胁。多年前,本·拉登和他的"基地"组织早已运用网络战法在全球以小型的、分散的和靠因特网联络的单位运作。② 2012 年 4 月 12 日,上海合作组织在安全会议秘书会议第七次会议上称上合组织将加强在打击网络恐怖主义方面的合作,扩大执法安全合作主体范围,震慑和打击"三股势力"及各类犯罪,防止中亚地区出现动荡。

恐怖主义行为方式日益多样化,除去恐怖组织已经掌握的各种袭击能力,利用信息、网络、生物、化学、核武器等高科技手段,择时、择机、择地策动更大规模的袭击,将会是今后恐怖主义活动的主要趋势。2008 年 11 月 26 日印度孟买恐怖事件,2011 年中东、北非部分国家发生的群体性聚集后引发的骚乱和暴乱事件,2013 年 6 月 26 日中国新疆鄯善的暴力恐怖犯罪事件等全球范围内的恐怖主义事件使各国政府和民众陷入恐慌,使社会陷入混乱,反恐斗争成为每个国家为维护国家安全和世界和平所面临的严峻挑战。

2. 国际刑事司法合作的形势

在国际刑事司法合作方面,近年来,世界很多国家不仅在国内立法方面增加了刑事司法协助的内容,而且还与一些国家订立涉及刑事司法合作内容的双边条约和多边条约,并加入了一些含刑事司法合作内容的国际条约。关于恐怖主义犯罪案件的国际刑事司法合作,1997 年《制止恐怖主义爆炸的国际公约》增加了在调查方面的相互合作,并强调了在引渡程序方面的相互合

---

① "伊斯兰国"拥有大约 3.1 万名武装分子,正通过难以想象的最野蛮的方式在阿拉伯世界的中心地带攻占和守住一片占领区,并宣布成立"哈里发国"。"博科圣地"多年来一直威胁着尼日利亚北部社区。公开报道称该组织成立于 2002 年,但其活动在 2009 年才受到全球性关注。2007 年 10 月,美国财政部把圣城军确定为"特别认定的全球恐怖实体",依据是其对各种恐怖组织(其中包括但不限于每年为真主党捐款 1 亿至 2 亿美元)的支持。"哈卡尼网络"于 2012 年秋季被美国国务院认定为恐怖组织,该组织一直且仍然是阿富汗反美军和反国际维和部队叛乱中最致命的一支力量。真主旅成立于 2006 或 2007 年,曾经以伏击在伊拉克居民区巡逻的美军,以及在美军悍马军车经过的道路上埋设反装甲土制炸弹而闻名。

② 美国战略与国际问题研究中心. 制胜——美国在反恐怖主义斗争中的战略[M]. 北京:军事谊文出版社,2002:27.

作。该公约在打击恐怖主义犯罪方面扩大和改进了国际法律合作机制。①1999年《制止向恐怖主义提供资助的国际公约》第12条第1款及第2款规定:"缔约国之间应就涉及第2条所述罪行进行的刑事调查或提起的刑事诉讼或引渡程序提供最大限度的协助,包括协助取得缔约国所掌握、为提起这些程序所需的证据。"

除了国际性公约之外,有些区域性的国际公约也对惩治恐怖主义犯罪的国际刑事司法合作予以了详细规定。如《美洲国家组织关于防止和惩治恐怖主义行为的公约》在第8条中指出,为了在防止和惩治恐怖主义犯罪方面进行协助,各缔约国承担最迅速地接受对本公约规定的犯罪行为提出引渡要求的义务。《惩治恐怖主义的欧洲公约》第8条第1款规定:"缔约各国对第一条或第二条所指犯罪提出的诉讼,应相互给予最大限度的刑事司法协助。在任何情况下,都应适用被请求国与刑事司法协助有关的法律。但是,不能仅以协助与政治犯罪、与政治犯罪有关的犯罪或出于政治动机的犯罪有关为由拒绝协助。"公约第8条第3款就公约对现行的刑事司法协助方面的条约和协议的效力作了规定:"适用于缔约国间的各类刑事司法协助的条约及协定包括《欧洲刑事司法协助公约》的条款中,如有与本公约相冲突的,应予以修订。"为此,各缔约国应调整本国有关刑事司法协助双边条约或协定包括《欧洲刑事司法协助公约》的有关条款,以便与《惩治恐怖主义的欧洲公约》的条款相衔接。②

(二)上海合作组织刑事司法合作的需求

1. 地缘方面

截至目前,上合组织成员国包括中国、俄罗斯、哈萨克斯坦、吉尔吉斯斯坦、塔吉克斯坦、乌兹别克斯坦、巴基斯坦和印度。该组织成员国均处欧亚大陆,国边境相连、相接壤,东与中国新疆维吾尔自治区相邻,南与伊朗、阿富汗接壤,北与俄罗斯联邦相连,西与俄罗斯、阿塞拜疆隔海相望,地理位置上连成一片,边界交错相连,加强边境地区的军事信任与合作,维护边境地区的稳定与安全是中国、俄罗斯以及其他中亚国家的共同需求。

中亚各国都是多民族国家,20世纪20年代边界划分是苏维埃政权主观主义的结果,而没有考虑到民族分布问题,因而中亚各国独立后,民族矛盾凸

---

① 邵沙平.控制恐怖主义犯罪与国际法律合作——历史、现状及发展趋向[J].求索,2002,(1).
② 赵秉志,王志祥,郭理蓉.〈惩治恐怖主义的欧洲公约〉研究——兼与其他制止恐怖主义的国家公约比较[C]//赵秉志.欧盟刑事司法协助研究暨相关文献中英文本[M].北京:中国人民公安大学出版社,2002.

显,民族分裂主义、极端主义和恐怖主义所形成的"三股恶势力"利用中亚地区民族关系复杂、宗教传统浓厚、国家管理不善等弱点频繁活动,制造事端,严重影响中亚地区的安全和稳定。此外,"三股恶势力"同样在我国西北地区尤其是新疆地区制造暴乱和恐怖活动,严重威胁我国边疆地区的稳定和领土完整。①

由此可见,中国、俄罗斯以及中亚各国共同面临着民族分裂主义、极端主义和恐怖主义的威胁,要消除这"三股恶势力",仅靠每个国家单独的力量是很难实现的,只有各国联合抗击,通过上合组织这样的平台,以制定联合公约、合作条约等形式,确立上合组织成员国应对"三股恶势力"的刑事司法合作方式、途径和策略,才能够更快更好地打击"三股恶势力"以及跨国犯罪。

2. 犯罪方面

自 2001 年正式成立以来,上海合作组织在政治、安全、经济、人文等领域的合作不断深化,就当前来说,安全合作仍然是上海合作组织的重点合作领域。安全合作的核心是打击恐怖主义、分裂主义和极端主义"三股势力",通过反恐斗争,上海合作组织对中亚地区的和平、发展与稳定发挥着重要作用。② 在塔吉克斯坦首都杜尚别举行的上海合作组织成员国元首理事会第十四次会议上,我国国家主席习近平提出,我们必须坚持以维护地区安全稳定为己任,尽快赋予上海合作组织地区反恐怖机构禁毒职能,并建立应对安全挑战和威胁中心,标本兼治、多措并举、协调一致地打击"三股势力"。"三股势力"相互渗透、相互利用、相互勾结,在上合组织成员国范围活动猖獗,破坏性极强,社会危害性极大,是威胁中亚地区稳定与安全的主要祸根。

由于上合组织区域成员国范围内恐怖主义盛行,各成员国面临着共同的恐怖主义势力威胁,因而各个国家之间致力于团结协助共同抵抗恐怖主义犯罪,从签订合作条约和采取具体合作手段两个方面双管齐下,通过国际刑事司法合作,在预防和惩治国际性犯罪,尤其是在抵御中亚地区跨国区域犯罪方面发挥着重要作用。

二、上海合作组织刑事司法合作的内容

(一)上海合作组织刑事司法合作的现状

1. 上合组织刑事司法合作依据

进入 21 世纪以来,全球化趋势日益显著,几乎所有的国家都在加快与其

---

① 张宏伟.上海合作组织成立的背景分析[J].科技信息,2009,(35).
② 蒲丽霞,麦买提·乌斯曼.对上海合作组织打击恐怖主义犯罪的思考[J].法制与社会,2008,(05上).

他国家之间的区域化合作步伐,以便能够更加有效地把握和平与发展的机遇,抵御风险和挑战。冷战结束之后,中亚地区的恐怖主义、分裂主义和极端主义活动日趋猖獗,严重威胁着周边国家的稳定和安全。为了共同抵御恐怖主义、分裂主义和极端主义,2001年6月15日,中、哈、俄、吉、塔、乌六国元首在上海共同发表《上海合作组织成立宣言》,上海合作组织正式宣告诞生。作为一个区域性的国际组织,上海合作组织通过国际刑事司法合作,在预防和惩治国际性犯罪,尤其是中亚地区跨国区域犯罪方面发挥着重要作用。

一方面,成员国之间签署了一系列条约,为打击恐怖主义犯罪提供了操作依据。早在21世纪初,上海合作组织成员国之间就先后签署了《打击恐怖主义、分裂主义和极端主义的上海公约》《上海合作组织宪章》。其中《上海合作组织宪章》第2条明确规定,"在共同打击一切形式的恐怖主义、极端主义和分裂主义,打击非法贩运武器、毒品和其他跨国犯罪活动等方面要加强合作"。根据这一条款的规定,上合组织建立了组织内部的地区反恐机构、安全会议秘书机构和检察长会议机制等合作制度和机构,采取了一系列实际行动合力打击恐怖主义犯罪。直至目前,上海合作组织各个成员国之间的刑事司法合作主要是通过各成员国参加双边司法协助条约进行的。我国作为上海合作组织的重要成员国之一,在促进成员国范围内的刑事司法合作方面也一直在做出应有的努力,与各上合组织成员国间签订了一系列民事和刑事的双边司法协助条约。自1993年至1998年年底上合组织内部相互签订的双边刑事司法协助条约主要有《中华人民共和国和俄罗斯联邦关于民事和刑事司法协助的条约》《中华人民共和国和哈萨克斯坦共和国关于民事和刑事司法协助的条约》《中华人民共和国和吉尔吉斯斯坦共和国关于民事和刑事司法协助的条约》《中华人民共和国和乌兹别克斯坦共和国关于民事和刑事司法协助的条约》《中华人民共和国和塔吉克斯坦共和国关于民事和刑事司法协助的条约》。[①] 这些双边刑事司法协助条约在刑事司法协助问题上,规定范围清楚、内容详尽,对调查取证和送达文书等协助问题都有明确的表述。

另一方面,上合组织采取了一系列具体刑事司法合作手段为打击恐怖主义犯罪做出努力。上合组织成立后大批恐怖组织成员被逮捕或引渡。如2006年哈萨克斯坦执法机构就将13名涉嫌恐怖主义的嫌疑人引渡给俄罗斯、乌兹别克斯坦等。哈萨克斯坦和俄罗斯也将涉嫌安吉延事件的恐怖主义

---

① 王永红.问题与对策:上合组织下国际刑事司法协助论纲[J].长春理工大学学报(社会科学版),2012,25(2).

分子引渡给乌兹别克斯坦。在涉及中国的恐怖主义犯罪中,乌兹别克斯坦将东伊运的骨干成员玉山江引渡回中国受审就是很好的上合组织刑事司法合作的证明。此外,上合组织成员国还联合采取反恐军事演习,提高对恐怖主义犯罪的打击能力。为了震慑恐怖分子,2002年10月,中吉两国率先在上海合作组织框架内举行了双边联合反恐军演。之后,上海合作组织成员国陆续进行联合军事演习。2007年8月9日至17日上海合作组织成员国举行了"和平使命-2007"联合反恐军事演习,演习在中国乌鲁木齐和俄罗斯车里雅宾斯克举行。上述这些举措大大震慑了恐怖分子,对打击恐怖主义犯罪起到了非常重要的作用。可见,上海合作组织在跨国刑事司法合作机制方面取得了积极的成效。

但是,随着国际性犯罪种类的不断增多、程度不断加深,上合组织成员国内部各种犯罪活动日趋猖獗,上合组织在国际刑事司法合作方面虽然取得了一定的成绩,但仍然存在很多问题,面临着诸多的挑战。我们必须要清醒地认识到,国家单一的预防和打击已显得比较单一与苍白,发挥区域性国际组织的作用,在其框架下进行多方位刑事司法合作,是打击恐怖主义犯罪、加强国家间合作的必然,上海合作组织就是这样的一个良好平台。

2. 上合组织刑事司法合作的问题

随着地区和国际局势的演变,上合组织安全合作日益深化,近年来接连举行的上合组织框架内的双边或多边反恐联合演习成效十分明显,对"三股势力"产生了强大的震慑作用,"三股势力"未能在中亚迅速膨胀,这在很大程度上可归功于上合组织成员国之间的无私合作。然而,尽管上合组织在刑事司法合作方面取得了一定的成绩,但我们仍然不能忽视,该组织范围内的司法合作仍然存在很多问题,应该引起各成员国足够的重视。

第一,上合组织成员国间开展刑事司法合作缺乏内在统一的驱动力。由于政治体制的不同和经济发展水平的差异,上海合作组织各成员国的想法不可能完全一致,在进行国际刑事司法合作方面难免存有不同的顾虑,缺乏内在统一的驱动力。由于曾经经历过数次解体和革命,中亚地区的上合组织成员国害怕参加上海合作组织会使他们失去国家的独立性,他们认为中国作为一个世界大国进入中亚地区会对他们的国家安定造成威胁,因此,他们对上海合作组织框架下的行动难免会存有顾虑,这也同样表现在刑事司法合作方面,在扩展刑事司法合作的层面和深度上还缺乏内在的驱动力。同时,中亚又是一个大国利益交汇、地缘政治变化多端的地区,上海合作组织在自身的进一步发展和成员国间的共识和共同行动上还缺乏内驱力。

第二,上合组织范围内的刑事司法合作方式还比较消极,刑事司法合作的形式还需要继续发展和完善。目前,上合组织成员国间的刑事司法合作重点是在调查取证和送达文书等方面,而且主要是被请求国基于请求国的请求才会介入和调查,被请求国往往缺乏主动性和积极性,这使得上合成员国间的刑事司法合作显得比较被动和消极,不利于快速全面地彻底打击跨国刑事犯罪。而且,上合组织内部的刑事司法合作的范围正在不断扩大,肯定会由反恐怖和反毒品向更加广阔的方向发展。鉴于上合组织建立的时间还不长,一旦涉及复杂的或者新型的国际犯罪,上合组织范围内单一的、消极的协助形式在打击日益复杂的国际性犯罪时,就会显得苍白无力。

第三,上合组织范围内缺乏统一的区域性刑事司法合作机制。当前,区域性国际组织在刑事司法合作领域的区域化现象越来越明显。如欧盟早于2000年就签订了《欧盟成员国刑事互助公约》,已经基本达到了刑事司法一体化的程度,区域性的刑事司法合作发展到了比较高级的阶段,为组织内部惩治和打击毒品、恐怖主义等跨国犯罪起到重要的保障作用。但是,上海合作组织在刑事司法合作方面的合作目前仍处于低水平运行阶段,在上合组织框架内,还没有形成统一的刑事司法合作机制,个案处理效率不高,在程序上也有不完备的地方,对具体情况下的合作规定过于分散,尚未真正在国家间的国际刑事司法合作层面进行深入的尝试和合作。相较于其他区域性国际组织,上海合作组织在这方面的工作还有待进一步完善。

(二)上合组织刑事司法合作展望

1. 刑事立法方面

作为联合国常任理事国之一,我国在打击恐怖主义犯罪方面发挥着积极的作用,加入了诸多国际刑事司法协助条约。2014年11月26日,我国外交部条法司司长徐宏在外交部举行的反腐败国际追逃追赃中外媒体吹风会上介绍,截至2014年11月,中国已对外缔结39项引渡条约,其中29项已经生效,52项刑事司法协助条约,其中46项已经生效。其中,我国先后与法国、西班牙、澳大利亚、意大利、葡萄牙等西方发达国家签订引渡条约;与美国、加拿大、法国、西班牙、葡萄牙、澳大利亚、新西兰、英国、比利时签订刑事司法协助条约。

中国与上合组织成员国之间联合打击跨国犯罪,需要上合组织成员国之间统一刑罚。由于国际恐怖主义、分裂主义和其他暴力极端主义等各种形式的跨国犯罪对上合组织成员国所在地区的国家安全与社会稳定造成严重威胁,且各类跨国犯罪呈增长态势,各成员国认识到在上合组织成员国间有必要进行密切合作,积极预防、发现和打击各种形式的跨国犯罪。

2008年8月28日,上海合作组织成员国元首理事会第八次会议在杜尚别举行,与会元首共同签署并发表了《上海合作组织成员国元首杜尚别宣言》。宣言中称本组织成员国对本组织框架内打击恐怖主义、分裂主义和极端主义的合作不断巩固表示满意,将发挥地区反恐怖机构的作用,使成员国安全合作提高到一个新水平。此外,会议还称应维护联合国在国际反恐斗争中的核心协调作用,坚定不移地推进《联合国全球反恐战略》,尽快商定《打击国际恐怖主义全面公约》。

2009年5月18日,上海合作组织成员国首次公安内务部长会议在俄罗斯叶卡捷琳堡举行。会议签署了《上海合作组织成员国首次公安内务部长会议关于打击跨国犯罪的联合声明》,声明中称各方将采取协调一致的措施,优先查明、防范、制止和侦破跨国犯罪,并将进一步完善合作打击跨国犯罪的法律基础,并相互交换在该领域的行动性情报信息、法律规定和工作经验。2013年3月5日,上海合作组织成员国首次司法部长会议在北京举行,中国司法部长吴爱英建议各国加强司法合作,共同打击"三股势力"、贩毒走私和跨国有组织犯罪,维护地区安全稳定。

2. 刑事司法方面

在刑事司法方面,上海合作组织成员国之间的合作,主要是境外追逃、引渡和诉讼移管。境外追逃是设法采用引渡或者其他替代手段将潜逃到或者藏匿在境外的犯罪嫌疑人、被告人或者被判刑人遣返回国。境外追逃已经成为世界各国抓捕惩处逃至外国犯罪分子的普遍做法。毫无疑问,境外追逃是上海合作组织成员国之间刑事司法合作的一项重要内容,而且与引渡相关联。下面着重阐述引渡、诉讼移管、判决的承认与执行及遣返制度。

第一,引渡。引渡作为国际刑事司法协助的重要组成部分,与刑事追诉的移管和被判刑人移管、外国刑事判决的执行、代理处罚主义等解决引渡问题的替代方式以及狭义司法协助四种形态构成了如今最广义的国际刑事司法协助制度。引渡的依据主要有国际条约、国内立法,国家的司法机关做出引渡决定除了要有引渡公约外,还必须有国内法上的依据,否则可能构成国内法上的违法行为。关于引渡的国内立法的表现形式主要有两种:一种是专门规定引渡问题的单行法规,一般称为《引渡法》;另一种是在宪法、刑法、刑事诉讼法和国际刑事司法协助等一般法规里规定有关引渡的条款。引渡有三个条件:其一是双重归罪,即罪行同一,其二是罪刑特定,其三是时效期内。追究犯罪分子刑事责任的时效,分为起诉时效和刑罚执行时效两种。如果要求引渡的罪行已经失去时效,则不予引渡。这一点可以参照各国国内法有关追溯时效的规定予以认定。引渡坚持本国国民不引渡原则,死刑不引渡原则,政治犯罪不引渡原则,双重犯罪原则。

关于上海合作组织成员国范围内的引渡适用。虽然至今联合国引渡公约尚未达成,但是适用于某一地区的多边引渡公约相继诞生,如阿拉伯联盟国家于1952年缔结了《阿拉伯联盟引渡协定》,欧洲理事会成员国于1957年签订了《欧洲引渡公约》,美洲国家于1989年签订了《泛美引渡公约》等。这些区域引渡公约密切了国家之间的刑事司法合作,简化了引渡程序,提高了司法效率,有效打击了国际犯罪活动。中国与中亚地区的国家引渡合作在很久以前就开始了,最早可以追溯到《中俄尼布楚条约》的签订。"二战"后,中国从苏联引渡溥仪等一批关押在苏联的伪满、伪汪和日本战犯,这是中苏两国开展的规模最大的一次引渡合作。据最高法院外事局局长刘合华介绍,中国已经与上海合作组织的其他五个成员国签署了双边民事和刑事司法协助条约。而且,除与塔吉克斯坦的谈判正在进行外,中国与俄罗斯、哈萨克斯坦、吉尔吉斯斯坦、乌兹别克斯坦都签订了引渡条约。中国与中亚国家不仅积极缔结引渡条约,在形式上形成了比较完整的引渡体系,而且在实践中积极配合,加强区域引渡合作,中国已成功从乌兹别克斯坦、吉尔吉斯斯坦分别引渡了暴力恐怖分子,中亚各国间也相互合作、多次引渡,成为国际社会司法合作的典范。

现在,上合组织各成员国共同面临打击日益猖獗的"三股势力"的严峻任务,上海合作组织的发展面临机遇与挑战,需要在更高更深的层次上开展引渡合作。然而,中亚各国间通常签订的是双边引渡条约,且其规定较为笼统,而且有些国家间并没有签订双边引渡条约,这不利于在中亚国家间对跨国犯罪分子予以逮捕及惩处。基于中亚各国间在打击恐怖主义犯罪中的密切联系,我们设想以上海合作组织为平台,各成员国共同制定上合组织成员国多边引渡公约,以统一的公约形式对中亚上合组织成员国间的引渡问题予以细化和统一规定,并对已有的引渡条约进行充实,以此完善中亚地区引渡制度,这势必有利于上合组织成员国对中亚地区恐怖主义犯罪的共同协作打击。

在上海合作组织的框架内,结合现代引渡制度发展的新特点,借鉴国际其他区域引渡合作的成功经验,以各国引渡法为依据,以已经签订的双边引渡条约为基础,突出中亚法律制度特点,创制上海合作组织引渡公约。其基本构想如下:

其一,上合组织成员国可先从完善《打击恐怖主义、分裂主义和极端主义上海公约》入手,以优先打击恐怖主义犯罪、分裂主义犯罪、极端主义犯罪和毒品犯罪等跨国犯罪为主要内容,积极吸收国际打击恐怖主义引渡合作的新理念,通过对上海公约的补充或修订,就恐怖主义、极端主义和分裂主义犯罪的引渡问题增加具体规定,完善打击"三股势力"引渡合作机制。

其二,强化上合组织成员国之间双边引渡条约中已经形成的双重犯罪原则、本国国民不引渡原则。完善政治犯罪不引渡原则,以"政治犯罪"或"政治犯"代替"政治见解""庇护"等概念。明确规定恐怖主义犯罪、分裂主义犯罪、极端主义犯罪、腐败犯罪等犯罪行为属于可以引渡行为。灵活多样地认识和处理死刑犯不引渡原则,对特定性原则予以变通,在具备一定条件的情况下,请求国可以不受特定性原则的约束。只有确立符合上合组织成员国实际情况的引渡原则,才能体现出引渡公约的基本性质、基本内容和基本价值取向;才能指导引渡法律解释和法律推理,补充引渡立法的不足,强化法律的调控力,限制自由裁量权的合理范围;才能协调各成员国之间的引渡实践,有效打击"三股势力",维护地区稳定安宁。

其三,设立简易引渡制度,简化和改进引渡程序,提高引渡效率。所谓简易引渡是指在被请求引渡人同意自愿接受引渡的条件下,省略一般的审查程序,快速将该人移交给请求国。在被请求引渡人自愿同意引渡的情况下,被请求国的司法机关将放弃或者终止对引渡请求的审查。因此,可以不要求请求国提供支持引渡请求的文件或证据材料,甚至可以免除依照法定的程序提出正式引渡请求的要求。实行简易引渡一方面能够节省司法资源,加快国际合作的进程,另一方面,也体现了对被请求引渡人诉讼权利和意愿的尊重,并缩短该人在被请求国受羁押的时间。

近二十年来,简易引渡程序越来越受到国际社会的重视。1995年欧盟制定了《欧盟成员国间简易引渡程序公约》,要求各成员国在被请求引渡人同意引渡且被请求国主管机关准许的情况下,无须提交引渡请求书(第3条2款),也不适用正式的引渡程序;在被引渡人表示同意后,最长40天内移交被引渡人。2000年《联合国打击跨国有组织犯罪公约》和2003年《联合国反腐败公约》都呼吁各国"在符合本国法律的情况下,努力加快引渡程序并简化与之有关的证据要求"。《澳大利亚与荷兰引渡条约》第5条3款规定"在遵守被请求国法律的情况下,如果被请求国声明允许这样做",请求国将在简易引渡的情况下不受特定性原则的约束。我国可以参照以上国家的成功经验,在我国和中亚国家之间建立简易引渡模式,被请求引渡人同意自愿接受引渡的条件下,省略一般的审查程序,快速将该人移交给请求国。这必将节省司法资源,提高引渡的效率。

第二,诉讼移管。诉讼移管是一种新型的国际司法协助方式,是指一国或者数国根据另一国的请求或者依据有关协议将由本国管辖的案件移交给该另一国审理,并且为此向该另一国提供必要的司法协助,从而使得对某一个案件的管辖权由一个国家转移到另一个国家。以下仅介绍刑事案件的诉讼移管。刑事诉讼移管通常是发生在两个国家之间的司法合作,但有时候也可能发生在多个国家之间,两个以上的国家对同一犯罪嫌疑人或者被告人的同一行为拥有刑事管辖权,在刑事管辖权竞合的情况之下,有关国家提供协商决定由其中的一个国家单独进行刑事诉讼,由此达成的协议具有刑事诉讼移管的效力。[1] 诉讼移管制度是随着国际刑事司法协助的展开而发展、完善起来的刑事司法协助新形式。20世纪50年代以后,随着国际交往的日益频繁,国家犯罪、跨国犯罪、涉外犯罪的数量激增,原有的国际刑事司法协助在这一时期不能适应新的国际形势,国家间在刑事司法协助问题上不断妥协并达成共识,其中诉讼移管制度作为一种新的司法协助形式开始在世界范围内广泛实行。1972年5月15日,欧洲理事会各成员国在斯特拉斯堡签署了《欧洲刑事诉讼转移管辖公约》。1990年,在联合国的积极推动下,联合国成员国签署了《关于刑事诉讼移管的示范条约》,其对于各国刑事管辖权移转确实有着比较重要的示范性作用。除此之外,2000年的《联合国打击跨国有组织犯罪公约》、2003年的《联合国反腐败公约》中,都有关于刑事诉讼移管的规定。

关于诉讼移管的适用要件。刑事管辖权是国家主权的组成部分,根据传统国家主权理论,国家主权是不可转让的,刑事管辖权的转让实际上是国家主权的转让,因而各主权国家一般不愿意放弃本国对案件的刑事管辖权。但是在惩治国际犯罪和涉外犯罪行为的司法实践中,各国逐步认识到对于某些案件而言,将案件管辖权移转给他国是有效且有利的。因此,对于恐怖主义犯罪的管辖权,各成员国可以在平等协商的基础上达成刑事诉讼移转管辖的公约。但是,刑事管辖权的转移仍然具有严格条件。一般来说,需要遵守双重犯罪原则,即转移的案件在请求国与被请求国都构成犯罪,而且需要追究刑事责任。[2] 此外,刑事诉讼移管还需要严格遵守相关程序条件。

我国刑事诉讼移送管辖的适用。早在1997年,我国即在无条约的情况

---

[1] 黄风,凌岩,王秀梅. 国际刑法学[M]. 北京:中国人民大学出版社,2007.
[2] 赵秉志. 惩治恐怖主义犯罪理论与立法[M]. 北京:中国人民公安大学出版社,2005.

下,通过外交途径,在互惠基础上,将两名乌克兰籍被判刑人移管给乌克兰司法机关。2006年6月29日,我国人大常委会通过决定,批准中国和西班牙王国关于移管被判刑人的条约。据此条约规定,在西班牙被判处监禁刑罚的中国国民可以被移管到中国监狱服刑;在中国被判处监禁刑罚的西班牙国民可以被移管到西班牙监狱服刑。这是中国同欧盟国家签署的第一个此类法律文件。迄今为止,我国已分别与乌克兰、俄罗斯、西班牙、澳大利亚、韩国缔结了移管被判刑人条约。其中,中乌、中俄、中西移管条约已经生效。我国羁押着数千名外国服刑人员,在外国监狱中服刑的国民也有数千名。目前还有20多个国家已向中方提出缔结被判刑人移管条约的建议。上海合作组织的框架内,应有诉讼移管的规定。

第三,判决的承认与执行。外国判决的承认与执行是指一国法院依据内国法律或有关国际公约,承认外国法院所作的判决在内国的效力,并在必要时予以执行。外国判决的承认与执行具有不同于本国的特点,一般所说的承认和执行外国判决主要是承认和执行外国的生效民事判决,与刑事判决中的国家公权力对被告人的私权利不同,民事判决解决的是平等主体之间的民事权利义务关系,而正是由于民事判决主体的平等性,在国际司法实践中,有的国家甚至不要求对等原则和互惠原则,民事判决的当事人就可以执行向被请求国提出承认和执行的请求。

外国刑事判决的承认与执行是一种宣告,它表示被请求国承认请求国刑事判决的合法性和有效性,具体而言具有以下特点。其一,承认和执行外国刑事判决的依据包括国际法和国内法。就国际法而言,在主权国家已经参加的国际公约或双边、多边条约已经对承认和执行外国生效刑事判决有规定或约定的情况下,根据条约必须遵守的原则,这些条约的成员国必须遵守这些规定或约定,《联合国打击跨国有组织犯罪公约》《联合国反腐败公约》中都涉及承认和执行外国刑事判决的问题。目前,就承认和执行外国刑事判决问题,比较有代表性的是欧盟成员国之间的条约。在国际法没有规定的情况下,主权国家的国内法承认则是承认和执行外国刑事判决的唯一依据。其二,承认与执行外国生效刑事判决的主体是主权国家。刑事判决是一国基于对本国整体利益的维护,以国家的名义对于破坏本国统治秩序的行为给予的处罚。它不是某个团体或某个人的行为,被请求国因其承认而要承担起某种法律上的责任,如保护犯罪分子合法权利的义务、合作执行判决的义务等。其三,承认与执行外国生效刑事判决对象的特定性。一个主权国家做出的生效刑事判决可能是剥夺自由的刑罚、剥夺财产的刑法、剥夺某种资格的刑罚和无罪判决。但是,刑事判决的承认和执行,只是针对某个具体的刑事判决的承认和执行。而且,承认和执行外国刑事生效判决的对象必须是已经发生法律效力的刑事判决。如果该刑事判决并未发生法律效力,其在法律上除了表明原审法院对此案的态度和观点之外,不具有被执行的效力,因此,这样的判决不能作为承认和执行的对象。其四,承认和执行外国刑事生效判决一般需要基于互惠关系。如果与被申请国不存在共同缔结或者参加的国际条约或者司法协助条约,则要求申请人所在国与被申请国之间存在"互惠关系"。关于是否存在"互惠关系"的标准是不尽相同的,就我国而言,我国法院在审查与申请国之间是否存在"互惠关系"时,是审查我国与申请人所在国之间是否存在相互承认和执行对方法院判决的先例。如果存在这样的先例,则认为两国之间存在互惠关系,如果不存在这样的先例,则认为不存在互惠关系。

我国对外国刑事判决的承认与执行的立法集中表现于《刑法》第10条的消极承认,即"凡在中华人民共和国领域外犯罪,依照本法应当负刑事责任的,虽然经过外国审判,仍然可以依照本法追究,但是在外国已经受过刑罚处罚的,可以免除或者减轻处罚"。此外,我国《刑事诉讼法》第17条对刑事司法协助的原则性规定,即"根据中华人民共和国缔结或者参加的国际条约,或者按照互惠原则,我国司法机关和外国司法机关可以相互请求刑事司法协助"。关于上合组织成员国之间的判决承认与执行,由于各国立法和国际条约对于承认与执行外国法院判决的规定不尽相同,因而国际社会迟迟难以达成可资遵循的统一的承认与执行外国判决的条件和程序。然而,随着国际交往的不断扩大以及跨国犯罪案件的日益增多,作为国际刑事司法协助重要组成部分的外国法院判决承认与执行制度也就愈发显得格外的重要。上合组织作为一个联合打击跨国犯罪的重要组织,应该制定联合公约对是否承认与执行外国判决以及承认与执行哪些种类的判决做出明确且详细的规定,这样在追究跨国犯罪分子的刑事责任时,如果欠缺引渡或者遣返条件,能够申请他国予以承认和执行本国做出的生效判决,有利于积极有效地打击跨国犯罪以及能够使逃匿于别国的犯罪分子及时得到惩处,势必对打击上合组织成员国范围内的恐怖主义犯罪起到重要作用。

第四,遣返。遣返是一种相对较为灵活的境外追逃措施,近年来我国也在积极与外国通过遣返途径来实现罪犯境外追逃。例如,2004年4月16日涉嫌贪污的前中国银行广东开平支行行长余振东于潜逃美国两年半后被遣返;最大一起走私贪腐案厦门远华案主嫌犯赖昌星,潜逃加拿大12年后,终于在2011年7月24日被押解回到北京。遣返是指主权国家将违反本国法律的外国人遣返出境的行为,具体有禁止入境、限期离境、驱逐出境三种形式。禁止入境是主权国家为了维护国家安全、公共秩序、公众健康等的需要,将不符合本国法律所规定入境条件的外国人挡在本国国境之外,例如《中华人民共和国出境入境管理法》(以下简称为《出境入境管理法》)第26条规定:对未被准许入境的外国人,出入境边防检查机关应当责令其返回;对拒不返回的,强制其返回。限期离境是指为了维护国家安全、公共秩序和公众健康的需要,结合外国人在国内的表现,要求嫌疑人在特定期限内离开遣返国。如《出境入境管理法》第81条第1款规定:外国人从事与停留居留事由不相符的活动,或者有其他违反中国法律、法规规定,不适宜在中国境内继续停留居留情形的,可以处限期出境。驱逐出境是指对于符合法定条件的非法入境者,强制性地将其遣返出境的行为。《出境入境管理法》第81条第2款规定:外国人违反本法规定,情节严重,尚不构成犯罪的,公安部可以处以驱逐出境。

遣返具有便捷性、双赢性以及合法性及国际认同性、双向性的优势。遣返作为一个国家的内政行为,相关的主管部门在针对外国人进行遣返时不受引渡基本原则和制度的约束与制约,具有便捷性。首先,不受条约前置主义的影响,因为遣返是主权国家为了维护自身的国家安全、公共秩序和公民健康而采取的国内行政管理活动,遣返的初衷并不是为了追逃国,而是为了本国的国内秩序,它不需要与别国之间存在协议。其次,不受双重犯罪的影响。在遣返制度中,遣返国的主管机关只需要证明被遣返人违反本国相关法律的规定即可,比如虚伪陈述、伪造证件等,即便是对于有犯罪嫌疑的人,也是只要构成遣返法上的犯罪事实即可,既不要求达到某种严重程度,也不要求在双边都构成犯罪。再次,对国际合作的依赖性较弱。遣返完全是主权国家为了维护自己国家的安全、公共秩序、公众健康等采取的一种强制措施。因而涉及遣返程序的进行、有关事实的调查、有关证据的收集等,都会在主管机关的主导下独立完成,不需要经过外国的协同。这样就减少了通过引渡实现境外追逃的诸多中间环节,从而使遣返能够顺利、快捷的进行。

双赢性是指无论是对于遣返国还是追逃国来说,都可以从遣返制度中获得利益。对于遣返国来说,通过遣返制度将违反本国法律的外国人驱逐出境,一方面能够实现将自己国内的不安定因素排除出去,达到维护本国主权、安全、公共秩序和公众健康的目的。另一方面还能维护本国的国际声誉,不至于在国际社会中形成"包庇罪犯""逃亡者的天堂"等不好的国际声誉和国际形象。对于追逃国来说,遣返的好处体现在追逃国可以相对较为轻松地实现境外追逃。我们只需要对于遣返国提出的协助请求给予我们力所能及的帮助，就能将外逃人员追回。

遣返是一个主权国家内部独立的对国内事务的行政管理行为。既然是国内的行政管理活动，那么按照法治国家的要求，必然有相应的法律对遣返制度和程序进行规制，如《加拿大移民与难民保护法》等，这样就能保证遣返在法律的框架内运作。遣返只是遣返国依据本国法律所进行的一种行政行为，在国内，符合本国法的要求，实现了国内的行政管理活动；在国际范围内，方便了追逃国境外追逃目的的实现，受到追逃国的欢迎。如美国和墨西哥、美国和加拿大之间就常常采用驱逐的方法，而不使用引渡的程序交出罪犯。遣返对于打击犯罪和构建国际社会的整体秩序和稳定做出了巨大贡献。遣返的双向性是指双方之间可就遣返问题开展合作，即便是双方之间没有遣返协议或协定，遣返目的地国依然可以根据自己本国的法律实施遣返。

可以看出，遣返在追捕跨国逃犯方面发挥着重要作用。在上合组织成员国范围内，应该在不能实施引渡的时候积极适用遣返的方式，以便能够更加有效地追捕跨国逃犯、打击跨国犯罪。

尽管上海合作组织自成立以来，成员国签订了一系列的公约，规定了一些反恐的内容及地区反恐机构的职能，例如，收集情报、协助对"三股势力"活动进行侦查并对相关嫌疑人员采取措施等职能，但其规定较为笼统。打击恐怖主义犯罪必然需要各成员国间进行刑事司法合作，对恐怖主义犯罪的惩处最终要依赖各国国内刑法的惩处。而国家间的刑事司法合作通常是以国家间签订条约来加以明确，即"一对一"的方式，而基于中亚各国间在打击恐怖主义犯罪中的密切联系，我们设想以上海合作组织为平台，各成员国间签订一系列关于刑事司法协助的公约，将引渡、刑事司法文书送达和调查取证、被判刑人的移管、相互承认和执行法院刑事判决等内容以公约的形式确定下来，成为成员国共同打击恐怖主义犯罪的依据。这样不但可以弥补上海合作组织关于反恐规定过于笼统和不易操作的问题，还可以避免国家间"一对一"签订条约的繁琐。

参考文献

1. 中国现代国际关系研究所反恐怖研究中心. 国际重大恐怖案例分析[M]. 北京:时事出版社,2003.
2. 刘恩照. 国际恐怖主义[M]. 北京:世界知识出版社,2006.
3. 张金平. 国际恐怖主义与反恐策略[M]. 北京:人民出版社,2012.
4. 赵秉志. 惩治恐怖主义犯罪理论与立法[M]. 北京:中国人民公安大学出版社,2005.
5. 贾宇. 国际刑法学[M]. 北京:中国政法大学出版社,2004.
6. 张智辉. 国际刑法通论[M]. 北京:中国政法大学出版社,1999.
7. 李湛军. 恐怖主义与国家治理[M]. 北京:中国经济出版社,2006.
8. 赵秉志. 国际恐怖主义犯罪及其防治对策专论[M]. 北京:中国人民公安大学出版社,2005.
9. 马长生,贺志军. 国际恐怖主义及其防治研究:以国际反恐公约为主要视点[M]. 北京:中国政法大学出版社,2011.
10. 刘仁文. 刑事法治视野下的社会稳定与反恐[M]. 北京:社会科学文献出版社,2013.
11. 杜邈. 反恐刑法立法研究[M]. 北京:法律出版社,2009.
12. 日本刑法典[M]. 2版. 张明楷译. 北京:法律出版社,2006.
13. 赵秉志. 全球化时代的刑法变革——国际社会的经验及其对中国的启示[M]. 北京:中国人民公安大学出版社,2007.
14. 陈光中,江伟. 诉讼法论丛[M]. 北京:法律出版社,2001.
15. 中国现代国际关系研究所反恐怖研究中心. 世界主要国家和地区反恐怖政策与措施[M]. 北京:时事出版社,2002.
16. 李伟,杨明杰. 国际恐怖主义与反恐怖斗争[M]. 北京:时事出版社,2002.
17. 肖扬. 中国新刑法学[M]. 北京:中国人民公安大学出版社,1997.
18. 赵秉志. 刑法新教程[M]. 北京:中国人民大学出版社,2001.

19. 王政勋.刑法修正论[M].西安:陕西人民出版社,2001.

20. 赵秉志.惩治恐怖主义犯罪理论与立法[M].北京:中国人民公安大学出版社,2005.

21. 王作富.刑法[M].北京:中国人民大学出版社,1999.

22. 孙壮志.中亚国家的跨境合作研究[M].上海:上海大学出版社,2014.

23. 古丽阿扎·提吐尔逊.中亚恐怖主义犯罪研究[M].北京:中国人民公安大学出版社,2009.

24. 钱利华.上海合作组织防务安全合作研究[M].北京:军事科学出版社,2013.

25. 余建华,等.上海合作组织非传统安全研究[M].上海:上海社会科学院出版社,2009.

26. 邢广程.上海合作组织发展报告(2009)[R].北京:社会科学文献出版社,2009.

27. 李进峰,吴宏伟,李伟.上海合作组织发展报告(2013)[R].北京:社会科学文献出版社,2013.

28. 吴恩远,吴宏伟.上海合作组织发展报告(2011):上海合作组织十周年专辑[R].北京:社会科学文献出版社,2011.

29. 李葆珍.上海合作组织与中国的和平展望[M].北京:新华出版社,2011.

30. 张娟.恐怖主义在欧洲[M].北京:世界知识出版社,2012.

31. 弗·卡斯顿.法西斯主义的兴起[M].北京:商务印书馆,1989.

32. 钱学文.中东恐怖主义研究[M].北京:时事出版社,2013.

33. 季国兴,陈和丰,等.第二次世界大战后中东战争史[M].北京:中国社会科学出版社,1986.

34. 罗杰·格鲁迪.以色列问题:犹太复国主义的谎言和梦想[M].艾哈迈德·穆萨,译.北京:世界知识出版社,1986.

35. 方连庆,刘金质,王炳元.战后国际关系史[M].北京:北京大学出版社,1999.

36. 何秉松.后拉登时代国际反恐斗争的基本态势和战略[M].北京:中国民主法制出版社,2013.

37. 黄风,凌岩,王秀.国际刑法学[M].北京:中国人民大学出版社,2007.